受益一生的
600个
哲学常识

陈前进 编著

天津科学技术出版社

图书在版编目(CIP)数据

受益一生的 600 个哲学常识/陈前进编著. —天津:天津科学技术出版社,2012.1
ISBN 978-7-5308-6706-8
Ⅰ.①受… Ⅱ.①陈… Ⅲ.①哲学–通俗读物 Ⅳ.①B-49
中国版本图书馆 CIP 数据核字(2011)第 272454 号

责任编辑:石　崑
责任印制:兰　毅

天津科学技术出版社出版
出版人:蔡　颢
天津市西康路 35 号　邮编 300051
电话(022)23332398(事业部)　23332697(发行)
网址:www.tjkjcbs.com.cn
新华书店经销
北京中印联印务有限公司印刷

开本 710×1000　1/16　印张 17.75　字数 240 000
2012 年 5 月第 1 版第 1 次印刷
定价:29.80 元

前 言

在后现代主义思维充斥着社会的今天，社会进程、民主趋势和人类本体的内心思辨都不能满足高速变革背景下的社会主体——人——的需求了。思辨作为人心本身的主题，为人的自省和对外社会活动提供了行为的精细准则。而在更高层次的精神上，哲学思辨解决了一些人的社会被动与迷茫。但更多的，相对于我们所立足与所仰望的，哲学所能企及的太少太浅，而终究，哲学会使那些永恒的问题的答案慢慢清晰明白起来。

如果要追本溯源，中国哲学的发端最早可追及到先秦时代，由奴隶社会向封建社会过渡的时期，人作为世界的主宰，开始广泛追寻宇宙本原和自然规律问题，无论是天人关系问题还是人性善恶问题，哲理性思考慢慢伸向社会的精英层，这个时期也正是中国后来各个历史阶段各种哲学观点的胚胎和萌芽期，无论是儒家、道家、法家、墨家，还是屈原的"日月安属？列星安陈？""九州安错？川谷何洿？"都是在这一背景下的春秋战国时期产生的。无可置疑，这一时期对中国哲学的发展产生了深远影响。

通观西方哲学，从神话中脱胎而出之后，在马克思主义哲学形成之前，大约经历了古希腊罗马哲学、中世纪哲学和近代哲学三个时期。西方哲学起源于古希腊罗马哲学，经历了中世纪哲学、近代哲学，直到现代哲学，西方哲学作为一个不断进展的哲学系统，在世界哲学发展的历史中具有很大的影响。而现在，西方哲学几乎触及世界每个角落。

哲学是伴随着人类的自我觉醒而形成的，从而发现自然，思考人的自身，人们追求知识，渴望个人自由。无论是老庄的"无为"还是儒家的"知其不可为而为之"，都是人们所追求所主张的个人思想，是一种人生态度。一套完整的思想理论，便能成就一套哲学理论。中国人的精神生活有很多传统，如"儒、将、隐、禅"。儒退可隐，可禅；将退亦可隐，可禅，这正是哲学思想对于人类最深刻的影响。

每一个人对待事物都有自己的看法和认识，对不同的问题会产生不同的行为方式。所以每一个人都是或大或小的哲学家。我们通过对哲学的学习来建立一套系统的、有规律的思维认识逻辑，来认识这个世界。即使不学哲学也一样可以在生活中感悟到很多道理，同样可以思考，同样可以过有意义的生活。关键是人一定要有思考，否则人就没有了灵魂，只剩下了肉体。

现代人的生活在教育普及的背景下，哲学思想几乎触及人的每一个生活细节，压抑生活下的前景思考，夫妻不和的内心思辨，理想与现实的舍取；人生无常，或坦然，或怨天尤人，多数潜移默化的思想其实蕴含着多少对于民间哲学的耳濡目染。"一阴一阳谓之道"是对事物辩证的认识法；"天道之数，至则反，盛则衰"是"物极必反"劝诫；"君子和而不同"是对他人不同意见的容纳；"单面的社会造成单面的人"是对目光短浅者的警诫；"道德即自由的自律"圈定了自律前提下的最大自由；"凡不能说的就应该保持沉默"则是一句再直白不过的箴言。所以有人在听取一句谚语后恍然大悟，这是哲学道理对于生活最直接的影响。

《受益一生的600个哲学常识》从哲学启蒙与指导的角度出发，为当下忙碌浮躁的社会气候提供修心立足的哲学指导，对哲学修养的提高打下基础。本书的哲学思想涉及面广，每一个知识点释义深刻、中肯，正如一本哲学的百科全书，它能够为在生活中遇到的思想难题提供科学的疏通，同时也能为学人的哲学研究提供精确的参考。

目录

第一章 哲学基本知识 …… 1
- 001 本质与现象 …… 1
- 002 必然性 …… 2
- 003 偶然性 …… 2
- 004 辩证法 …… 3
- 005 辩证否定 …… 3
- 006 辩证逻辑 …… 4
- 007 辩证唯物论 …… 4
- 008 不可知论 …… 5
- 009 道德 …… 5
- 010 德国古典哲学 …… 6
- 011 度 …… 6
- 012 对立和统一 …… 6
- 013 二元论 …… 7
- 014 发展 …… 7
- 015 方法论 …… 8
- 016 否定 …… 8
- 017 否定之否定 …… 9
- 018 规律 …… 9
- 019 机械唯物主义 …… 10
- 020 教条主义 …… 10
- 021 经验 …… 10
- 022 经验主义 …… 11
- 023 经院哲学 …… 11
- 024 精神 …… 11
- 025 可知论 …… 12
- 026 肯定 …… 13
- 027 空间 …… 13
- 028 历史唯心主义 …… 13
- 029 联系 …… 14
- 030 量变 …… 14
- 031 矛盾 …… 15
- 032 矛盾的特殊性 …… 15
- 033 内因和外因 …… 16
- 034 朴素唯物主义 …… 16
- 035 人工智能 …… 17
- 036 人类世界 …… 17
- 037 认识论 …… 18
- 038 社会存在和社会意识 …… 18
- 039 社会基本矛盾 …… 18
- 040 时间 …… 19
- 041 实践 …… 19
- 042 实事求是 …… 20
- 043 实用主义 …… 20
- 044 世界观 …… 21
- 045 思维与存在 …… 21

046 唯物辩证法 …… 22
047 唯物主义 …… 22
048 唯物主义一元论 …… 23
049 唯心主义 …… 23
050 唯心主义一元论 …… 23
051 无神论 …… 24
052 物质 …… 24
053 先验论 …… 25
054 相对真理和绝对真理 …… 25
055 形而上学 …… 25
056 一元论 …… 26
057 意识 …… 26
058 庸俗唯物主义 …… 26
059 运动 …… 27
060 哲学 …… 27
061 哲学的基础 …… 28
062 哲学的价值 …… 28
063 哲学的起源 …… 28
064 哲学基本问题 …… 29
065 哲学与科学 …… 30
066 哲学与宗教 …… 30
067 真理 …… 30
068 质变 …… 31
069 主观能动性 …… 31
070 主观唯心主义和客观唯心主义 …… 32
071 主体和客体 …… 32
072 自然辩证法 …… 33
073 自在世界 …… 33

第二章 不可不知的哲学分支和与其相关的学科 …… 34

074 东方哲学 …… 34
075 印度哲学 …… 35
076 伊斯兰哲学 …… 35
077 日本哲学 …… 35
078 西方哲学 …… 36
079 古希腊哲学 …… 36
080 中世纪哲学 …… 37
081 文艺复兴时期哲学 …… 37
082 德国古典哲学 …… 37
083 俄国哲学 …… 38
084 马克思主义哲学 …… 38
085 辩证唯物主义 …… 39
086 历史唯物主义 …… 39
087 马克思主义哲学史 …… 40
088 科学哲学 …… 40
089 先秦哲学 …… 40
090 教父哲学 …… 41
091 分析哲学 …… 41
092 人文哲学 …… 42
093 解释学 …… 42
094 符号学 …… 43
095 实用主义哲学 …… 43
096 伦理学 …… 43
097 医学伦理学 …… 44
098 教育伦理学 …… 44
099 政治伦理学 …… 44
100 家庭伦理 …… 45
101 生命伦理学 …… 45
102 生态伦理学 …… 46
103 美学 …… 46
104 美学史 …… 47

105 艺术美学 …… 47	136 语言哲学 …… 59
106 技术美学 …… 47	137 日常语言哲学 …… 59
107 现象学 …… 48	138 自然哲学 …… 59
108 过程哲学 …… 48	139 经济哲学 …… 60
109 死亡哲学 …… 48	140 同一哲学 …… 60
110 知识论 …… 49	141 思辨哲学 …… 60
111 法律哲学 …… 49	142 生物学哲学 …… 61
112 心灵哲学 …… 49	143 信息哲学 …… 61
113 比较哲学 …… 50	144 历史哲学 …… 61
114 相对论 …… 50	145 易学 …… 62
115 量子力学 …… 51	146 经学 …… 62
116 混沌学 …… 51	147 玄学 …… 63
117 弦理论 …… 51	148 灵源泛哲学体系 …… 63
118 思维科学 …… 52	**第三章　中国哲学经典命题** …… 64
119 心理学 …… 52	
120 信息论 …… 53	149 中庸之为德也,其至矣乎 …… 64
121 语义学 …… 53	
122 科学社会学 …… 53	150 致中和,天地位焉,万物育焉 …… 65
123 逻辑学 …… 54	
124 科学学 …… 54	151 知彼知己,百战不殆 …… 65
125 控制论 …… 55	152 有无相生,难易相成 …… 66
126 机械论 …… 55	153 阴阳三合,一以统同 …… 66
127 数学哲学 …… 56	154 一阴一阳之谓道 …… 66
128 宗教哲学 …… 56	155 一分为二,二分为四 …… 67
129 政治哲学 …… 56	156 一尺之棰,日取其半,万世不竭 …… 67
130 法律哲学 …… 57	
131 物理哲学 …… 57	157 小大之辨,各有阶级,不可相跂 …… 68
132 天文哲学 …… 57	
133 化学哲学 …… 58	158 无平不陂,无往不复 …… 68
134 语言分析哲学 …… 58	159 万物各得其理,然后和 …… 68
135 教育哲学 …… 58	160 天与地卑,山与泽平 …… 69

161 天下之至柔,驰骋天下之至坚 …… 69
162 天地万物之理,无独必有对 …… 70
163 天道之数,至则反,盛则衰 …… 70
164 奇正之变,不可胜穷也 …… 70
165 连环可解也 …… 71
166 君子和而不同 …… 71
167 矩不方,规不可以为圆 …… 71
168 尽小者大,积微者著 …… 72
169 有形之类,大必起于小;行久之物,族必起于少 …… 72
170 和实生物,同则不继 …… 73
171 过犹不及 …… 73
172 泛爱万物,天地一体也 …… 73
173 凡物必有合,合必有上下 …… 74
174 二无一 …… 74
175 道原于一而成于两 …… 75
176 差异就是矛盾 …… 75
177 不相容之事,不两立也 …… 76
178 夫进化者,自然之道也 …… 76
179 变者,天道也 …… 77
180 与其赠来者以劲改革,孰若自改革 …… 77
181 天地之德不易,而天地之化日新 …… 77
182 屈伸变化之无常,而不爽其则 …… 78
183 静者静动,非不动也 …… 78
184 天地之间,一气而在,而常而变 …… 79
185 动之端乃天地之心也 …… 79
186 变,言其著;化,言其渐 …… 80
187 常者,道之纪也;道不以权,弗能济矣 …… 80
188 动寂者,道应万方,神凝一理 …… 80
189 数存,然后势形乎其间焉 …… 81
190 有象斯有对,对必反其为;有反斯有仇,仇必和而解 …… 81
191 一阖一辟谓之变,往来不穷谓之通 …… 81
192 天不变,道亦不变 …… 82
193 穷则变,变则通,通则久 …… 82
194 镞矢之疾,而有不行不止之时 …… 82
195 飞鸟之景未尝动也 …… 83
196 轮不辗地 …… 83
197 兵无常势,水无常形 …… 84
198 千里之行,始于足下 …… 84
199 归根曰静,静曰复命,复命曰常 …… 84
200 阳不极则阴不萌,阴不极则阳不牙 …… 85
201 天命靡常 …… 85
202 无厚,不可积也,其大千里 …… 86
203 宇之表里无极,宙之端无穷 …… 86

204 此花不在你心外 …… 87
205 道在于器数 …… 87
206 有理则有气 …… 88
207 物物各有理,总只是一个理 …… 88
208 我存在,因此,我能思 …… 89
209 万物皆备于我 …… 89
210 实在即动力,生命即流转 …… 90
211 阳病治阴,阴病治阳 …… 90
212 道可道,非常道 …… 91
213 太极之本体,中函阴阳自然必有之实 …… 91
214 现象无常,而实质常住 …… 92
215 物物者非物 …… 92
216 万理归于一理 …… 92
217 气有偏盛,遂为物主 …… 93
218 天下万物生于有,有生于无 …… 94
219 思想者,事实之母也 …… 94
220 元气之上无物、无道、无理 …… 95
221 宇宙之间,一理而已 …… 95
222 宇宙便是吾心,吾心便是宇宙 …… 96
223 有生于无,实出于虚 …… 96
224 形而上者谓之道,形而下者谓之器 …… 97

第四章 西方哲学经典命题 …… 98
225 阿基里斯追龟 …… 98
226 按照自然生活 …… 99
227 词语破碎处,无物存在 …… 99
228 存在就是被感知 …… 100
229 存在是唯一的 …… 100
230 存在先于本质 …… 101
231 单面的社会造成单面的人 …… 102
232 道德即自由的自律 …… 102
233 对立统一 …… 103
234 凡不能说的就应该保持沉默 …… 104
235 凡存在皆合理 …… 104
236 凡在理解中的,无一不先在感觉之中 …… 105
237 返回生活世界 …… 105
238 给我物质,我就能用它创造一个宇宙 …… 106
239 公益乃是美德的目的 …… 106
240 国家是大写的人 …… 106
241 皇宫中的人所想的,与茅屋中的人所想的不同 …… 107
242 观察渗透理论 …… 107
243 拒斥形而上学 …… 108
244 科学的发展就是旧范式向新范式过渡 …… 108
245 理论先于观察 …… 109
246 理性的狡计 …… 110
247 历史性是人类存在的基本事实 …… 110
248 美德即知识 …… 111
249 美德是一种中道 …… 111
250 面向事情本身 …… 112

251 亲在具有优先地位 …… 113
252 人不能两次踏进同一条河流 …… 113
253 人的本质即社会关系的总和 …… 114
254 人类的本质是理性、意志和心情 …… 115
255 人类社会的发展是一个自然历史过程 …… 115
256 人生而自由,却无往不在枷锁之中 …… 116
257 人是符号的动物 …… 116
258 人是环境的产物 …… 117
259 人是机器 …… 117
260 人是目的 …… 118
261 人是万物的尺度 …… 119
262 人是文化的存在 …… 119
263 人是一个能够向世界无限开放的 X …… 120
264 人是政治的动物 …… 120
265 人天生都是平等的 …… 121
266 人为自然立法 …… 121
267 认识你自己 …… 122
268 任何真正的哲学都是自己时代精神的精华 …… 122
269 如无必要,勿增实体 …… 123
270 上帝乃人的本质的异化 …… 123
271 上帝已死 …… 124
272 神是人按照自己的形象造出来的 …… 124
273 生命超出生命 …… 125

274 实体即主体 …… 126
275 世界是我的表象 …… 126
276 世界是一团永恒的活火 …… 127
277 水是世界的本原 …… 127
278 同类相知与异类相知 …… 128
279 万物皆数 …… 128
280 惟其不可能,我才相信 …… 128
281 我爱我师,但我更爱真理 …… 129
282 我思故我在 …… 129
283 我正在说谎 …… 130
284 无物存在 …… 131
285 物竞天择,适者生存 …… 131
286 习惯乃人生的伟大指导 …… 132
287 现实源于潜能 …… 132
288 一切都是必然的 …… 133
289 以正确的方式进入循环 …… 133
290 有意识的生命活动把人和动物区别开来 …… 133
291 有用即真理 …… 134
292 宇宙是一条无穷因果关系的锁链 …… 134
293 原理不过是一种公约 …… 135
294 哲学的唯一任务就是逻辑分析 …… 135
295 真理是具体的 …… 136
296 真理是时间的女儿,不是权威的女儿 …… 136

297 正义就是强者的利益 ⋯ 136
298 知识即回忆 ⋯⋯⋯⋯⋯ 137
299 智慧是哲学的女王 ⋯⋯ 138
300 自然从来不飞跃 ⋯⋯⋯ 138
301 自我设定自我和非我 ⋯ 139
302 自由是对必然的正确认识和运用
⋯⋯⋯⋯⋯⋯⋯⋯⋯⋯⋯ 139
303 自由是做法律所许可的一切
事情的权利 ⋯⋯⋯⋯ 140
304 最高的善就是不作任何判断
⋯⋯⋯⋯⋯⋯⋯⋯⋯⋯⋯ 140

第五章 中外著名哲学流派
⋯⋯⋯⋯⋯⋯⋯⋯⋯⋯⋯ 141

305 阿拉伯亚里士多德学派
⋯⋯⋯⋯⋯⋯⋯⋯⋯⋯⋯ 141
306 永嘉学派 ⋯⋯⋯⋯⋯ 142
307 瑜伽行派 ⋯⋯⋯⋯⋯ 142
308 爱利亚学派 ⋯⋯⋯⋯ 142
309 安定学派 ⋯⋯⋯⋯⋯ 143
310 百科全书派 ⋯⋯⋯⋯ 143
311 柏拉图主义 ⋯⋯⋯⋯ 143
312 毕达哥拉斯学派 ⋯⋯ 144
313 辩证唯物主义 ⋯⋯⋯ 144
314 兵家 ⋯⋯⋯⋯⋯⋯⋯ 144
315 程朱学派 ⋯⋯⋯⋯⋯ 145
316 存在主义 ⋯⋯⋯⋯⋯ 145
317 道家 ⋯⋯⋯⋯⋯⋯⋯ 145
318 德国古典哲学 ⋯⋯⋯ 146
319 东林学派 ⋯⋯⋯⋯⋯ 146
320 法家 ⋯⋯⋯⋯⋯⋯⋯ 146
321 法兰克福学派 ⋯⋯⋯ 147

322 泛神论 ⋯⋯⋯⋯⋯⋯ 147
323 分析哲学 ⋯⋯⋯⋯⋯ 148
324 斯多葛学派 ⋯⋯⋯⋯ 148
325 符号学 ⋯⋯⋯⋯⋯⋯ 148
326 感觉主义 ⋯⋯⋯⋯⋯ 149
327 哥本哈根学派 ⋯⋯⋯ 149
328 龟山学派 ⋯⋯⋯⋯⋯ 149
329 过程哲学 ⋯⋯⋯⋯⋯ 150
330 后结构主义 ⋯⋯⋯⋯ 150
331 后现代主义 ⋯⋯⋯⋯ 150
332 华沙学派 ⋯⋯⋯⋯⋯ 151
333 怀疑论 ⋯⋯⋯⋯⋯⋯ 151
334 黄老学派 ⋯⋯⋯⋯⋯ 151
335 八桂学派 ⋯⋯⋯⋯⋯ 152
336 剑桥柏拉图派 ⋯⋯⋯ 152
337 教父哲学 ⋯⋯⋯⋯⋯ 152
338 结构主义 ⋯⋯⋯⋯⋯ 153
339 解释学 ⋯⋯⋯⋯⋯⋯ 153
340 今文经学 ⋯⋯⋯⋯⋯ 153
341 金华学派 ⋯⋯⋯⋯⋯ 154
342 禁欲主义 ⋯⋯⋯⋯⋯ 154
343 经院哲学 ⋯⋯⋯⋯⋯ 154
344 精神分析学 ⋯⋯⋯⋯ 155
345 科学哲学 ⋯⋯⋯⋯⋯ 155
346 理学 ⋯⋯⋯⋯⋯⋯⋯ 156
347 历史主义 ⋯⋯⋯⋯⋯ 156
348 陆王学派 ⋯⋯⋯⋯⋯ 156
349 伦理学 ⋯⋯⋯⋯⋯⋯ 157
350 逻辑实证主义 ⋯⋯⋯ 157
351 逻辑原子主义 ⋯⋯⋯ 157
352 洛学 ⋯⋯⋯⋯⋯⋯⋯ 158

353 马堡学派 …… 158	384 心学 …… 169
354 马赫主义 …… 158	385 新柏拉图学派 …… 169
355 麦加拉学派 …… 159	386 新黑格尔主义 …… 170
356 美学 …… 159	387 新康德主义 …… 170
357 米利都学派 …… 159	388 新实用主义 …… 171
358 闽学 …… 160	389 新实在论 …… 171
359 名家 …… 160	390 新托马斯主义 …… 171
360 墨家 …… 160	391 玄学 …… 172
361 批判理性主义 …… 161	392 学园派 …… 172
362 乾嘉学派 …… 161	393 亚里士多德学派 …… 173
363 犬儒学派 …… 161	394 颜李学派 …… 173
364 人本主义 …… 162	395 阳明学派 …… 173
365 人生哲学 …… 162	396 伊壁鸠鲁学派 …… 174
366 人文主义 …… 162	397 易家 …… 174
367 儒家 …… 163	398 永康学派 …… 175
368 神秘主义 …… 163	399 原子论学派 …… 175
369 生命哲学 …… 163	400 杂家 …… 175
370 实用主义 …… 164	401 折衷主义 …… 176
371 实在论 …… 165	402 浙东学派 …… 176
372 实证主义 …… 165	403 天台宗 …… 177
373 斯多阿学派 …… 165	404 唯识宗 …… 177
374 苏菲派 …… 166	405 华严宗 …… 177
375 教父学 …… 166	406 禅宗 …… 177
376 泰山学派 …… 166	

第六章 不可不知的中外哲学人物
…… 179

377 唯名论 …… 166	407 老子 …… 179
378 唯意志论 …… 167	408 孔子 …… 180
379 维也纳学派 …… 167	409 孙武 …… 180
380 昔勒尼学派 …… 167	410 孟子 …… 180
381 现象学 …… 168	411 庄子 …… 181
382 逍遥学派 …… 168	412 荀子 …… 181
383 小苏格拉底学派 …… 169	

413 墨子 …………………… 181	444 马基雅弗利 …………… 194
414 程颢 …………………… 182	445 埃拉斯摩 ……………… 194
415 谢良佐 ………………… 182	446 托马斯·莫尔 …………… 195
416 陆九渊 ………………… 182	447 弗兰西斯·培根 ………… 195
417 杨简 …………………… 183	448 托马斯·霍布士 ………… 195
418 王守仁 ………………… 183	449 勒奈·笛卡尔 …………… 196
419 朱熹 …………………… 183	450 莱布尼茨 ……………… 196
420 王夫之 ………………… 184	451 约翰·洛克 ……………… 197
421 严复 …………………… 184	452 贝克莱 ………………… 197
422 梁启超 ………………… 184	453 休谟 …………………… 198
423 冯友兰 ………………… 185	454 卢梭 …………………… 198
424 蔡元培 ………………… 185	455 康德 …………………… 199
425 毛泽东 ………………… 186	456 黑格尔 ………………… 199
426 康有为 ………………… 187	457 拜伦 …………………… 200
427 吴学谋 ………………… 187	458 叔本华 ………………… 200
428 赫拉克里特斯 …………… 187	459 祁克果 ………………… 201
429 恩培多克勒 ……………… 188	460 尼采 …………………… 202
430 苏格拉底 ………………… 188	461 马克思与恩格斯 ………… 202
431 阿那克萨哥拉 …………… 189	462 弗洛伊德 ……………… 203
432 德谟克里特 ……………… 189	463 皮亚杰 ………………… 203
433 普罗泰戈拉 ……………… 189	464 马斯洛 ………………… 203
434 柏拉图与色诺芬 ………… 190	465 柏格森 ………………… 204
435 亚里士多德 ……………… 191	466 狄尔泰 ………………… 204
436 牛顿 …………………… 191	467 皮尔士 ………………… 205
437 默罕默德 ……………… 191	468 詹姆士 ………………… 205
438 泰勒斯 ………………… 192	469 杜威 …………………… 206
439 普罗提诺 ……………… 192	470 庞加莱 ………………… 206
440 圣安布洛斯 …………… 192	471 弗雷格 ………………… 207
441 圣奥古斯丁 …………… 193	472 罗素 …………………… 207
442 约翰·穆勒 ……………… 193	473 索绪尔 ………………… 208
443 拉美特利 ……………… 193	474 马赫 …………………… 208

475 阿诺尔德·约瑟·汤因比 …… 208	…… 223
476 库恩 …… 209	504《柏拉图文艺对话录》…… 224
477 波普 …… 209	505《爱弥儿》…… 224
478 卡尔纳普 …… 210	506《新工具》…… 224
479 维特根斯坦 …… 210	507《人类幸福论》…… 225
480 赖尔 …… 211	508《自然法典》…… 225
481 奥斯丁 …… 211	509《偶像的黄昏》…… 226
482 斯特劳森 …… 212	510《精神现象学》…… 226
483 奎因 …… 212	511《哲学的改造》…… 226
484 胡塞尔 …… 213	512《论自由》…… 227
485 海德格尔 …… 214	513《西方哲学史》…… 227
486 维纳 …… 214	514《形而上学》…… 228
487 冯·诺依曼 …… 215	515《我的人学》…… 228
488 哥德尔 …… 215	516《感觉的分析》…… 229
489 萨特 …… 216	517《中国哲学简史》…… 229
490 华生 …… 216	518《猜想和反驳》…… 229
491 塔尔斯基 …… 217	519《菜根谭》…… 230
492 乔姆斯基 …… 217	520《忏悔录》…… 230
493 梅洛·庞蒂 …… 218	521《纯粹理性批判》…… 230
494 伽达默尔 …… 218	522《纯粹现象学通论》…… 231
495 利科 …… 219	523《存在与时间》…… 231
496 霍克海默 …… 219	524《单向度的人》…… 232
497 阿多诺 …… 220	525《道德经》…… 232
498 哈贝马斯 …… 220	526《道德情操论》…… 232
499 列维·斯特劳斯 …… 221	527《德意志意识形态》…… 233
500 巴尔特 …… 221	528《第一哲学沉思集》…… 233
501 福柯 …… 222	529《对笛卡尔〈沉思〉的诘难》
502 德里达 …… 222	…… 234
第七章 不可不知的中外哲学论著	530《多元的宇宙》…… 234
…… 223	531《尔雅》…… 234
503《1884 年经济学哲学手稿》	532《法哲学原理》…… 235

533《反杜林论》 …………… 235	561《思想录》 ……………… 247
534《浮士德》 ……………… 235	562《四书五经》 …………… 247
535《猜想与反驳》 ………… 236	563《天象论·宇宙论》 …… 248
536《功利主义》 …………… 236	564《唯物主义和经验批判主义》
537《关于费尔巴哈的提纲》	……………………………… 248
……………………………… 237	565《物性论》 ……………… 249
538《管子》 ………………… 237	566《物种起源》 …………… 249
539《韩非子》 ……………… 237	567《小逻辑》 ……………… 249
540《淮南子》 ……………… 238	568《野性的思维》 ………… 250
541《回忆苏格拉底》 ……… 238	569《原始思维》 …………… 250
542《基督教的本质》 ……… 238	570《哲学的贫困》 ………… 251
543《结构主义》 …………… 239	571《哲学和自然之镜》 …… 251
544《卡布斯教诲录》 ……… 239	572《真理与方法》 ………… 251
545《理想国》 ……………… 240	573《正义论》 ……………… 252
546《列子》 ………………… 240	574《知性改进论》 ………… 252
547《路标》 ………………… 241	575《庄子》 ………………… 252
548《路德维希·费尔巴哈和德国	576《资本论》 ……………… 253
古典哲学的终结》 ……… 241	577《自然辩证法》 ………… 253
549《伦理学》 ……………… 241	578《自然宗教对话录》 …… 254
550《逻辑学》 ……………… 242	579《宗教的起源与发展》 … 254
551《矛盾论》 ……………… 242	580《作为意志和表象的世界》
552《欧洲科学的危机与超越论的	……………………………… 254
现象学》 ………………… 243	581《规训与惩罚》 ………… 255
553《判断力批判》 ………… 243	582《疯癫与文明》 ………… 255
554《权力意志》 …………… 243	583《哈维尔文集》 ………… 255
555《人论》 ………………… 244	584《全部知识学的基础》 … 256
556《人性论》 ……………… 244	**第八章 受益一生的哲理故事**
557《诗学》 ………………… 245	……………………………… 257
558《时间与自由意志》 …… 245	585 桌子还剩几个角 ……… 257
559《实践理性批判》 ……… 246	586 扁鹊见蔡桓公 ………… 258
560《实践论》 ……………… 246	587 大师与凡人 …………… 259

588 玻璃瓶中的机遇 ………… 260
589 别把梯子毁掉 …………… 260
590 垂钓与人生 ……………… 261
591 人生只在呼吸之间 ……… 262
592 一道终身受用的测试题
　　………………………… 262
593 没有不受伤的船 ………… 263

594 山谷的起点 ……………… 264
595 石头的价值 ……………… 264
596 语言是叛逆的 …………… 265
　　………… 597 忠诚的价值 266
598 成功的法则 ……………… 266
599 铁钉、战马与王朝 ……… 267
600 真理是怀疑的影子 ……… 268

第一章 哲学基本知识

001 本质与现象

本质与现象是表示事物的里表及其相互关系、反映人们对事物认识的水平和深度的一对哲学范畴。

本质是事物的根本性质,是事物自身组成要素之间相对稳定的内在联系,是由事物本身所具有的特殊矛盾构成的。就物质运动的形态看,吸收和排斥的矛盾,构成力学运动的本质;化合和分解的矛盾,构成化学运动的本质;同化和异化的矛盾,构成生命运动的本质;生产力和生产关系、经济基础和上层建筑的矛盾,构成社会运动的本质;主观和客观、认识和实践的矛盾,构成认识运动的本质。本质和必然性、规律是同等程度的概念。组成事物的要素以及要素之间的关系结构是事物本质存在的客观基础,一事物和他事物的本质区别是由事物的各个特殊的组成要素及其关系结构决定的。现象是事物的外部联系和表面特征,是事物本质的外在表现。由于事物本质自身中的矛盾,本质有时以假象的形式表现出来,假象是事物本质的反面现象。

本质和现象的关系是对立的统一。本质和现象相互区别,二者存在着明显的差别和矛盾。本质是事物的根本特征,是同类现象中一般的或共同的东西;现象是事物本质的外部表现,是局部的、个别的。因此,本质比现象深刻、单纯,现象则比本质丰富、生动。不同的现象可以具有共同的本质,同一本质可以表现为千差万别的现象。事物的本质是相对稳定的,事物的现象是易于变化的。客观事物在其过程结束之前本质是相对不变的,但它表现出来的现象随着过程的展开不断地改变着具体形态。从人的认识方面看,事物的现象可以为人的感官直接感知;隐藏在事物内部的本质,由于它的间接性和抽象性,只有借助于理性思维才能把握。

002 必然性

必然性是指事物发展、变化中的不可避免和一定不移的趋势。必然性是由事物的本质决定的,认识事物的必然性就是认识事物的本质。必然性和偶然性是对立统一的关系。二者是对立的,它们是事物发展的两种不同趋向,产生的原因以及在事物发展中的地位和作用不同。同时二者又是统一的,必然性总是通过大量的偶然性表现出来,由此为自己开辟道路,没有脱离偶然性的纯粹必然性;偶然性是必然性的表现形式和必要补充,偶然性背后隐藏着必然性并受其制约,没有脱离必然性的纯粹偶然性。必然性和偶然性辩证关系的原理,对指导科学研究和社会实践有重大意义。

003 偶然性

偶然性,对于单个的人或单一的事件来说,确实可以说无时不在,无处不在。然而,所有偶然性的东西其实都同样处于历史的联系之中,处于历史形成的因果关系之中。事物的联系是多方面的。事物的形成,有其远因,但是其近因,有其主因,有其助因。

偶然性,无非是包罗万象的外在世界中为人们所不太了解的那些联系。恩格斯指出"历史事件似乎总的说来同样是由偶然性支配着的。但是,在表面上是偶然性在起作用的地方,这种偶然性始终是受内部的隐藏着的规律支配的,而问题只是在于发现这些规律。"这里说的规律,即指的是事物之间历史形成的广度不同、深度不同的各种联系,尤其是那些具有决定意义的本质性联系。

004 辩证法

辩证法是关于对立统一、斗争和运动、普遍联系和变化发展的哲学学说,其核心是斗争论(矛盾论),或者说,辩证法就是矛盾论。现在用于包括思维、自然和历史三个领域中的一种哲学进化的概念,也用来指和形而上学相对立的一种世界观和方法论。

不同时期的哲学家对辩证法有不同的认识,古希腊哲学认为它是论证和分析命题中的矛盾、揭露谈话的矛盾及克服矛盾的方法。德国哲学家黑格尔认为,辩证法研究对象本质的自身矛盾,不仅是一种思维方法,而且是一种宇宙观。马克思主义批判地继承了黑格尔的思想,认为辩证法是客观世界本身固有的规律,思维中的辩证法是客观规律在人的头脑中的反映,辩证法是关于普遍联系和发展的学说。

辩证法有三种基本的历史形式:古代朴素的辩证法,以黑格尔为代表的唯心辩证法和马克思主义的唯物辩证法。

005 辩证否定

辩证否定究其实质而言是通过事物内在矛盾运动而进行的自我否定,即自己否定自己,并通过自身的否定,实现事物的自我运动、自我完善和自我发展。辩证否定有两个重要特点:其一,辩证的否定是事物发展的环节。事物的发展从根本上说，就是旧事物的灭亡和新事物的产生，是旧质向新质的飞跃。没有辩证的否定，就不会有质变和事物的发展。因此，辩证的否定是实现事物发展的重要环节。其二，辩证的否定是事物联系的环节。新事物产生于旧事物，并在旧事物的母腹中成长起来。新事物对旧事物的否定，不是把旧事物简单地全盘抛弃，而是在抛弃旧事物消极的不合理的因素的同时，保留并且改造吸收了旧事物中积极的、合理的因素，作为自己生存和发展的基础。所以，辩证的否定是新旧事物联系的环节。唯物辩证法认为，作为联系和发展环节的否定，实质是"扬弃"，即既克服又保留。克服体现了事物发展的非联系性，保留体现了事物发展中的连续性，辩证的否定就是连续性与非连续性的统一、继承与发展的统一。

006 辩证逻辑

辩证逻辑是研究人类辩证思维的科学，即关于辩证思维的形式、规律和方法的科学。它把概念的辩证运动以及如何通过概念反映现实矛盾的问题作为自己的主要研究对象，是认识科学中一门关于思维辩证运动的逻辑，恩格斯最早明确地把这种逻辑称之为辩证逻辑。

辩证逻辑通过概念、判断、推理等发生于思维中的抽象形式(见思维形式的辩证法)，对外部世界作出概括的、近似的然而却是本质的反映。它的基本特征是把对象看作一个整体，从内在矛盾的运动、变化及其各个方面的相互联结中考察对象。这种逻辑既不同于把对象看做是静止、孤立的形而上学思维方式，也有别于以既成的、确定的思维形式从静态角度认识对象的传统逻辑(见形式逻辑)。科学的辩证逻辑如同马克思主义哲学在哲学中的革命变革一样，也是思维科学中的重大变革。它的产生既是对形而上学思维方式的革命，也是对传统逻辑观念的突破。它与马克思主义的辩证法、认识论(见辩证唯物主义认识论)，与形式逻辑，既相互区别又相互联系，由此构成它自身所特有的性质和作用。

007 辩证唯物论

在哲学基本问题的认识上，辩证唯物论批判了唯心论和唯物论抽象的、僵死的形而上学的认识观点和方法,以辩证的理论思维方式发展了唯物论。辩证唯物论科学地解决了哲学的基本问题,为人们解决疑难问题提供了科学的方法。

008 不可知论

不可知论是一种唯心主义的认识论,认为除了感觉或现象之外,世界本身是无法认识的。它否认社会发展的客观规律,否认社会实践的作用。不可知论的观点最初由英国生物学家赫胥黎于1869年提出。

不可知论认为人类不能把握到感觉以外的东西,以此批判理性神学,曾在无神论史上起过积极的作用。它还批判过机械论和独断论,揭露了认识过程中存在的本质和现象、有限与无限等矛盾,对认识论的发展也起过一定的作用。但不可知论把感觉看作意识和外部世界隔绝的屏障,用人类认识界限的相对性论证人类认识能力的绝对界限,因而在根本上是错误的。辩证唯物主义、自然科学和社会实践的发展不断地证明人的认识能力是无限的,人的认识是可以与客观实际相符的,世界上只有尚未被认识的事物,而不存在不可认识的领域,从而彻底驳斥了不可知论。

009 道德

道德是一种社会意识形态,是人们共同生活及其行为的准则与规范,具有认识、调节、教育、评价以及平衡五个功能。道德往往代表着社会的正面价值取向,起判断行为正当与否的作用。然而,不同时代与不同阶级,其道德观念都会有所变化。从目前所承认的人性来说,道德即对事物负责,不伤害他人的一种准则。是社会意识形态长期进化而形成的一种制约,是在一定社会关系下,调整人与人之间以及人与社会之间关系的行为规范总和。

010 德国古典哲学

十八世纪末至十九世纪上半叶的德国资产阶级哲学。创始人为康德,黑格尔为集大成者,费尔巴哈为最后的代表。德国古典哲学的主要成就是黑格尔辩证法中的"合理内核"与费尔巴哈唯物主义的"基本内核"。德国古典哲学是马克思主义的三个来源之一。

德国古典哲学是工业革命时期欧洲哲学舞台上的主角。它提出了包括认识论、本体论、伦理学、美学、法哲学、历史哲学以及政治哲学等领域的各种重大问题和范畴,标志着近代西方哲学向现代西方哲学的过渡。在这一过程中,最为重要的哲学家有康德、费希特、谢林、黑格尔、费尔巴哈等人。

011 度

度是质和量的统一,是事物保持其质的量的界限、幅度和范围。这种统一表现在:度是质和量的互相结合和相互规定。关节点是度的两端,是一定的质所能容纳的量的活动范围的最高界限和最低界限。度是关节点范围内的幅度,在这个范围内,事物的质保持不变;突破关节点,事物的质就要发生变化。

量变与质变相互区别的根本标志就在于:事物的变化是否超出了度。度是关节点范围内的幅度,要把度和关节点、临界点区分开来。在实践过程中,要掌握适度的原则,要学会把握分寸、火候,防止"过犹不及"。

012 对立和统一

对立和统一是唯物辩证法的根本规律,又称对立面的统一和斗争的规律。它揭示出自然界、人类社会和人类思维等领域的任何事物都包含着内在的矛盾性,事物内部矛盾推动事物发展。

对立统一规律是唯物辩证法的实质和核心。对立统一规律揭示了事物运动、变化、发展的根本原因在于事物内部的矛盾性,科学地解释了事物发展的道路、方向、形式等问题。对立统一规律揭示了事物联系和发展的根本内容,事物普遍联系的实质就是事物之间由多方面的对立统一构成的矛盾体系;事物发展的实质就是新事物扬弃旧事物的过程,它体现着事物内部肯定方面与否定方面的对立统一的关系。对立统一是唯物辩证法全部规律和范畴的实质,所以,对立统一规律提供了理解唯物辩证法其他规律和范畴的钥匙。唯物辩证法是世界观又是方法论,而对立统一规律提供了这一科学方法论最根本的内容,即矛盾分析的方法。

013 二元论

二元论认为世界的本原是意识和物质两个实体,是一种试图调和唯物主义和唯心主义的哲学观点。

十七世纪法国哲学家笛卡尔(哲学史上典型的二元论者)认为,意识和物质是两种绝对不同的实体,意识的本质在于思想,物质的本质在于广袤;物质不能思想,意识没有广袤;二者彼此完全独立,不能由一个决定或派生另一个。事实上两者都存在着差别。二元论把物质的派生物意识当作完全脱离物质而独立的东西,因而不能科学地解决世界的本原问题。同时,由于它违背了科学所证明的基本事实,所以也不能真正将物质与意识绝对独立的原则贯彻到底。笛卡尔为了说明物质实体和意识实体的来源,不得不承认上帝是"绝对的实体",无论物质实体,还是意识实体,都得依赖于上帝。这样,他的二元论最后还是倒向了客观唯心主义的一元论。

014 发展

发展是哲学术语,指事物由小到大,由简到繁,由低级到高级,由旧物质到新物质的运动变化过程。事物的发展原因是事物联系的普遍性,事物发展的根源是事物的内部矛盾,即事物的内因。唯物辩证法认为,物质是运动的物质,运动是物质的根本属性,而向前的,上升的,进步的运动即是发展。发展的本质是新事物的产生和旧事物的灭亡,即新事物代替旧事物。

015 方法论

方法论,就是人们认识世界、改造世界的一般方法,是人们用什么样的方式、方法来观察事物和处理问题。

方法论在不同层次上有哲学方法论、一般科学方法论、具体科学方法论之分。科学方法论,包括培根阐述的实验方法与归纳逻辑、笛卡尔论述的数学方法与演绎逻辑,以及贝塔郎菲的一般系统论方法与中国曾邦哲的系统逻辑《结构论》。关于认识世界、改造世界、探索实现主观世界与客观世界相一致的最一般的方法理论是哲学方法论;研究各门具体学科,带有一定普遍意义,适用于许多有关领域的方法理论是一般科学方法论;研究某一具体学科,涉及某一具体领域的方法理论是具体科学方法论。三者之间的关系是互相依存、互相影响、互相补充的对立统一关系;而哲学方法论在一定意义上说带有决定性作用,它是各门科学方法论的概括和总结,是最一般的方法论,对一般科学方法论、具体科学方法论有着指导意义。

马克思主义哲学是一种科学的哲学方法论,它不仅是认识客观世界的武器,也是改造现实的武器。

016 否定

否定是事物的自我否定,并通过自我否定实现自我运动与自我发展。否定是扬弃,同时也是事物联系和发展的环节。

辩证的否定观与形而上学否定观是根本对立的。形而上学孤立地、片面地看待肯定和否定,将肯定和否定割裂并绝对对立起来,在绝对不相容中思维。其公式就是:肯定是不包含任何否定的绝对肯定,即肯定一切;否定是不包含丝毫肯定的绝对否定,即否定一切。它们的做法是,要么全局肯定,要么通盘肯定。

017 否定之否定

否定之否定是辩证法的三大规律之一。否定之否定规律揭示了矛盾运动过程具有的特点：矛盾运动是生命力的表现，其特点是自我否定、向对立面转化。因此否定之否定规律构成了辩证运动的实质。

否定之否定规律的特点则是相当于认识中的间接性，按照康德的划分方法，它们三者依次相当于感性、知性和理性。由于否定之否定规律上升到理性高度，它的特点是隐藏在矛盾的内部，揭示了矛盾运动的本质。因此，否定之否定规律在理解和认识上都具有很高的难度。自从黑格尔提出这一规律以来，只有马克思才真正从本质高度把握了否定之否定规律的内涵。

018 规律

规律亦称法则，它是客观的，既不能创造，也不能消灭；不管人们承认不承认，规律总是以其铁的必然性起着作用。

规律和本质是同等程度的概念，都是指事物本身所固有的、深藏于现象背后并决定或支配现象的方面。然而本质是指事物的内部联系，由事物的内部矛盾所构成，而规律则是就事物的发展过程而言，指同一类现象的本质关系或本质之间的稳定联系，它是千变万化的现象世界的相对静止的内容。规律是反复起作用的，只要具备必要的条件，合乎规律的现象就必然重复出现。

世界上的事物就其根本内容来说可分为自然规律、社会规律和思维规律。自然规律和社会规律都是客观的物质世界的规律，但它们的表现形式有所不同：自然规律是在自然界各种不自觉的动力相互作用中表现出来的；社会规律则必须通过人们的自觉活动表现出来；思维规律是人的主观的思维形式对物质世界的客观规律的反映。

019 机械唯物主义

机械唯物主义即形而上学唯物主义,基本特征是:承认世界的物质性,但却用孤立、静止、片面的观点解释世界,看不到世界的事物和现象之间的普遍联系和变化发展,或者只是承认机械的联系和机械的运动,因而表现出机械的、形而上学的特征。近代形而上学唯物主义的产生和形成,同这个时期自然科学的发展的特点是密切相关的。这个时期的自然科学还处于分门别类的收集、整理、分析经验材料的阶段,只有力学发展到了比较完整的形态。这种状况反映到哲学中来,这一时期占统治地位的形而上学的思维方式就是用孤立的静止的和机械的观点观察和解释世界的思维方式,它造成了近代形而上学唯物主义所特有的、在当时不可避免的局限性。形而上学唯物主义的另一个局限性是它的不彻底性,这主要表现在它在自然观方面是唯物主义的,而在社会历史观方面则是唯心主义的。

020 教条主义

教条主义又称"本本主义",是主观主义的一种表现形式。主要特点是把书本、理论当教条,思想僵化,一切从定义、公式出发,不从实际出发,反对具体情况具体分析,否认实践是检验真理的标准。教条主义轻视实践,割裂理论与实践、主观与客观的具体的历史的统一。

021 经验

经验就是从已发生的事件中获取的知识。是认识论的概念之一,主要指与理性认识相区别的一个认识阶段、认识形式,即感性认识。哲学中的经验有两种:来源于感官知觉的观念和来源于反思的、即我们由内省而知道的那些观念。

022 经验主义

经验主义是一种认识论学说,认为人类知识起源于感觉,并以感觉的领会为基础。经验主义是一种形而上学的思想方法和工作作风。其特点是在观察和处理问题的时候,从狭隘的个人经验出发,不是采取联系、发展、全面的观点,而是采取孤立、静止、片面的观点。经验主义在发展过程中分为温和的经验主义与激进的经验主义两类学派。前者认为,所有的意识观念均来源于知觉,但同时也承认意识的机能(诸如记忆、想象和语言的官能)是内在的能力。相比之下,后者的观点则更为激进,公开宣称不仅意念的内容,而且意念的整个过程都不可能存在内部能力,而只能是习得的。

023 经院哲学

经院哲学是与宗教神学相结合的唯心主义哲学,属于欧洲中世纪特有的哲学形态,是天主教教会用来训练神职人员,在其所设经院中教授的理论,故名经院哲学。其代表人物有安瑟伦、托马斯·阿奎那等,经院哲学并不研究自然界和现实生活中的事物,它的主要任务是对天主教教义、教条进行论证,以神灵、天使和天国中的事物为对象。当然,在神学允许的范围内也讨论了一些哲学问题,其中最突出的是关于一般和个别的关系问题,对这一问题的不同回答,形成了激烈斗争的两派,即唯名论和唯实论。唯实论认为,一般先于个别,是存在于个别事物之外的一种实在;唯名论则相反,认为只有个别事物是实在的,一般知识是人们用来表示个别事物的名称和概念,他没有实在性。中世纪是哲学变为神学的婢女的蒙难期,经院哲学是理性思维产生的怪胎,但其内部唯名论与唯实论之争仍显现着人类的哲学思维在向前迈进。

024 精神

精神,特指人的感觉、知觉和意识。精神并非内生的,而是由外而内的。外界的事物通过人的感觉、知觉和意识等进入人的体内,便成了人的精神。

人是一个精神实体,人的精神来自于人对其对象的感觉、知觉和意识等的体验和考量。在广义的自然界的背景之下,整个世界表现为原始自然、人化自然、能动自然和虚拟自然,它们同时构成了个体的对象世界。人的对象世界在其自然的属性方面由低到高呈现出较大的差别,差别表现为从非能动的自然逐渐地向能动的自然演变的过程。人在对象面前既是接受对象的受体,也是选择对象的主体。由此而形成人与对象的四大关系:原始自然与个体发生相互作用进而凝聚成个体的感觉,以此为标志形成第一对象关系;人化自然与个体发生相互作用进而凝聚成个体的知觉与表象,以此为标志形成第二对象关系;他人与个体发生相互作用进而凝聚成个体的意识和语言,以此为标志形成第三对象关系;自我与个体自身发生相互作用凝聚成个体的反思,以此为标志形成第四对象关系。人在与对象世界发生作用的过程中形成了自我。在感觉阶段,人是一个凭着感觉认知世界的感觉主体,感觉主体的能动性表现为模仿性;在知觉和表象阶段,人是在多个感官的自觉的基础上形成的知觉主体,知觉主体的能动性表现为综合特性;在意识阶段,人是一个有着反主体倾向的意识主体,意识主体的能动性表现为反主体性;在反思阶段,人是一个能够自我审视的理想主体,理想主体的能动性就是反思自身。这些不同阶段的对象关系进驻在个体之中,就形成了个体不同阶段的自我。自我就是个体从对象那里获得的对象关系寄宿在个体之中所形成的人的感觉、知觉、意识等精神实体。

025 可知论

可知论认为世界是可以为人所认识的,世界上只有尚未被认识的事物,不存在不能认识的事物。可知论与不可知论是对立的,是指世界上一切客观体都可以接受科学研究,都可以被人认识的世界观。

可知论认为一切客观体都具有可知性,而不是认为人能够遍知宇宙物质分布状态、运动趋势和运动规律。它强调的是认识的客体,而不是认识主体和认识过程。一切物质都具可知性,所以,可知论是一条正确的世界观。支持可知论的主要是唯物主义者和主观唯心主义者,但两者又有质的区别。唯物主义者持可知论主要是基于"一切皆有规律"和"物质不以意识为转移"两个理论归结出来的。而主观唯心主义者认为,世界的本源就是自己的意识,在自己的意识范围内,世界当然是可知的。这实际上是不承认有未知世界。

026 肯定

肯定是承认事物的存在或事物的真实性,与"否定"相对。

027 空间

空间是具体事物的组成部分,是运动的表现形式,是人们从具体事物中分解和抽象出来的认识对象,是绝对抽象事物和相对抽象事物、元本体和元实体组成的对立统一体,是存在于世界大集体之中的,不可被人感到但可被人知道的普通个体成员。

028 历史唯心主义

历史唯心主义是把社会现象及其发展的终极原因归结为精神因素的社会历史观。它从社会意识决定社会存在的基本点出发,把人们的思想动机、杰出人物的主观意志或某种超自然的神秘力量看作是社会历史发展的根本原因,否认社会发展有其自身固有的客观规律,否认阶级斗争规律,否认人民群众在历史上的决定作用。历史唯心主义掩盖历史发展的真相,通常代表剥削阶级的利益。在马克思创立历史唯物主义以前,历史唯心主义在社会历史领域中占统治的地位,这是因为在很长的历史时期内,由于剥削阶级的偏见经常歪曲历史,而生产规模的狭小又限制着人们的眼界,使人们对于社会历史的认识只能限于片面的了解。只有到了伴随着生产力的巨大发展而出现近代无产阶级的时候,才有辩证唯物主义和历史唯物主义的创立,才第一次把社会历史的研究建立在科学的基础之上。

029 联系

世界是普遍联系的整体,任何事物内部各要素之间以及事物之间都存在着相互影响、相互制约和相互作用的关系。恩格斯曾指出:"当我们深思熟虑地考察自然界或人类历史或我们自己的精神活动的时候,首先呈现在我们眼前的,是一幅由种种联系和相互作用无穷无尽地交织起来的画面。"这说明,世界上没有孤立存在的事物,联系是事物的客观本性,事物的联系是事物本身所固有的,而不是人们主观臆想出来的,没有联系的事物在世界上是不可能存在的。而整个世界就是一个普遍联系的统一整体,任何事物又都是世界整体这个统一的联系之网上的一个环节和网结。否认事物的普遍联系,就是否认事物本身。

任何一个事物的联系,都包括内外两个向度,也就是内部联系和外部联系。所谓内部联系,是指任何事物本身都是由内部的不同部分和要素构成的,并且这些不同的部分和要素之间都存在着相互影响、相互制约和相互作用的关系;所谓外部联系,是指任何事物都不能孤立存在,都同其本身外部的其他事物处于一定的相互联系之中,这些不同的事物之间也都存在着相互影响、相互制约和相互作用的关系。

030 量变

量变,又称"渐变",与质变相对。指事物在数量上的增加或减少以及场所的变更,是一种连续的、逐渐的、不显著的变化。

唯物辩证法认为,量变是事物运动的基本状态之一。它由事物内部矛盾着的各个方面又统一又斗争而引起,是事物每时每刻都在进行的连续不断的变化。因此,它具有客观普遍性。量变有两种不同的情况,一种是一般情况下的量变,这是事物自身存在的延续和渐进的变化,事物的质没有发生变化;一种是临近关节点的量变,事物数量的增加或减少会破坏物质的稳定性,产生质变和飞跃。

031 矛盾

矛盾泛指对立的事物互相排斥,辩证法上指客观事物和人类思维内部各个对立面之间的互相依赖而又互相排斥的关系。矛盾是辩证法的基本范畴,物质存在的基本形式。矛盾首先是物质的,其次才是意识形式上的反映——作为概念的存在。事物自身所包含的既相互排斥又相互依存,既对立又统一的关系。在古代哲学中,矛盾概念已包含有对立面的统一的思想。黑格尔在其唯心主义哲学中明确提出矛盾即对立统一。马克思主义吸取了黑格尔的合理思想,系统提出了唯物辩证法的对立统一规律,把矛盾规定为反映事物的对立统一关系的哲学范畴。认为任何事物都是作为矛盾统一体而存在的,矛盾是事物发展的源泉和动力。辩证法的矛盾范畴不同于逻辑矛盾,它是指事物既对立又统一的辩证本性及其在人们思维中的反映,而逻辑矛盾则是由于违反了形式逻辑的规则而出现的逻辑错误,是思维混乱的表现。

032 矛盾的特殊性

矛盾的特殊性是指,具体事物的矛盾及每一个矛盾的各个方面都有其特点(横向);各个具体事物的矛盾及每一个矛盾的各方面在发展的不同阶段也各有特点(纵向)。它主要有三种情形:一是不同事物有不同的矛盾,这些不同的矛盾构成了一事物区别于他事物的特殊本质;二是同一事物在发展的不同过程和不同阶段上有不同的矛盾,这些不同的矛盾形成了事物发展的不同过程和不同阶段;三是同一事物中的不同矛盾、同一矛盾的两个不同方面也各有其特殊性。认识矛盾的普遍性和特殊性有重要意义。矛盾的普遍性范畴表明,矛盾无处不在,无时不有,所以,我们要坚持用两点论的方法观察和分析问题;矛盾的特殊性范畴表明,矛盾及其各个方面在不同发展阶段各有特点,所以,我们观察事物,首先就要注意到矛盾的特殊性,坚持具体问题具体分析。因为,分析矛盾的特殊性是正确认识事物的基础;同时,分析矛盾的特殊性也是正确解决矛盾的关键。

033 内因和外因

内因是事物的内部矛盾,是事物变化的根据,使一个人幸福的主要是他的性格,而非外在的生活条件。所以,应当培养好的性格:乐观、自信、放得开、不计较。同样的条件会有不同的发展,一个人能否健康成长与学校、家庭、社会密切相关,但更起作用的是自身。堕落都是自我堕落。人不要为自己的行为找借口,因为归根结底还是自己的选择,自己决定自己。同样,事物发展也是内因作用的结果,事物自身矛盾激化,才会不断变革。外因是变化的条件,是第二位的原因,它通过内因起作用。近朱者赤近墨者黑,在学校里应当择善而友之,一个好朋友的作用甚于良师。

内外因辩证关系的原理和方法论要求:我们在观察事物、分析问题时,既要看到内因,又要看到外因,坚持内外因相结合的观点。对内因要给以充分的重视,对外因要作"一分为二"的分析。一方面既要反对割裂内外因的辩证关系,忽视内因在事物变化中的根本作用而一味强调外因的重要性;另一方面又要避免单纯强调内因的决定作用而忽视外部条件在事物变化中的重要作用。

034 朴素唯物主义

朴素唯物主义又称"素朴唯物主义",是用某种或某几种具体物质形态来解释世界的本原的哲学学说,是唯物主义发展的最初历史形态。它否认世界是神创造的,把世界的本原归根为某种或某几种具体的物质形态,试图从中找到具有无限多样性的自然现象的统一。古希腊哲学家泰勒斯认为,万物产生于水,并经过各种变化之后又复归于水。中国的"五行说"认为,金、木、水、火、土五种物质构成世界的本原。印度古代的"四大"说认为宇宙万物是由水、风、地、火构成的。这些都是物质第一性、意识第二性的唯物主义思想的朴素反映,在总体上是正确的。而且,朴素唯物主义往往和朴素辩证法结合在一起。中国古代唯物主义在把"五行"当作世界万物的本原时,还以它们之间的"相生相克"的关系来说明世界的联系和发展。古希腊哲学家赫拉克利特用"火"来说明世界发展的辩证景象。他说:"世界是包括一切的整体,它不是由任何神或任何人所创造的,它过去,现在和将来都是按规律燃烧着的、按规律熄灭着的永恒的活火。"由于受到社会实践和科学发展水平的限制,朴素唯物主义是依据直观经验和比较粗浅的自然知识所作的理论概括,缺乏一定的科学论证和严密的逻辑体系,带有猜测的成分,带有直观的、朴素的性质。它的产生和发展经历了奴隶社会和封建社会,属于奴隶主民主派和新兴地主阶级或地主阶级进步阶层的世界观。

035 人工智能

人工智能是研究使计算机来模拟人的某些思维过程和智能行为(如学习、推理、思考、规划等)的学科,主要包括计算机实现智能的原理、制造类似于人脑智能的计算机,使计算机能实现更高层次的应用。人工智能将涉及计算机科学、心理学、哲学和语言学等学科。可以说几乎是自然科学和社会科学的所有学科,其范围已远远超出了计算机科学的范畴,人工智能与思维科学的关系是实践和理论的关系,人工智能是处于思维科学的技术应用层次,是它的一个应用分支。从思维观点看,人工智能不仅限于逻辑思维,要考虑形象思维、灵感思维才能促进人工智能的突破性的发展,数学常被认为是多种学科的基础科学,数学也进入语言、思维领域,人工智能学科也必须借用数学工具,数学不仅在标准逻辑、模糊数学等范围发挥作用,数学进入人工智能学科,它们将互相促进而更快地发展。

036 人类世界

相对于自然世界而言,所谓人类世界是指其运动演变受人类实践制约的那个物质世界,是整个物质世界的组成部分。人类日常应用的各种产品都是人类实践的产物,各种社会制度的确立和变革都是人类社会革命和改革实践的产物,无一例外。而人类改造世界(指自然世界)的实践,无论是生产劳动还是社会革命,都是在人类精神的支配和制约下进行的。人类总是在认识世界的实践中获得对客观世界的认识,然后再运用这些认识来指导自己改造世界的实践去改造客观世界的。

037 认识论

认识论是探讨人类认识的本质、结构,认识与客观实在的关系,认识的前提和基础,认识发生、发展的过程及其规律,认识的真理标准等问题的哲学学说,又称知识论。唯物主义认识论坚持从物质到意识的认识路线,认为物质世界是客观实在,强调认识是人对客观实在的反映,申明世界是可以认识的。辩证唯物主义的认识论则进一步把实践作为认识的基础,把辩证法运用于认识论。

038 社会存在和社会意识

社会存在是指构成人类社会的一切存在,包括人、社会组织、社会活动、各种财产、知识等。社会意识是社会存在在社会精神领域中的反映,是精神现象的总和,包括社会的人的一切意识要素和观念形态。

社会意识是社会存在在社会精神领域中的反映,是精神现象的总和,包括社会的人的一切意识要素和观念形态。社会存在和社会意识的关系问题,是社会历史观的基本问题。社会存在和社会意识关系问题作为社会历史观的基本问题,与思维和存在的关系问题作为哲学的基本问题,是一脉相承的。社会存在与社会意识的关系问题,是划分历史观上的历史唯物主义和历史唯心主义两种对立的历史观的基本依据。

039 社会基本矛盾

社会基本矛盾是生产力和生产关系的矛盾、经济基础和上层建筑的矛盾。这两对基本矛盾存在于一切社会形态之中,规定社会的性质和基本结构,贯穿于人类社会发展的始终,推动着人类社会由低级向高级发展。两对基本矛盾包含三个要素,即生产力、生产关系(经济基础)和上层建筑。它们之间相互联结、相互制约、相互作用着。生产力决定生产关系,生产关系反作用于生产力;经济基础决定上层建筑,上层建筑反作用于经济基础。这种层层决定和层层反作用的关系,构成了以生产力发展为最终动因的整个社会基本矛盾的辩证运动,体现了人类社会发展的最一般规律。

040 时间

时间指物质运动过程的持续性、间隔性的矛盾统一和物质运动状态的顺序性。时间具有一维性,即不可逆性,它只有从过去、现在到将来的一个方向,一去而不复返。

041 实践

实践是人类自觉自我的一切行为。内在意识本体与生命本体的矛盾是推动人类自我解放的根本矛盾,其外在化为人类个体及组织、阶级通过生产关系联系的整体对于自然及个体间或者集体关系、阶级关系形成的解放活动。实践只有在自觉的意识下才是人性的、人格的。自觉是人类自我解放的一般规律,是自我意识的必然。自发是无意识的自然活动,其是人基于自然进化的基础所具有的属性。人类基本的实践矛盾就在于内在的自我本质对于自我自然的发现及创新。而人类由于实践的科学化,在生产力进步的社会化中外在矛盾的实践再反作用于自我本体形成对于自我本体的实践主导。

实践是马克思主义的核心概念,实践活动是以改造世界为目的、主体与客体之间通过一定的中介发生相互作用的过程。实践矛盾产生物质及意识概念。物质与意识的认识是实践的规律性规定。实践的内在矛盾是意识本体与生命本体的自我解放必然。实践的基本主体是人,实践的基本矛盾就是人的基本矛盾,其规律就是人的运动规律。人的行为范畴就是实践的行为范畴。

042 实事求是

实事求是指从实际对象出发，探求事物的内部联系及其发展的规律性，认识事物的本质。

毛泽东认为，"是"就是事物的规律，"求是"就是认真追求、研究事物的发展规律，找出周围事物的内部联系，作为我们工作的向导。毛泽东还解释说：学习马克思主义要"有的放矢"，"的"就是中国革命，"矢"就是马克思列宁主义。中国共产党人所以要找"矢"，就是为了要射中国革命这个"的"。这种态度就是"实事求是"的态度。"这种态度，有实事求是之意，无哗众取宠之心。这种态度，就是党性的表现，就是理论和实践统一的马克思列宁主义的作风"。这样，经过改造后的"实事求是"已进入哲学最高领域，成为改造主观世界和客观世界的有力的思想武器，成为中国共产党的行动指南。正如后来邓小平所说："毛泽东思想的基本点就是实事求是，就是把马列主义的普遍原理同中国革命的具体实践相结合。毛泽东同志在延安为中央党校题了'实事求是'四个大字，毛泽东思想的精髓就是这四个字。毛泽东同志所以伟大，能把中国革命引导到胜利，归根到底，就是靠这个。"

043 实用主义

实用主义最初发生在英国和美国的哲学家中，在二十世纪初，是一种非常有影响的思想体系，它把哲学从一种人生观的思想体系降为一种研究问题和澄清信息的批判方法，把知识解释为一种评价过程，以科学探索的逻辑作为人们处世待物的行为准则。

实用主义认为，当代哲学划分为两种主要分歧，一种是经验主义者，是唯心的、柔性重感情的、凭感觉的、乐观的、有宗教信仰和相信意志自由的；另一种是理性主义者，是唯物的、刚性不动感情的、理智的、悲观的、无宗教信仰和相信因果关系的。实用主义则是要在上述两者之间找出一条中间道路来，是"经验主义思想方法与人类的比较具有宗教性需要的适当的调和者。"

实用主义者忠于事实,但没有反对神学的观点,如果神学的某些观念证明对具体的生活确有价值,就承认它是真实的。将哲学从抽象的辩论上,降格到更个性主义的地方,但仍然可以保留宗教信仰。承认达尔文,又承认宗教,也不承认是二元论的,即既唯物,又唯心,而是认为自己是多元论的。

044 世界观

世界观也叫宇宙观,是人们对世界的总的根本的看法,哲学是其理论表现形式。由于人们的社会地位不同,观察问题的角度不同,形成不同的世界观。世界观的基本问题是精神和物质、思维和存在的关系问题,根据对这两者关系的不同回答,划分为两种根本对立的世界观基本类型,即唯心主义世界观和唯物主义世界观。

世界观是在社会实践的基础上产生和逐渐形成的。人们在实践活动中,首先形成的是对于现实世界各种具体事物的看法和观点。久而久之,人们逐渐形成了关于世界的本质、人和客观世界的关系等总的看法和根本观点,这就是世界观。一般说来,人人都有自己的世界观,并以此来观察问题和处理问题。在阶级社会里,世界观具有鲜明的阶级性,不同阶级的人们会形成不同的甚至根本对立的世界观。各种世界观的对立和斗争,归根到底是唯物主义和唯心主义、辩证法和形而上学的斗争。不同的世界观会指导人们采取不同的行动,从而对社会的发展起着促进或阻碍作用。辩证唯物主义和历史唯物主义是唯一彻底的科学的世界观,是无产阶级及其政党认识世界和改造世界的理论武器。

045 思维与存在

思维是指理性认识(即思想)或理性认识的过程(即思考),与"感性认识"相对,是人脑对客观事物间接的和概括的反映,是认识的高级形式。存在是不依赖人的意志为转移的客观世界,即物质世界的存在。存在即思维,没有思维以外的客观存在。思维是存在的本质、灵魂;存在是思维的外化、躯壳,二者可以相互转化,并把实践引入到解决思维与存在同一问题中来。思维与存在的同一是一个矛盾发展的辩证的过程。

046 唯物辩证法

　　唯物辩证法是辩证法的三种基本历史形式之一，是一种研究自然、社会、历史和思维的哲学方法。唯物辩证法是由马克思首先提出，经其他马克思主义者（比较突出的如恩格斯、列宁、托洛茨基、毛泽东等）发展而形成的一套世界观、认识论和方法论的思想体系，是马克思主义哲学的核心组成部分。

　　唯物辩证法认为："普遍联系"和"永恒发展"是世界存在的两个总的基本特征，从总体上揭示了世界的辩证性质。唯物辩证法的基本规律和各个范畴，从不同侧面揭示了这两个基本特征的内涵和外延。矛盾（即对立统一）的观点是唯物辩证法的核心。唯物辩证法认为世界存在的基本特征有两个：一个是世界是普遍联系的，另一个是世界是永恒发展的。唯物辩证法用普遍联系的观点看待世界和历史，认为世界是一个有机的整体，认为世界上的一切事物都处于相互影响、相互作用、相互制约之中，反对以片面或孤立的观点看问题。唯物辩证法的基本规律有三条，即对立统一规律（矛盾的规律）、质量互变规律、否定之否定规律。唯物辩证法的五对基本范畴是：现象和本质、内容和形式、原因和结果、可能性和现实性、偶然性和必然性。唯物辩证法认为任何事物都是矛盾（即对立统一）的辩证体，而任何一对具有哲学意义的矛盾也都可以看作是一个辩证范畴。除了上述五个基本辩证范畴，比较重要的辩证范畴还有整体和部分，个性和共性，相对和绝对等。

047 唯物主义

　　唯物主义是一种哲学思想。这种哲学思想认为在意识与物质之间，物质决定意识，意识是客观世界在人脑中的反映。也就是说"物质第一性、精神第二性，世界的本原是物质，精神是物质的产物和反映"。唯物主义有机械唯物主义和辩证唯物主义的区别，机械唯物主义认为物质世界是由各个个体组成的，如同各种机械零件组成一个大机器，不会变化；辩证唯物主义认为物质世界永远处于运动与变化之中,是互相影响,互相关联的。机械唯物论的代表人物是费尔巴哈,辩证唯物论的代表是马克思等。

048 唯物主义一元论

唯物主义一元论主张物质是世界的本原。物质不依赖于意识而存在,物质决定意识,它是第一性的;意识不能脱离物质而存在,它是在物质发展的基础上产生的,是对物质的反映,是第二性的。在唯物主义的一元论中,只有辩证唯物主义的一元论才科学地论证和全面地贯彻了物质是世界的本原的观点。

049 唯心主义

唯心主义即唯心论,是哲学两大基本派别之一,是与唯物主义对立的理论体系。在哲学基本问题上主张精神、意识第一性,物质第二性,即物质依赖意识而存在,物质是意识的产物的哲学派别。唯心主义分为主观唯心主义与客观唯心主义两种类型,前者把人的主观精神(例如:人的"感觉"、"经验"、"观念"、"心"、"意志"等)当成是第一性的,而把客观事物说成是这种主观精神的产物,这种认知必然导致认为只有自我才是唯一存在的"唯我论"。客观唯心主义则认为在自然界、社会与人的意识之外,独立存在着某种客观精神(理、理念,宇宙精神,绝对观念等)是世界的本原,世界上的一切事物都是它的产物,这种以哲学化的方式来承认"宗教创世说",把客观精神作为上帝别名的认识是荒谬的。

050 唯心主义一元论

与唯物主义一元论相对,唯心主义的一元论肯定世界的本原是精神,物质是精神的产物。

051 无神论

广义上讲,无神论是一切对神或灵魂的存在缺乏相信的思想的总和;狭义上,无神论指认为神不存在的思想。无神论并没有统一的哲学思想,例如一些无神论者可能完全否定任何超自然事物,但一些无神论者可能相信诸如占星术、缘分等伪科学。无神论经常同反神论(或反有神论)相混淆,前者是拒绝相信有神论,而后者是直接明确反对有神论。根据定义的不同,无神论可以分为强无神论和弱无神论。强无神论明确声称神不存在,类似于对无神论的狭义定义。很多情况下,无神论其实是指强无神论。弱无神论则类似于广义定义下的无神论,即一切不是有神论的关于神的思想。这样一来,弱无神论包括不可知论。

今天人们说的无神论一般是指完全否定任何超自然或一个与肉身无关的灵魂的存在。在西方国家,"无神论"一般都指"一种认为根本没有超自然力量存在的理论",而在中国内地,一般的无神论者其实只是不可知论者。

052 物质

物质指不依赖于人的主观意识而又能为人的意识所反映的客观实在、相对于意识而言的。物质和意识的关系就好比具体与抽象的关系,物质就是一个具体的,可以看得见、摸得到的东西,而意识是建立于物质之上,抽象的,又与物质相对的东西。运动是物质的根本属性,时间和空间则是运动着的物质的存在形式。自然界和社会的一切形象,都是运动着的物质的存在形式。马克思主义哲学的物质概念是世界上一切现象(自然现象和社会现象)的根本特性的最高概括,因而不能把它同自然科学中关于物质结构的学说相混淆。世界统一于物质。物质的唯一特性是客观实在性。物质世界能为人的感觉和意识反映,但不可穷尽。物质概念是唯物主义哲学的基础。

053 先验论

先验论亦称先验主义、唯心主义先验论，是唯心主义认识论的一种表现形式，认为人的知识是先于感觉经验、先于社会实践的东西，是先天就有的。先验论同唯物主义反映论根本对立。

古希腊哲学家柏拉图主张，在现实世界之外，有一个超越经验、超越时空、永恒存在的理念世界；人们的经验是无法认识理念世界的；人们关于理念世界的知识是先天地存在于人的心灵之中的，通过后天的学习，可以把它们回忆起来。德国古典哲学家康德认为，赋予知识以普遍性必然性的范畴形式，是主体先天具有的，是先于经验而存在的。

先验论割断人们的认识（指理性认识）同感觉经验与社会实践的联系，必然否认认识同客观世界的反映与被反映的联系，从而把认识变成与生俱来的、主观自生的。先验论是天才论和英雄史观的理论基础。

054 相对真理和绝对真理

相对真理是相对意义上的真理，绝对真理是"完全"、"永恒"意义上的真理。在总的宇宙发展过程中，人们对于在各个发展阶段上的具体过程的正确认识，它是对客观世界近似的、不完全的反映。相对真理和绝对真理是辩证统一的，绝对真理寓于相对真理之中，在相对真理中包含有绝对真理的成分，无数相对真理的总和就是绝对真理。

055 形而上学

形而上学是一个哲学术语，就是指用孤立、静止、片面、表面的观点去看待世界，认为一切事物都是孤立的，永远不变的；如果说有变化，只是数量的增减和场所的变更，这种增减或变更的原因不在事物内部而在于事物外部。狭义概念上的形而上学也称为本体论,而在唯物主义哲学中,恩格斯将与辩证法相对的那种"知性思维"叫做"形而上学",列宁与毛泽东也沿用了这个用法,因而在现行国内的政治教科书上,形而上学属于第二种解释,在学术界则一般采取第一个含义。

056 一元论

一元论是把世界万物归结为一种本原的哲学学说,分为唯心主义一元论和唯物主义一元论。主张物质是世界的本原的,是唯物主义的一元论;主张精神是世界的本原的,是唯心主义的一元论

057 意识

意识在哲学上定义为一种与物质相对立的精神实体,在马克思主义经典著作中称的"意识"一词有两种用法:一个当动词用,即指"意识到"的活动,亦即认识活动;一是当名词用,即指与物质相对立的活动的结果,如知识、思想、观念等等。哲学研究的是作为名词使用的"意识",即与"物质"相对立的意识,是总体研究人的意识,其基本问题是意识对存在的关系问题,既指个人意识,也指社会意识。

058 庸俗唯物主义

庸俗唯物论是十九世纪三十年代,新黑格尔派解体以后,出现的一个唯物主义哲学派别。庸俗唯物主义认为宇宙间一切都是物质的,精神也是物质的。这在当时,在反对认为一切都是精神的唯心主义观点上,起过积极的作用。庸俗唯物主义把物质存在的形式庸俗化、简单化并且绝对化,认为物质的存在只能是实体性的,没有什么特殊的形式。但庸俗唯物主义在意识的物质性这个根本点上,还是正确的。

059 运动

运动是标志物质存在状态的哲学范畴，指宇宙中发生的一切变化和过程。辩证唯物主义认为，运动是物质的固有性质和存在方式，是物质所固有的根本属性，没有不运动的物质，也没有离开物质的运动。运动具有恒性，即运动既不能被创造又不能被消灭，其具体形式则是多样的并且互相转化，在转化中运动总量不变。辩证唯物主义主张从运动和静止的辩证关系中理解运动，既承认运动具有绝对性又承认事物具有相对静止的状态。人类对于运动的理解经历了一个不断发展的过程。古代朴素唯物主义者大都承认事物的运动。近代机械唯物主义者把运动理解为机械运动，几乎所有的唯心主义者认为运动可以脱离物质而存在。

060 哲学

哲学是人的意识经过客观的逻辑思维后规划出的多种意识形态，是理论化、系统化的世界观，是自然知识、社会知识、思维知识的概括和总结，是世界观和方法论的统一。是社会意识的具体存在和表现形式，是以追求世界的本源、本质、共性或绝对、终极的形而上者为形式，以确立哲学世界观和方法论为内容的社会科学。哲学的目的是回归人的，不管什么哲学，都是以人为最终目的的。间接目的：追求真理，进行运用，渐进到最终目的。

在汉语中"哲"这个词是聪明、智慧的意思，中国古代把聪明而有智慧的人称为哲人，所以，中国近代以来，就把关于智慧的学问称作哲学。哲学是难以被定义的，因为有众多分歧的观念都被视作为哲学。皮尔金哲学辞典中定义哲学为"有关思想，行为，与实在中最基本与普遍的概念。"皮尔金百科中提到哲学与科学的差别在于，哲学问题的答案不能仅由经验证据来得到。无论如何，这些观点都被牛津哲学辞典所挑战："二十世纪晚期，……偏向于将哲学思考视为对于任何一种智识探索的最好实践"。的确，许多早期哲学家在自然哲学方面的观察最后都形成了现代科学对于众多课题上重要的基础。

061 哲学的基础

哲学的基础是存在论和认识论,解决哲学基础问题,需要明确包含人与对象的真完整者、包含绝对与相对的真全面者是什么。形而上学、知识论和伦理学构成了哲学的基础学科,分别对应着三类问题,一是有关世界的本质与真理的问题,二是有关我们如何知道或认知真理的问题,三是有关生命意义与实践的问题。这三门学科并非壁垒分明,事实上在许多方面他们互相覆盖到彼此的领域,一个具有说服力的形而上学主张不可能忽略知识论的理论基础。同样的知识理论就是在架构主体与形而上学事实之间的关系。而道德的实践往往与道德真理的存在与否和我们怎么去了解它息息相关。哲学的困难在于,一个完整的理论通常必须在形而上学与知识论都有良好的说服力。

062 哲学的价值

哲学的价值在于在于哲学所考虑的对象是重大的,而这种思考又能使人摆脱个人那些狭隘的打算。哲学之所以值得学习,不在于它能对于所提出的问题提供任何确定的答案,而是在于它提出的问题本身;原因是,这些问题可以扩充人们对于一切可能事物的概念,丰富人们心灵方面的想象力,并且减低教条式的自信。此外,尤其在于通过哲学冥想中的宇宙之大,心灵会变得伟大起来,因而就能够和那成其为至善的宇宙结合在一起。哲学也可以是理性对于信仰的研究,同时还有理性对人与自然规律的总结。哲学是对世界的关于终极意义的解释,它在解释中使人们了解世界,使世界在人们的意识中合理化,从而为人们提供心灵的慰藉。哲学还是对人的一种自我定位的工具,哲学的任务是更好的指导人们正确地认识世界和改造世界。

063 哲学的起源

哲学起源于古希腊时期,第一个有文字记载的哲学家应当是把水当作万物起源的泰勒斯。在古希腊一直有一种科学思维的存在——为万物寻找本源。希腊人认为,世上的万世万物看起来都是变化的,其实有一件事情是确定的,那就是一定有一种存在,他是万事万物的本源,万物皆来源于他,最后万物也皆回归于他,他是一切存在物得以存在的依据。对存在的追求与探索是哲学诞生的起源之一。古希腊时期的自然派哲学家被认为是西方最早的哲学家,不管他们认识世界的方式是否正确,但是他们的想法之所以有别于迷信的原因在于,这些哲学家是以理性辅佐证据的方式归纳出自然界的道理。苏格拉底,柏拉图与亚里士多德奠定了哲学的讨论范畴,他们提出了有关形而上学,知识论与伦理学的问题,至今依然。而在中国,一般认为哲学起源东周时期,以孔子的儒家、老子的道家、墨子的墨家及晚期的法家为代表,实际上在之前的《易经》当中,就已经开始讨论哲学问题了。

064 哲学基本问题

哲学的基本问题是思维和存在、意识和物质的关系问题,又称哲学的根本问题、哲学的最高问题。哲学基本问题有两方面的内容:第一方面是思维和存在、意识和物质何者为本原的问题。对这一方面的问题历来有两种根本不同的回答,由此在哲学上形成了唯心主义和唯物主义两大阵营、两个基本派别、两条对立的路线。凡是认为意识是第一性的,物质是第二性的,即意识先于物质,物质依赖意识而存在,物质是意识的产物的哲学派别属于唯心主义;凡是认为物质是第一性的,意识是第二性的,即物质先于意识,意识是物质的产物的哲学派别属于唯物主义。除了这两种根本对立的回答外,还有一种回答,认为物质和意识是两个独立的、互不依赖的本原。持这种观点的哲学流派称为二元论,它是动摇于唯物主义和唯心主义之间的不彻底的哲学,最终往往倒向唯心主义。第二方面是思维和存在的同一性问题。对这一方面的问题,绝大多数哲学家,包括唯物主义哲学家和一些唯心主义哲学家都做了肯定的回答。但是,唯物主义和唯心主义对这个问题的解决在原则上是不同的。唯物主义是在承认物质世界及其规律的客观存在,承认思维是存在的反映的基础上,承认世界是可以认识的;唯心主义则把客观世界看作思维、精神的产物,认为认识世界就是精神的自我认识。

065 哲学与科学

科学是以试验观察为基本手段，以从相互联系的经验事实中总结出来的一般规律为根据，按照逻辑思维的方法和规则所建立起来的知识体系。从西方学术史看，科学是哲学的衍生物，后来独立为与哲学并行的学科。科学与哲学有互动关系。科学产生知识，哲学产生思想。马克思主义认为，哲学也是一种社会意识形态。现代西方哲学中有科学哲学，是专门研究有关科学的理论。这种理论研究了科学的历史，为科学总结了许多理论模型，但这也只是解释了科学，并不是可以指导科学。哲学是人类了解世界的一种特殊方式，是使人崇高起来的一门学问。

哲学是对个别的规律和特性进行新的概括和升华，从中抽象出最一般的本质和最普遍的规律；具体科学揭示的是自然、社会和思维某一具体领域的规律和奥秘。具体科学是哲学的基础，具体科学的进步推动着哲学的发展；哲学为具体科学提供世界观和方法论的指导。

066 哲学与宗教

哲学就是人生，是思考与行动、领悟与体验，是无穷的探索，是永不停顿的批判；哲学是思想的人生。宗教是人类社会发展到一定历史阶段出现的一种文化现象，属于社会意识形态。马克思主义认为宗教与哲学是远离社会物质经济基础的意识形态，虽然它们与物质存在条件的联系被一些中间环节弄模糊了，但这种联系是存在着的。宗教与哲学一样，都是由社会经济基础来说明的上层建筑。

067 真理

真理通常被定义为与事实或实在相一致。然而，并没有任何一个真理的定义被学者普遍接受,许多不同的真理定义一直被广泛争论,许多与真理定义相关的主题同样无法获得共识。马克思主义哲学认为,真理是人们对于客观事物及其规律的正确反映,是主观形式和客观内容的统一。真理在形式上是主观的,因为真理属于认识范畴。不能把真理等同于客观实在。真理在内容上是客观的,客观性乃是真理的根本属性。真理的内容来自于物质世界的客观事物及规律,真理的内容不依赖于人和人类的主观意志,检验真理的唯一标准就是客观的社会实践。

068 质变

质变又称突变,是事物运动的基本状态之一。质变是在量变的基础上发生的,标志着量的渐进过程的中断。事物的质变根源于事物的内部矛盾运动,当事物的内部矛盾斗争激化、双方力量对比的结果,使基本矛盾双方主次地位发生根本变化,原来处于被支配地位的非主要矛盾方面上升为决定事物性质的主要方面时,一事物就转化为另一不同质的事物。事物的质变瓦解了事物原有的质量统一体,破坏了事物的相对静止状态,突破了事物原有的度,从而呈现出显著的、迅速的和剧烈的变化。质变在事物发展中具有重要地位。质变是事物发展的决定性环节,也是造成世界上千差万别的事物及其丰富个性的根据。

069 主观能动性

主观能动性又称自觉能动性、意识的能动性,是指认识世界和改造世界中有目的、有计划、积极主动的有意识的活动能力。意识存在于人们的头脑中,人们只能用语言表达它,用文字记录它,不能用它直接作用于客观事物。虽然只靠单纯的意识不会引起客观事物的变化,但是意识却有一种本领:那就是作为一种无形的力量,在不停在告诉人们,应当做什么,以及怎样去做。在实践中,意识总是指挥着人们使用一种物质的东西去作用于另一种物质的东西,从而引起物质具体形态的变化,这种力量就是人的主观能动性。以马克思哲学观点认为,主观能动性是人类特有的,动物是不具备主观能动性的!而所谓一些动物如人一样的做某些事情，这不是主观能动性，而是动物出于生存需要的必备活动，也可以在一定程度上称为本能。动物是只有做法而没有理论的，也就是说没有主观能动，不是出于意识支配的。

070 主观唯心主义和客观唯心主义

主观唯心主义把个人的某种主观精神如感觉、经验、心灵、意识、观念、意志等看做是世界上一切事物产生和存在的根源与基础，而世界上的一切事物则是由这些主观精神所派生的，是这些主观精神的显现。客观唯心主义认为某种客观的精神或原则是先于物质世界并独立于物质世界而存在的本体，而物质世界（或现象世界）则不过是这种客观精神或原则的外化或表现，前者是本原的、第一性的，后者是派生的、第二性的。

主观唯心主义和客观唯心主义两个派别对于物质世界和人类社会的发展变化都不是采取积极的事前规划和预防措施，而是消极被动地进行事后盲目的处置。他们非但不能正确地引导人类社会的健康发展，反而严重地阻碍了人类社会的健康发展。

071 主体和客体

主体在哲学上指对客体有认识和实践能力的人，是客体的存在意义的决定者。而客体指主体以外的客观事物，是主体认识和实践的对象。主体与客体之间存在实践关系和认识关系，实践关系是主体与客体之间首要的基本关系，指主体和客体之间改造和被改造的关系，认识关系是指主体和客体之间反映和被反映的关系。无论是实践关系还是认识关系，都不是主体或客体各自独立运行的，而是二者相互作用的过程，因而，主体和客体之间还存在着相互作用的关系。

072 自然辩证法

自然辩证法是介于马克思主义哲学与自然科学、技术之间的具有相对独立性的学科。它运用马克思主义哲学的世界观和方法论，去展开对自然界、科学技术及科学技术研究的一般规律的探讨，既是构成马克思主义哲学的一个重要组成部分，又是联系马克思主义哲学与科学技术的纽带。就自然辩证法这个语词的原意说，它是指自然界发展的辩证法，就它是一门学科说，它的基本内容由三部分组成：一是研究揭示自然界存在和演化的一般规律，形成辩证唯物主义自然观——自然界的辩证法；二是研究揭示作为一种社会现象的科学技术发生与发展的一般规律，形成辩证唯物主义的科学技术观——科学技术发展的辩证法；三是研究认识自然界和改造自然界的一般方法论，形成辩证唯物主义的科学技术方法论——科学技术研究的辩证法。

073 自在世界

自在世界又称天然、自然，这一概念包含两重含义：首先，自在世界是人类世界产生之前的自然界。在人类社会产生前，客观的自然界早就独立地存在和发展着了，这是人类世界产生前的先在世界。其次，自在世界又是人类活动尚未深入到的自然界。自然界在广度上和深度上都是无限的，永远存在着人类活动尚未达到的部分，即尚未被人化的部分，世界这一部分仍然属于自在世界。

第二章　不可不知的哲学分支和与其相关的学科

074 东方哲学

东方哲学就最普遍定义来说，是指借由人的智慧去探讨宇宙间万事万物的最高原理之学问。而东方哲学除包含上述意义外，还包含如何通过实践行为以实现道德理想人格。受到西方哲学影响，百余年来东方哲学都使用西方哲学标准来加以分类与论述，因此现今东方哲学无论是中国哲学、日本哲学，还是印度哲学等等，所有区域性哲学仍可划分形而上学、宇宙论、理则学、宗教哲学、社会哲学、政治哲学和文化哲学等种类。

075 印度哲学

印度哲学是源于印度次大陆的世界主要传统哲学之一。印度古代通常把哲学称作"见",哲学学说或哲学体系,又称为"探究的学问"。印度哲学的发展大致可分为古代哲学、中世纪哲学、近代哲学和现代哲学四个时期。印度哲学是公然作为正统古典哲学的庄严外貌而出现的,它包括超常成熟、也是最为世人所知的有关生命价值的诸种学说,此外还有令人惊叹的细致严密的知识论,本体论和宇宙论,完美的因明逻辑等,更加重要的是,它还提供了严格的修行实践和修行戒律。它绝不仅仅停留于纯理论,甚至将整套严格的与神交往的仪式也列入哲学体系之中,这在整个人类哲学中是很奇异的现象。

076 伊斯兰哲学

伊斯兰哲学是以伊斯兰教的基本信仰为前提,以安拉创世说为中心,在探讨教义问题的基础上,融汇穆斯林各民族多样性的文化,吸收古希腊等外来哲学思想和自然科学成果,借助理性思辨和逻辑论证,运用与教义学不同的哲学概念术语、范畴命题、论证方法,说明造物主与被造物、理性与启示、知识与信仰、人与现实世界等之间的关系,而逐渐形成和发展起来的宗教哲学及自然哲学思想。

077 日本哲学

日本的哲学思想是在日本特有的经济基础上产生的社会意识形态,它有自己的特点和发展规律。日本适应本身的社会经济发展条件和阶级斗争的需要,大量吸收了先进国家的哲学思想:最初是中国的儒家思想和佛教,后来是西方近代、现代的各种哲学思想。这些思想同日本原有的神道思想相结合,随着社会经济发展和阶级斗争的变化,经历了一个逐渐深化的发展过程:开始时,佛教的教义成为日本占统治地位的思想,继而以儒家思想为中心的封建道学占据了主导地位,最后引进了西方自然科学,使理性进一步脱离信仰而自立,逐渐成为真正意义上的哲学。在这个过程中,贯穿着唯物主义和唯心主义的斗争。

078 西方哲学

西方哲学从神话中脱胎而出之后,在马克思主义哲学形成之前,大约经历了古希腊罗马哲学、中世纪哲学和近代哲学三个时期。西方哲学起源于古希腊罗马哲学,到中世纪,天主教在世俗生活和精神生活各方面都占据了统治地位,哲学成了神学的婢女,它的作用是为信仰作理性的解释。五到十世纪是中世纪哲学的早期,这段时期哲学研究的重点是关于普遍与个别的关系问题。西方哲学史上把这一阶段称为中世纪哲学。西方近代哲学是伴随着人类的自我觉醒而形成的。这个时期,人们的思想从宗教的彼岸世界返回到了尘世,从而发现了自然,也发现了人自身,开始追求知识,渴望个人自由。西方哲学作为一个不断进展的哲学系统,在世界哲学发展的历史中具有很大的影响。

079 古希腊哲学

古希腊哲学又称古希腊罗马哲学,是西方哲学最初发生和发展的阶段,是公元前六世纪到公元五世纪出现在希腊本土以及地中海沿岸,特别是小亚细亚西部、意大利南部的哲学学说。古典希腊哲学,或称早期希腊哲学集中在辩论与质询的任务。在很多方面,它同时为现代科学与现代哲学铺设了道路。早期希腊哲学家对后世产生的影响从未间断,从早期穆斯林哲学到文艺复兴,再到启蒙运动和现代的普通科学。

古希腊的哲学思想虽然以神话和传说为前提,但神话和传说中的神和半人半神的英雄都是现世人的投影。有的学者在谈到古希腊神话中的神的特点时指出:大多数民族的神都自命曾经创造过世界,奥林匹斯的神并不自命如此。他们所做的主要是征服世界。这正是古希腊神话中可贵的地方,是通过神话的形式反映出古希腊人的积极、进取的人生态度。

080 中世纪哲学

中世纪哲学是欧洲五~十五世纪的哲学。五世纪后,西罗马帝国逐渐瓦解,欧洲向封建社会过渡。在日耳曼人征服罗马的过程中,基督教得到了保全,它成为中世纪封建社会占统治地位的意识形态。哲学和科学成了基督教神学的婢女或工具。神与人、天国与世俗、信仰与理性的关系问题是中世纪哲学探讨的主要问题。

081 文艺复兴时期哲学

文艺复兴时期哲学是欧洲从中世纪封建社会向近代资本主义社会转变时期的哲学,主要包括人文主义思想和自然哲学。所谓文艺复兴,系指对希腊罗马古典文化的复兴,实际是欧洲新兴市民阶级通过复兴古典文化的形式,在意识形态领域内发动的一场波澜壮阔的反封建运动。它酝酿于十四世纪,十五到十六世纪达到高潮。

082 德国古典哲学

德国古典哲学是十八世纪末到十九世纪前半叶德国资产阶级革命前夕的资产阶级哲学,他的主要成就是黑格尔辩证法中的"合理内核"与费尔巴哈唯物主义的"基本内核"。德国古典哲学是工业革命时期欧洲哲学舞台上的主角。它提出了包括认识论、本体论、伦理学、美学、法哲学、历史哲学以及政治哲学等领域的各种重大问题和范畴,标志着近代西方哲学向现代西方哲学的过渡。在马克思主义产生前,辩证法在德国古典哲学中得到了最详尽而全面的探究,虽然这种辩证法是建立在唯心主义基础上的。德国古典哲学的最大成就,是从世界观的高度用辩证法代替了形而上学。德国古典唯心主义哲学家反对把世界看作固定不变、没有矛盾的东西,而把它理解为具有矛盾发展的不断变化的运动过程，这就从根本上推翻了长期以来统治人们头脑的形而上学世界观。德国古典哲学的巨大历史意义在于它为马克思主义的产生提供了理论前提，成为马克思主义的理论来源之一。

083 俄国哲学

我们所说的"俄罗斯哲学"，既包括十月革命以前和苏联解体之后俄罗斯这个国家的哲学，也包括苏联哲学。前苏联为了吹嘘自己的文化悠久，常常把俄国的哲学发生的时间推前到十一、十二世纪。一是将当时并非俄罗斯所属，但后来并入俄罗斯以至苏联版图的地区，都看作俄国哲学发生和发展的地区，这样，就很容易地将俄国哲学的发生推前好多年。并且从前人的著作中寻章摘句，煞费苦心地从中寻找哲学语言，用以证明哲学的产生和存在。

俄罗斯的哲学是自神学而生的。这主要表现在三个方面。从其内容来说，与宗教神学关系极为密切，甚至可以说，它最初就是对神学的前提及其所提出的重大问题的哲学探究，因而主要内容是宗教哲学。从其代表人物来说，虽然大部分人并非宗教神职人员，而是些自由思想家，但由于俄国深厚的宗教传统以及他们所受的神学教育，所以宗教问题及神学前提常常成为他们思考的起点，并由此升华为哲学。从其产生过程来说，在东正教意识形态的长期统治下，独立的俄罗斯哲学迟迟冲不出思想的牢笼；当自由意识发展到一定的程度，才有可能脱离神学而独立，但又明显地深深地打上了宗教的烙印。

084 马克思主义哲学

马克思主义哲学是关于自然、社会和思维发展一般规律的科学，是唯物论和辩证法的统一、唯物论自然观和历史观的统一。马克思主义哲学是一个相对真理，它是在继承和发展了德国的古典哲学、英国的古典政治经济学、英国、法国的空想社会主义下形成的马克思主义的三个组成部分之一。马克思主义哲学的主要理论来源是辩证法和唯物论，辩证唯物主义和历史唯物主义是马克思主义的两大组成部分，实践概念是它的基础。

085 辩证唯物主义

辩证唯物主义产生于十九世纪四十年代，是马克思主义的一种哲学理论，是把唯物主义和辩证法有机地统一起来的科学世界观，它是唯物主义的高级形式。辩证唯物主义认为世界在本质上是物质的。物质是第一性的，意识是第二性的，意识是高度发展的物质——人脑的机能，是客观物质世界在人脑中的反映。辩证唯物主义认为物质世界是按照它本身所固有的规律运动、变化和发展的，"事物都是一分为二的。"它揭示了事物发展的根本原因在于事物内部的矛盾性。事物矛盾双方又统一又斗争，促使事物不断地由低级向高级发展。因此，事物的矛盾规律，即对立统一的规律，是物质世界运动、变化和发展的最根本的规律。辩证唯物主义认为，人的认识是客观物质世界的运动经细化在人脑中的反映。辩证唯物主义的认识论既唯物地又是辩证地解决了人的认识的内容、来源和发展过程的问题。它认为物质可以变成精神，精神可以变成物质，而这种主观和客观辩证统一的实现都必须通过实践。实践的观点是辩证唯物主义认识论的第一的和基本的观点。认识来源于实践，又转过来为实践服务。实践、认识、再实践、再认识，循环往复，以至无穷，这就是人们正确地认识世界和能动地改造世界的无限发展的过程。

086 历史唯物主义

历史唯物主义是人类社会发展一般规律的科学，是科学的社会历史观和认识、改造社会的一般方法论。是马克思主义哲学的重要组成部分。

历史唯物主义承认历史的主体是人，历史不过是追求着自己目的的人的活动而已。但历史唯物主义所说的人不是处在某种幻想的与世隔绝和离群索居状态的抽象的人，而是处于可以通过经验观察到的发展过程中的现实的活生生的人。历史唯物主义认为，现实的人无非是一定社会关系的人格化，他们所有的性质和活动始终取决于自己所处的物质生活条件。只有从那些使人们成为现在这种样子的周围物质生活条件去考察人及其活动，才能站在现实历史的基础上描绘出人类发展的真实过程。历史唯物主义考察问题的方法明确规定,它的研究对象是社会发展的一般规律。和以社会生活某一局部领域、某一个别方面为对象的各门具体社会科学不同,它着眼于从总体上、全局上研究社会的一般的结构和一般的发展规律。它的任务就是为各门具体的社会科学提供历史观和方法论的理论基础。

087 马克思主义哲学史

马克思主义哲学的产生是有客观条件和历史必然性的,它是社会历史发展和理论思维发展的合乎逻辑的结果。正如任何历史必然性都是通过偶然性表现出来一样,马克思主义哲学产生的历史必然性是通过马克思和恩格斯的理论活动和实践活动实现出来的。表面上看来马克思主义哲学的创立史是马克思和恩格斯的个人思想发展史,实际上它是由历史发展必然性决定的理论思维的发展史,当然这并不排斥马克思、恩格斯主观条件所起的重要作用。马克思主义哲学的创立史就是历史必然性和偶然性的统一,是历史发展和理论思维发展内在逻辑和马克思和恩格斯的理论活动、实践活动的统一。

088 科学哲学

科学哲学是从哲学角度考察科学的一门学科。它以科学活动和科学理论为研究对象,主要探讨科学的本质、科学知识的获得和检验、科学的逻辑结构等有关科学认识论和科学方法论方面的基本问题。

089 先秦哲学

先秦哲学指中国在奴隶社会及由奴隶社会向封建社会过渡时期的哲学,始自商周时期,至秦统一中国之前。先秦哲学是中国哲学的发端,是形成学派和建立哲学体系的重要历史时期,它广泛地探讨了宇宙本原和自然规律问题、天人

关系问题、人性善恶问题、认识论和逻辑学问题等,把哲学研究伸展到各个领域和各个方面,内容极为丰富,已包含着以后各个历史时期各种哲学观点的胚胎和萌芽,对中国哲学的发展产生了深远影响。

090 教父哲学

教父哲学是公元二~五世纪早期基督教为其教义辩护的一种宗教唯心主义思想体系。它是由护教者根据圣经,利用古希腊罗马哲学特别是新柏拉图学派斯多阿学派的学说建立起来的。所谓教父,是那些既宣讲又著作的护教者,他们对制订和论证基督教教义作出了贡献,因而被尊称为"教会的父老",简称"教父"。教父哲学因此而得名。

教父哲学主要是以哲学论证神、三位一体、创世、原罪、救赎、预定、天国等教义。教父们根据柏拉图的理念论提出了神真实存在的论断,认为肯定一个判断的真或假,不在于主观意识,而在于依据客观真理,判断这一事实本身证明了真理世界的存在。同时变化不定的感性世界这一现象本身也表明它所依据的永恒不变的精神世界的实在性,感性世界的存在无疑是渊源于精神世界的实在性。所以,真理的精神世界必然存在,而且必须首先独立存在和永恒存在。无论人们掌握与否,都无法予以否定。这真理的精神世界就是神,人类的思维是可以本能地直观到神的。

091 分析哲学

分析哲学是对二十世纪主要在英语世界中出现的各种哲学的通用名称。该流派注重语言,并试图分析命题,以便找出那些符合所代表的事实或意义又具有最好和最简明的逻辑形式的命题。

分析哲学分为两个发展阶段:人工语言阶段和普通语言阶段。人工语言阶段主张寻找一种理想化的语言作为哲学表达的工具,理想化语言的标准是语言的含义与指称是一一对应关系,任何语言都必须有含义和指称,而且含义与指称形成简单的对应关系。普通语言阶段,主张哲学要面对日常生活,日常语言或普通语言就是哲学表达的工具,哲学的作用在于为语言表达寻找规范,这种规范就是要强调语言的意义在于使用,语言的意义随着人的使用场景的变换而改变,哲学不能再另行规定一套规则,语言的使用规则来源于日常生活。

092 人文哲学

人文指人类社会的各种文化现象是人类文化中的先进部分和核心部分,即先进的价值观及其规范。

人文哲学指文艺复兴时期一些知识分子,在超越和反对中世纪欧洲宗教传统的过程中,把希腊、罗马的古典文化作为一种皈依,用这种办法来回归世俗的人文传统。这些人就被称为"人文学者",后来人文学者所做的学问就变成了"人文主义",到十九世纪的欧洲又有所谓的人文学科,二十世纪英美的大学里面也开始出现所谓的人文学科。人文学科的意思不是说人文的东西用一种科学的理论来解释,而是说对于人的各面的一种求知、对于人的知识的一种探讨。人文主义是一种基于理性和仁慈的哲学理论和世界观。作为一种生活哲学,人文主义从仁慈的人性获得启示,并通过理性地推理来指导。

093 解释学

哲学解释学泛指对理解和解释的现象的各个层次和各种情况的研究,它不是一种方法论,而是对方法沦、对理解中意识形态的作用以及对不同形式的解释的范围和假定等的哲学"反思"。哲学解释学有分析的解释学和人文主义的哲学解释学两种形式。分析的解释学涉及理解和解释、思维机器和日常语言等问题,虽然也涉及方法论,但是主要属于哲学性质;人文主义的哲学解释学则主要根据现象学的传统及其对客观知识的批判,对文本解释的一些前提条件进行反思。

094 符号学

符号学广义上是研究符号传意的人文科学,当中涵盖所有涉及文字、讯号、密码、古文明记号、手语的科学。在哲学方面,符号学从现象学研究理论中吸收了其有关意指作用的概念的大部分内容。符号学概念中的"意义显现"表达方式,就源自现象学的启发。这种表达方式,在感觉的范围之内于感觉主体与被感觉对象之间互为基础的关系之中,把意指形式的地位确定为可感觉的与可理解的、幻觉与分享的信仰之间的一种关系空间。

095 实用主义哲学

实用主义是产生于十九世纪七十年代的现代哲学派别,在二十世纪的美国成为一种主流思潮。对法律、政治、教育、社会、宗教和艺术的研究产生了很大的影响。实用主义认为,当代哲学划分为两种主要分歧,一种是经验主义者,是唯心的、柔性重感情的、凭感觉的、乐观的、有宗教信仰和相信意志自由的;另一种是理性主义者,是唯物的、刚性不动感情的、理智的、悲观的、无宗教信仰和相信因果关系的。实用主义则是要在上述两者之间找出一条中间道路来,是"经验主义思想方法与人类的比较具有宗教性需要的适当的调和者。"

096 伦理学

伦理学是关于道德的科学,又称道德学、道德哲学。伦理学以道德现象为研究对象,不仅包括道德意识现象,而且包括道德活动现象以及道德规范现象等。伦理学将道德现象从人类活动中区分开来,探讨道德的本质、起源和发展,道德水平同物质生活水平之间的关系,道德的最高原则和道德评价的标准,道德规范体系,道德的教育和修养,人生的意义、人的价值和生活态度等问题。

伦理学中最重要的是道德与经济利益和物质生活的关系、个人利益与整体利益的关系问题。对这些问题的不同回答,形成了不同的甚至相互对立的伦理学派别。马克思主义伦理学将道德作为社会历史现象加以研究,着重研究道德现象中的带有普遍性和根本性的问题,从中揭示道德的发展规律。马克思主义伦理学建立在历史唯物主义基础之上,强调阶级社会中道德的阶级性及道德实践在伦理学理论中的意义。

097 医学伦理学

医学伦理学是运用一般伦理学原则解决医疗卫生实践和医学发展过程中的医学道德问题和医学道德现象的学科,它是医学的一个重要组成部分,又是伦理学的一个分支。医学伦理学是运用伦理学的理论、方法研究医学领域中人与人、人与社会、人与自然关系的道德问题的一门学问。医学伦理学来源于医疗工作中医患关系的特殊性质。病人求医时一般要依赖医务人员的专业知识和技能,并常常不能判断医疗的质量;病人常要把自己的一些隐私告诉医务人员,这意味着病人要信任医务人员。这就给医务人员带来一种特殊的道德义务:把病人的利益放在首位,采取相应的行动使自己值得和保持住病人的信任。

098 教育伦理学

教育伦理学是研究包括学校教育,家庭教育和社会教育在内的教育教学过程中的道德关系的一门学科,将教育活动中各种人际关系的和谐和教育者德性和完善作为学科研究的主要任务。教育伦理学主要研究教育过程中的道德现象及其发展变化规律,揭示教师道德的本质、特点和作用并总结教师道德的基本原则和规范。

099 政治伦理学

研究社会政治生活中的道德准则、政治与道德关系及其发展规律的学科。

政治学和伦理学的基本原理是政治伦理学的理论基础,并对其研究起着指导作用,政治伦理学是政治学研究领域的新的分支学科,也是伦理学在政治领域中的延伸和拓展。但政治伦理学是一门独立的学科,它所涉及的是社会政治生活中的道德关系和道德规范。它的研究目的是对道德这个特殊的意识形态进行政治思考,是对社会政治现象进行道德评价,它的根本任务在于揭示政治伦理的规范体系和演变规律。政治伦理属于上层建筑,是一定历史、社会、文化条件下的产物,是一定阶级的政治关系在道德领域中的必然反映。政治伦理的基本范畴是具体的,在不同的社会形态中其内涵不同,即使在同一社会的不同时期或同一阶级内部的不同集团中,其内涵也有差异。涉足政治伦理研究领域的人也必然带有各自的阶级烙印,政治伦理学总是服务于一定的社会或阶级利益的,具有其鲜明的阶级性和时代性。

100 家庭伦理

家庭伦理指调整家庭成员间关系的原则与规范。家庭关系中的核心是夫妻关系,由此发生上至父母下至子女及相应的一些亲属关系。家庭道德在不同的社会形态里有着不同的内容。现时就应做到:夫妻相爱,志同道合,这是维护家庭道德的关键。尊敬和赡养老人,抚养和教育子女,尊重家长,爱护弟妹等等。家庭是社会的细胞,讲家庭道德不单单是个人的私事,也是社会主义精神文明的一个重要方面。如果每个家庭都能遵守家庭道德的规范,做到夫妻和睦,尊老爱幼,那么,人们在从事社会主义建设中就可以免除后顾之忧,建设社会主义精神文明就有了很坚实的基础,相反就会牵涉人们很多精力。同时,讲究家庭美德,也是培养好下一代的一个重要条件。

101 生命伦理学

生命伦理学是根据道德价值和原则对生命科学和卫生保健领域内的人类行为进行系统研究的学科。产生于二十世纪七十年代。主要研究生物医学和行为研究中的道德问题,环境与人口中的道德问题,动物实验和植物保护中的道德问题,以及人类生殖、生育控制、遗传、优生、死亡、安乐死、器官移植等方面的道德问题。作为一门应用规范伦理学,生命伦理学不谋求建立体系,而以问题为取向,其目的是如何更好地解决生命科学或医疗保健中提出的伦理问题。解决伦理问题需要伦理学理论,但实际的伦理问题往往是复杂的,很难用一种理论解决所有的伦理问题,正如不可能用一只猫或一类猫去抓世界上所有的耗子一样。在解决伦理问题的过程中,伦理学理论本身也受到检验,有的理论没能经得住检验,有的理论即使通过了检验,也不可能在解决所有伦理问题时都能拿到高分。因此在解决问题时应该保持理论选择的开放性,而不去拘泥于一定的理论。

102 生态伦理学

生态伦理学是一门以"生态伦理"或"生态道德"为研究对象的应用伦理学。它是从伦理学的视角审视和研究人与自然的关系。"生态伦理"不仅要求人类将其道德关怀从社会延伸到非人的自然存在物或自然环境,而且呼吁人类把人与自然的关系确立为一种道德关系。根据生态伦理的要求,人类应放弃算计、盘剥和掠夺自然的传统价值观,转而追求与自然同生共荣、协同进步的可持续发展价值观。生态伦理学对伦理学理论建设的贡献,主要在于它打破了仅仅关注如何协调人际利益关系的人类道德文化传统,使人与自然的关系被赋予了真正的道德意义和道德价值。

103 美学

美学是从人对现实的审美关系出发,以艺术作为主要对象,研究美、丑、崇高等审美范畴和人的审美意识,美感经验,以及美的创造、发展及其规律的科学。美学是以对美的本质及其意义的研究为主题的学科。美学是哲学的一个分支。研究的主要对象是艺术,但不研究艺术中的具体表现问题,而是研究艺术中的哲学问题,因此被称为"美的艺术的哲学"。美学的基本问题有美的本质、审美意识同审美对象的关系等。

104 美学史

美学史是对美学(特指西方美学)的形成和发展过程进行系统的探讨和研究的一门学科,我国对于美学史的研究是在二十世纪五十年代美学大讨论和改革开放以来曾经一度出现的美学热的基础上的必然发展,是基础理论向美学史的逻辑推进。对美学史的研究应该以历史唯物主义为主导思想。

105 艺术美学

艺术美学是哲学的一个重要分支,也称为艺术哲学。其美学思想是建立在其"同一哲学"基础上的。它从客观唯心主义的立场出发,强调美和艺术是绝对的象征和体现,声称艺术哲学是对源自"绝对"的艺术作本质的探讨,认为"在艺术哲学划定的哲学的特殊领域里,我们可以看到永恒的美和一切美的原型。"在德国哲学家谢林看来,最高的理性活动是包括一切理念的审美活动,真和善只有在审美中才能接近,而美把真的科学知识和善的道德行为综合实现于艺术之中,因此,艺术高于哲学。正是在审美直观中,而不是在数理逻辑的推演中,哲学家才领悟到了宇宙的奥秘。

艺术美学提出"构造说",认为宇宙是作为一个绝对的宇宙精神。正是由于这种绝对的驱使,艺术家的创作活动"仅仅成了满足他们天赋本质中的一种不可抗拒的冲动";而这种"天才"(灵感)乃是"上帝的绝对性的一个片断"。在这种灵感,亦即审美直观中,作者突破了有限的感性形式的束缚乃与无限的宇宙本体相汇合,把握到了"整个生存的根本"。也由此推出艺术与美的本质在于体现了"绝对同一性"的真与善、必然与自由、实在与理想、感性与理性的统一。

106 技术美学

技术美学是研究物质生产和器物文化中有关美学问题的应用美学学科。技术美学是现代生产方式和商品经济高度发展的产物,是社会科学和技术科学相互渗透、相互融合的产物,是艺术与技术的结合。技术美学是美学原理在物质生产和生活领域的具体化,同时又是设计观念在美学上的哲学概括。技术美学表现出高度的综合性,它不仅涉及哲学、社会学、心理学、艺术学问题,而且涉及文化学、符号学以及各种技术科学知识。

107 现象学

现象学是二十世纪在西方流行的一种哲学思潮。狭义的现象学指二十世纪西方哲学中德国犹太人哲学家胡塞尔创立的哲学流派或重要学派。其学说主要由胡塞尔本人及其早期追随者的哲学理论所构成。广义的现象学首先指这种哲学思潮,其内容除胡塞尔哲学外,还包括直接和间接受其影响而产生的种种哲学理论以及二十世纪西方人文学科中所运用的现象学原则和方法的体系。现象学不是一套内容固定的学说,而是一种通过"直接的认识"描述现象的研究方法。它所说的现象既不是客观事物的表象,亦非客观存在的经验事实或马赫主义的"感觉材料",而是一种不同于任何心理经验的"纯粹意识内的存在"。

108 过程哲学

一种主张世界即是过程,要求以机体概念取代物质概念的唯心主义哲学学说。又称活动过程哲学或有机体哲学。它涉及自然科学、社会科学、美学、伦理学和宗教学等领域,并由此构成对宇宙的总看法,因而它又被称为宇宙形而上学或哲学的宇宙论。

109 死亡哲学

生命的本质是机体内同化、异化过程这一对矛盾的不断运动;而死亡则是这一对矛盾的终止。死亡哲学即探讨死亡的真相和实质的哲学。西方死亡哲学的历史发展不仅是一个西方人死亡意识不断飞跃的过程,而且也是一个西方人死亡意识不断地由量变进展到质变的过程,因而在总体上是质变和量变、阶段性和连续性的统一。

110 知识论

知识论是探讨知识的本质、起源和范围的一个哲学分支。西方哲学家将知识分为两种:先验与后验。先验意味着仅凭推理得到的知识(先于经验观察),而不受直接或间接经验(这里经验通常指通过感官对于世界的观察)的影响。后验指其他种类的知识,也就是知识的得来和证实需要借助经验(经验观察之后),也被称作经验性知识。知识论的核心问题之一是是否存在先验综合知识。概括地讲,理性主义者认为存在,因而就要面对"先验综合知识如何可能"的问题。相反的,经验主义者认为所有的知识在一定程度上都是外界经验的体现,并不存在先验综合知识。

111 法律哲学

法律哲学是哲学在法律领域中的一个分支,如同科学哲学、政治哲学等领域一样,是一门对于社会现象或者学术领域的基础信念进行反思的学问。在不同的场合或者学术脉络之下,法律哲学(法哲学)又被称为"法理学"、"法理论"、甚至"基础法学",不过这些名词的指涉原本不尽相同,但在许多时候他们都被用来代表法律哲学。

112 心灵哲学

西方传统哲学中所说的"心",主要包括两种机能,一种是心灵与世界的关系,即心灵如何知道世界的问题;另一种机能是意志的机能,即心灵如何使我们的身体在世界上作出行为,即如何实践出心灵的要求的问题。最近三四十年,心灵哲学作为哲学的一大分支，备受哲学家的关注，得到了前所未有的发展，成为当代西方哲学中最活跃的学科之一。并且，该领域爆发了并正在进行着所谓的"本体论变革"。这一变革，共同的目的是批判、颠覆常识的心身观和潜藏在大多数哲学体系中的二元论幽灵。而作为二元论的代表者——笛卡尔，就不可避免地成为矛头所指。当然，笛卡尔的二元论的思想给哲学界带来的灾难不可视而不见。但是，当代心灵哲学所讨论的许多问题并未超出笛卡尔所思考的范围，而且一些重要思想的形成在某种程度上是在他的观点的基础上发展和衍生出来的，甚至一些思想在某种程度上并未超越他的思想。

113 比较哲学

比较哲学是应用比较方法研究不同文化传统或民族文化中的哲学学科，揭示人类思维发展规律的学科，一种为研究和其他学科异同关系的学科。比较哲学研究内容大致有：历史比较、人物比较、范畴比较、交错比较、总体比较等方面。二十世纪初，中国的严复、胡适、梁漱溟等开始从不同侧面对中西哲学进行比较研究。新中国的比较哲学研究在唯物史观指导下取得很大进展。

114 相对论

相对论是由爱因斯坦创立的关于时空和引力的基本理论，分为狭义相对论（特殊相对论）和广义相对论（一般相对论）。狭义相对论最著名的推论是质能公式，它说明了质量随能量的增加而增加。它也可以用来解释核反应所释放的巨大能量，但它不是导致原子弹的诞生的原因。而广义相对论所预言的引力透镜和黑洞，与观测到的有些天文现象符合。相对论的基本假设是相对性原理，即物理定律与参照系的选择无关。狭义相对论和广义相对论的区别是，前者讨论的是匀速直线运动的参照系（惯性参照系）之间的物理定律，后者则推广到具有加速度的参照系中（非惯性系），并在等效原理的假设下，广泛应用于引力场中。相对论和量子力学是现代物理学的两大基本支柱。经典物理学基础的经典力学，不适用于高速运动的物体和微观领域。相对论解决了高速运动问题；量子力学解决了微观亚原子条件下的问题。相对论颠覆了人类对宇宙和自然的"常识性"观念,提出了"时间和空间的相对性"、"四维时空"、"弯曲空间"等全新的概念。

115 量子力学

量子力学是研究微观粒子的运动规律的物理学分支学科,它主要研究原子、分子、凝聚态物质,以及原子核和基本粒子的结构、性质的基础理论,它与相对论一起构成了现代物理学的理论基础。量子力学不仅是近代物理学的基础理论之一,而且在化学等有关学科和许多近代技术中也得到了广泛的应用。

116 混沌学

在科学上,如果一个系统的演变过程对初态非常敏感,人们就称它为混沌系统。研究混沌运动的一门新学科叫做混沌学,混沌学发现出现混沌运动这种奇特现象是由系统内部的非线性因素引起的。混沌学致力于研究定型的变化,而非日常我们所熟悉的定量。这是由它的成立的目的——解决复杂的,多因素替换成为引起变化的主导因素的系统而决定的。它的基本观点是积累效应和度,即事物总处在平衡状态下的观点。混沌不是偶然的、个别的事件,而是普遍存在于宇宙间各种各样的宏观及微观系统的,万事万物,莫不混沌。混沌也不是独立存在的科学,它与其他各门科学互相促进、互相依靠,由此派生出许多交叉学科,如混沌气象学、混沌经济学、混沌数学等。混沌学不仅极具研究价值,而且有现实应用价值,能直接或间接创造财富。

117 弦理论

弦理论即弦论,是理论物理学上的一门学说。弦论的一个基本观点就是,自然界的基本单元不是电子、光子、中微子和夸克之类的粒子,这些看起来像粒子的东西实际上都是很小很小的弦的闭合圈(称为闭合弦或闭弦),闭弦的不同振动和运动就产生出各种不同的基本粒子。尽管弦论中的弦尺度非常小，但操控它们性质的基本原理预言，存在着几种尺度较大的薄膜状物体，后者被简称为"膜"。直观地说，我们所处的宇宙空间也许就是九维空间中的三维膜。弦论是现在最有希望将自然界的基本粒子和四种相互作用力统一起来的理论。

118 思维科学

思维科学是研究思维活动规律和形式的科学。思维一直是哲学、心理学、神经生理学及其他一些学科的重要研究内容。辩证唯物主义认为，思维是高度组织起来的物质即人脑的机能，人脑是思维的器官。思维是社会的人所特有的反映形式，它的产生和发展都同社会实践和语言紧密地联系在一起。思维是人所特有的认识能力，是人的意识掌握客观事物的高级形式。思维在社会实践的基础上，对感性材料进行分析和综合，通过概念、判断、推理的形式，造成合乎逻辑的理论体系，反映客观事物的本质属性和运动规律。思维过程是一个从具体到抽象，再从抽象到具体的过程，其目的是在思维中再现客观事物的本质，达到对客观事物的具体认识。思维规律由外部世界的规律所决定，是外部世界规律在人的思维过程中的反映。

119 心理学

心理学是研究人和动物心理现象发生、发展和活动规律的一门科学。心理学研究动物心理主要是为了深层次地了解、预测人的心理的发生、发展的规律，而以人的心理现象为主要研究对象。心理学者只是在尽可能的按照科学的方法，间接的观察、研究或思考人的心理过程(包括感觉、知觉、注意、记忆、思维、想象和言语等过程)是怎样的，人与人有什么不同，为什么会有这样和那样的不同，即人的人格或个性，包括需要与动机、能力、气质、性格和自我意识等，从而得出适用人类的、一般性的规律，继而运用这些规律，更好地服务于人类的生产和实践。

120 信息论

信息论是运用概率论与数理统计的方法研究信息、信息熵、通信系统、数据传输、密码学、数据压缩等问题的应用数学学科。信息论将信息的传递作为一种统计现象来考虑，给出了估算通信信道容量的方法。信息传输和信息压缩是信息论研究中的两大领域。这两个方面又由信息传输定理、信源-信道隔离定理相互联系。

121 语义学

语义学也作"语意学"，是一个涉及语言学、逻辑学、计算机科学、自然语言处理、认知科学、心理学等诸多领域的一个术语。语言学分为结构主义的语义学和生成语言学的语义学。结构主义语义学是从二十世纪上半叶以美国为主的结构主义语言学发展而来的，研究的内容主要在于词汇的意义和结构，比如说义素分析，语义场，词义之间的结构关系等等。这样的语义学研究也可以称为词汇语义学，词和词之间的各种关系是词汇语义学研究的一个方面，例如同义词、反义词，同音词等，找出词语之间的细微差别。生成语义学是二十世纪六、七十年代流行于生成语言学内部的一个语义学分支，是介于早期的结构主义语言学和后来的形式语义学之间的一个理论阵营。生成语义学借鉴了结构语义学对义素的分析方法，比照生成音系学的音位区别特征理论，主张语言的最深层的结构是义素，通过句法变化和词汇化的各种手段而得到表层的句子形式。

122 科学社会学

科学社会学是探讨科学的社会性质及科学与社会相互关系的学科。宏观的科学社会学主要研究、探讨科学对社会的影响，社会对科学的控制，以及科学发展的社会条件和社会后果；微观的科学社会学主要研究科学家们知识生产中的价值观念和行为规范,以及科学作为一个社会系统的内部运动规律。具体说,科学社会学的研究内容主要有:①对科学与社会的关系的研究。包括科学的社会功能,科学进步对社会发展的影响和造成的问题,科学作为一种社会建制与其他社会建制的关系,社会、经济、文化、心理等要素对科学的影响。②对科学本身的研究。研究构成科学的基本科学思想、科学方法论、科学的作用、科学的动员和奖励制度四个要素。③对科学界的研究,包括科学共同体、科学界内部的人际关系和行为规范、科学家的社会角色等。④对科学技术政策的研究。科学社会学的研究,有助于人们认识科学发展的基本规律,了解科学发展所带来的社会问题,为制定科技发展政策、经济社会发展战略提供理论依据,并对相邻学科的发展起促进作用。

123 逻辑学

逻辑学是研究纯粹理念的科学,所谓纯粹理念就是思维的最抽象的要素所形成的理念。在某种意义下,逻辑学可以说是最难的科学,因为它所处理的题材,是抽象的感觉表象,是纯粹抽象的东西,而且需要一种特殊的能力和技巧,才能够回溯到纯粹思想,紧紧抓住纯粹思想,并活动于纯粹思想之中。但在另一种意义下,也可以把逻辑学看作最易的科学。因为它的内容不是别的,正是我们自己的思维,和思维的规定,而这些规定同时又是最简单、最初步的,而且也是人人最熟知的,例如:有与无,质与量,自在存在与自为存在,一与多等等。但是,这种熟知反而加重了逻辑研究的困难。因为,一方面我们总以为不值得费力气去研究这样熟悉的东西。另一方面,对于这些观念,逻辑学去研究、去理解所采取的方式,却又与普通人所业已熟悉的方式不相同,甚至正相反。

124 科学学

科学学以科学本身为研究对象的学科,研究目的在于认识科学的性质特点、关系结构、运动规律和社会功能,并在认识的基础上研究促进科学发展的一般原理、原则和方法。科学学的研究对象、研究目的和研究内容共同决定了科学学的学科性质。科学学的研究对象虽然是科学技术,但它研究的并不是具体的专门科学和技术,而是把科学技术作为一种社会现象和社会的部门建制并从社会的角度来对它进行研究的,所以科学学的学科性质并不是自然科学,而是为发展自然科学服务的社会科学。不过,作为一种社会科学,科学学又有它的特殊性;它不但同自然科学相交叉,也与多种社会科学相交叉,甚至还同数学以至某些工程技术相交叉。因此,科学学虽然基本上是社会科学,但同时又是一种交叉科学,是软科学,在它的不同分支中又各有不同的侧重交叉点。

125 控制论

控制论是研究动物(包括人类)和机器内部的控制与通信的一般规律的学科,着重于研究过程中的数学关系。在控制论中,"控制"的定义是:为了"改善"某个或某些受控对象的功能或发展,需要获得并使用信息,以这种信息为基础而选出的、加于该对象上的作用,就叫做控制。由此可见,控制的基础是信息,一切信息传递都是为了控制,进而任何控制又都有赖于信息反馈来实现。信息反馈是控制论的一个极其重要的概念。通俗地说,信息反馈就是指由控制系统把信息输送出去,又把其作用结果返送回来,并对信息的再输出发生影响,起到控制的作用,以达到预定的目的。

126 机械论

机械论是一种在近代科学发展中有着高度影响的自然哲学。在它最早和最简单的阶段,这个理论使自然完全类似于一台机器——甚至基本上就是一部像齿轮或滑轮一样的装置。尽管这一点从某种意义上说确实鼓励了人们把世界当作一个有着内在联系的整体来看待,但却证明不适于用以说明活着的有机物及其关系。机械论的一个较为复杂和持久的形式是,它把整个自然都解释成一个在运动中的、完全受制于物理学和化学规律的客观存在的体系。很多哲学家和生态学家认为,这种推理是过分"简化"了,尽管那些被省去的部分经常也难以说得清楚。

马克思主义所称的机械论又叫机械唯物主义，是一种形而上学的思想方法。表现为否认事物的特点和发展，把不同时间、地点和性质的事物混为一谈，用一种自以为不可改变的公式到处硬套。毛泽东谈到战争时说："我们研究在各个不同历史阶段的指导规律，应该着眼其特点和着眼其发展，反对战争问题上的机械论。"机械论又表现为片面地把事物的某一侧面夸大为全体，例如只看到武器、不看到人力的唯武器论，也是战争问题上的机械论。

127 数学哲学

数学哲学是哲学的一个分支，研究数学中的哲学问题的学科。现代数学哲学的研究内容主要包括：数学基础的研究，形成罗素的逻辑主义、布劳维的直觉主义和希尔伯特的形式主义等流派；数学悖论的研究，探讨悖论的排除及彻底解决的可能性；数学本体论的研究，探讨数学的研究对象是否为客观的真实的存在；数学真理性的研究等。

128 宗教哲学

宗教哲学狭义指对基督教神学作者哲学考察和解释的学说，广义指用哲学观点解释一切宗教的学说。主要研究宗教的本质和规范，宗教世界观与人生观和道德的关系，宗教语言和宗教的象征意义等。文艺复兴时期的宗教改革后逐渐产生。康德最先提出这一概念。黑格尔在《宗教哲学讲演录》中，建立了理性宗教观的哲学基础。施莱尔马赫以情感的经验论观点，开启了宗教哲学的现代阶段。以后的宗教哲学大多以人本主义的、进化论的、社会学的宗教观为准绳。新康德主义、新黑格尔主义和唯意志论也从不同方面对宗教哲学作出解释。

129 政治哲学

研究政治的本质及其发展规律和政治理论的概念体系的学科。二十世纪政治科学兴起后,学者就把传统上用思辨方法,从纯理论角度探讨政治的本质、目的和发展规律,具有浓厚道德色彩与价值色彩的政治研究称为政治哲学。其内容:一是对政治的一般理论的研究,探讨政治的起源、本质、规律、规范、目的和手段;二是对政治理论、学说、思想、观念本身的研究,具有"元理论"或"超理论"的特征,主要分析词汇和概念的含义、论证的逻辑、命题的根据等。在国家存在的条件下,其他一切哲学形式都受制于政治哲学,所以政治哲学是第一哲学。在当前的中国,马克思主义哲学是国家最高的行动指南。所以,由马克思哲学演变来的马克思主义哲学,是当前中国的第一哲学。

130 法律哲学

法律哲学是哲学在法律领域中的一个分支,如同科学哲学、政治哲学等领域一样,是一门对于社会现象或者学术领域的基础信念进行反思的学问。在不同的场合或者学术脉络之下,法律哲学(法哲学)又被称为"法理学"、"法理论"、甚至"基础法学",不过这些名词的指涉原本不尽相同,但在许多时候他们都被用来代表法律哲学。

131 物理哲学

物理哲学是关于自然界物理知识、物理方法及反思的总括。他试图在人们已知的和未知的知识间建立桥梁,阐述人们思感可能达到的领域,并对我们这种探索的价值作出描述。

132 天文哲学

天文学是一门研究辽阔空间中的天体的科学。自古以来,天文学与哲学就有着特殊的关系。在古代,人们关于宙的哲学观点与天文学观点往往是结合在一起的,它共同构成了朴素的自然观,并对当时的天文学实践和后宇宙理论和发展产生了很大影响。

133 化学哲学

化学哲学是以化学为研究对象的哲学,是自然科学哲学的一个重要的组成部分。化学是一门以实验为基础的科学,是重要的基础科学之一。化学哲学主要探讨化学的科学定义、化学研究的对象、特点、地位和作用;揭示化学科学发展的规律性和预见化学发展的方向与趋势;阐发物质化学运动本身具有的辩证内容;讨论化学研究中的方法论和认识论问题;分析化学所取得的成果和重要化学家所作贡献的哲学意义及现实意义;研究化学和哲学辩证关系及其与化学、哲学发展的作用等。

134 语言分析哲学

语言分析哲学即日常语言哲学,盛行于二十世纪五十年代的英国。语言分析哲学认为每一种语言,都有自己的语言逻辑。科学使用的是科学的语言,宗教使用的是宗教的语言,双方使用的逻辑完全不同。

语言分析哲学家们十分强调研究日常语言本身,他们认为日常语言的研究对于解决哲学问题具有重大意义,因为要进行有成效的哲学研究,就不能不首先了解人们使用的语言手段。通过这种研究,会发现许多哲学问题产生于对语词的误解。他们指出,哲学的任务在于阐释某些语词的逻辑语法,收集有关这些语词作用的提示,描述这些语词所能完成的不同功能及其完成这些功能的条件。

135 教育哲学

教育哲学是以一定的哲学观点和方法研究教育基本问题的学科。古代思想家曾根据各自的哲学思想论述教育的基本问题。1832年美国纽约市立大学为培养公立学校教师开设教育哲学讲座,最早使用"教育哲学"一词。

136 语言哲学

语言哲学特指语言学哲学,是对意义、同义词、句法、翻译等语言学共相进行哲学思考,并且对语言学理论的逻辑地位和验证方式进行研究的学科,它是科学哲学的特殊分支,与物理学哲学,心理学哲学等并列的学科。同时语言哲学还包括基于自然语言或人工语言的结构和功能的任何一种概念的研究。语言哲学是现代西方哲学中影响最大、成果最为卓著的一个哲学流派。加强对语言哲学基本理论、基本方法的研究对于哲学学科的创新和发展具有极其重要的意义。

137 日常语言哲学

日常语言哲学是分析哲学的主要支派之一,又名语言分析哲学。着重研究如何通过分析日常语言解决哲学问题。二十世纪三十年代中叶出现于英国,并盛行于五十年代。基本观点是重视语言分析、肯定形而上学的积极方面且强调词的意义在于词的用法。日常语言学派认为日常语言本身是完善的,哲学混乱之所以产生,是因为哲学家们背离了日常语言的正确用法,通过研究日常语言的用法,就能"医治"这一哲学的痼疾,因此没有必要构造人工语言。同时他们认为,形而上学命题虽然荒谬,但却带有启发性,哲学家应通过对它的研究了解概念系统的结构。日常语言学派要求进一步研究语言本身的细节,研究那些与认识有关的词汇的日常用法。

138 自然哲学

自然哲学是现代自然科学的前身,主要是思考人面对的自然界的哲学问题。包括自然界和人的关系、人造自然和原生自然的关系、自然界的最基本规律等。这当中不少理论,都奠下了当今物理学的基石。

139 经济哲学

经济哲学是对经济生活和经济学进行哲学反思的一门学科。旨在通过经济学和哲学的联盟,发挥两门学科的优势,对人类社会面临的重大社会存在和发展问题进行整体性的综合研究。经济哲学的兴起是经济学和哲学相互融合和范式变革的产物。马克思是将哲学与经济学相结合的典范,他从哲学与经济学的结合走向历史的深处。对于经济哲学的学科性质,仍有不同认识:有的学者主张经济哲学的研究对象是社会经济系统;有的学者认为其研究对象是经济理论的发展规律、经济学的前提和基本概念;有的学者认为政治经济学就是经济哲学。

140 同一哲学

同一哲学是从谢林的自然哲学与先验唯心主义发展来的,他认为同一哲学包含了自然哲学与先验唯心主义两个方面,两者统一为一整体,即同一哲学。在谢林哲学中,作为构成同一哲学的两个部分,自然哲学和先验唯心主义就是用来说明主观与客观,主体与客体是如何从矛盾达到同一的。同一哲学的特征就是企图用"抽象的同一"调和以至最后取消物质与精神、存在与意识、客观与主观之间的矛盾。

141 思辨哲学

思辨哲学是西方哲学史上主张从概念世界推衍出客观世界,将客观世界隶属于概念世界,力图将世界的发展变化纳入思维构造出来的法则之中的哲学思潮。典型的代表人物是德国古典哲学家黑格尔。

142 生物学哲学

生物学是研究生命现象及其发生发展规律的科学。这门科学从诞生之日起就以萌芽的形式涉及许多哲学问题,如什么是生命?它与其环境中的其他物质有何关系?它有没有起源和演变?古代哲学家早已接触到这些问题,并提出过各种假说与理论。十七到十八世纪,这类假说与理论采取了更为明确的形式,有过机械论与活力论、先成论与后成论的对立观点。在十九世纪,进化论与神创论的斗争震撼了整个学术界。二十世纪初期,又有新活力论和机械论、和反还原论的争论,这些争论有的目前仍在继续。二十世纪四十年代以来,随着生物学的发展,人们对生物学哲学问题的兴趣有了明显的增强。

143 信息哲学

信息哲学是关于计算机的与信息的理论研究的哲学。从环境的角度出发,信息哲学对什么可以算作信息作出规定和立法,以及信息应如何适当地生成、处理、管理和利用。然而,信息哲学的现象学取向并不意味着它不能提供批判性的反馈。相反,信息与计算科学中的方法论和理论的选择也深深地受到研究者或多或少有意识采用哪种信息哲学的影响。因此,根本在于强调信息哲学批判性地评价、塑造以及突出信息与计算科学的概念、方法论和理论的基础,简言之,它也提供了一种信息与计算科学的哲学,因为这自人工智能哲学领域的早期工作以来早就清楚了。

144 历史哲学

最早使用"历史哲学"一词的是法国哲学家伏尔泰。在他看来,"历史哲学"就是寻求在其整体上理解历史、理解支配历史的那些原则及它可能隐含着的意义。他认为,历史研究不应该只是堆积历史事实,它应该达到一种哲学的或理论的理解高度。

145 易学

易学即研究《周易》的学问,探求宇宙万物变易规律的学术。易学起始于占卜但高于占卜,易经中记录了很多上古的古代历史事件,因此易经本于实践。历代许多著名哲学家、思想家及科学家依据《周易》经传所提供的思想资料,建立自己的学派体系和学科体系,易学不断得到丰富和发展,易学的范围和包含量也不断扩大,"易道广大,无所不包,旁及天文、地理、乐律、兵法、韵学、算术,以逮方外之炉火,皆可援易以为说,而好易者又援以为易,故易说至繁"(《四库全书总目提要》),从而形成一门具有东方独特思维方式、集中国几千年文明智慧于一体、以探索天道人理变易规律为目的的系统学术。易学对中国传统文化产生了巨大作用。各代、各派易学是所处历史环境的产物,反映了当时的哲学思想与时代特征,是华夏文化及其理论思维的体现。

146 经学

经学原本是泛指各家学说要义的学问,但在中国汉代独尊儒术后为特指研究儒家经典,解释其字面意义、阐明其蕴含义理的学问。经学是中国古代学术的主体,蕴藏了丰富而深刻的思想,保存了大量珍贵的史料,是儒家学说的核心组成部分。经学研究的工作,主要就是注疏经书。所谓"注",就是对经书文字的字义、意义等加以解释,但有些注因为太简要或年代久远,因此后人为注再作解释,称作"疏"。除了注疏之外,其他如"解"、"考证"、"集解"、"正义"等等,名虽不同,但作法大多类似,都是对于经书的一字一句详加研究,希望能了解它真正要表达的意思。

147 玄学

玄学是对《老子》、《庄子》和《周易》的研究和解说。产生于魏晋。是魏晋时期的主要哲学思潮,是道家和儒家融合而出现的一种哲学、文化思潮。玄学是一种与科学相对的理论,它回答的问题是科学永远回答不了的问题。玄学也是一门学问,其学术性不能用科学的尺度衡量。玄学和科学在问题研究的方法上存在本质区别,玄学是用纯解释的思路作研究的,科学是用求证的思维作研究的。因为玄学的纯解释性思维特点,使玄学在研究上存在很大的随意性,其结果可能千奇百怪,至于真正接近真理的结果就很少,但这并不影响玄学作为一门学问的存在性。

148 灵源泛哲学体系

灵源意即灵性的源头。灵源系统是探索和表达来自宇宙、生灵、人类的智慧和知识,这些探索和表达从广义上去看待宇宙、生灵、人类的发展和规律,对应人类的生存、成长、成就来说,从身心开始延伸到心灵,最后会延伸到灵性的源头灵源泛哲学体系是灵源系统多层面、多元化表达模式中的一个形式体系,是模仿人类的哲学表达模式在灵源系统创始人的引领下以灵源学友群的认知方式去表达来自宇宙、生灵、人类的智慧和知识,并通过灵源学友群的深入实践探索其奥义。

第三章　中国哲学经典命题

149　中庸之为德也，其至矣乎

中庸作为一种道德，是最高的道德标准。

这是《论语·雍也》中关于中庸思想的命题，中庸是孔子思想和儒家哲学的重要内容。《论语·尧曰》论述尧在让位给舜时说："咨，尔舜！天之历数在尔躬，允执其中。四海困穷，天禄永终。"意谓让舜在管理国家时要真诚地保持适中。《论语·子路》载孔子语："不得中行而与之，必也狂狷乎！狂者进取，狷者有所不为也。"在这里，孔子认为激进与保守都不是"中行"。但如果交不到合乎中行的，也可交一些激进和保守的人，因为这些人虽然不能中行，但毕竟还是真诚的，比

"巧言令色"的"乡愿"要好得多。从孔子关于"中"的论述看来,孔子所言的"中庸"有两方面的内容,即诚信和适中。无适中为狂狷,无诚信为乡愿,都不是中庸。所以,孔子把中庸作为最高的道德。孔子叹中庸"民鲜久矣",而他一生是在力行中庸的。孔子的中庸思想对儒家哲学以及整个中国文化都有深远的影响。

150 致中和,天地位焉,万物育焉

人的道德实现了中庸和谐,天地才得以安于其位,万物才得以繁育!

这是儒家经典《中庸》中的一个命题。"中和"的概念,把"中"与"和"联系起来。《中庸》认为封建社会的各种礼节综合平衡了人们的各种情感,是人们各种情感最恰当的体现。因此,只要表露出来的各种情感能符合礼节,则说明各种情感是平衡的、和谐的,是适合节度的。故曰"和"。中是天下最重要的依据,和是天下最普遍的原则。"致中和"便是把"中"与"和"都发展到极致,发展到极致,则天地各得其所,万物各遂其生。《中庸》提出"中和",是对孔子"中庸"观念的引申和发展。宋代以后,"中庸"思想成为整个儒家学说的基础内容,对中国文化产生了很大的影响。

151 知彼知己,百战不殆

了解对方且了解自己,才能够经历多次战斗而不懈怠。

出自《孙子兵法·谋攻篇》。孙子认为,战争是人类社会生活的各个方面,诸如政治、经济、军事力量以及地理环境等等。因此,要取得战争的胜利,必须充分了解敌我双方各方面的情况。在这里,孙子着重强调作战首先要避免盲目性,必须分析敌我情况,把各种有利因素和不利因素综合起来进行考察,然后确定可战与不可战,确定战争的策略。孙子把战争看作诸多矛盾的统一体,主张把握矛盾的全面性,反对片面性,体现出非常丰富的辩证法思想。

152 有无相生,难易相成

有和无、难与易相互转化,相互生成。

这是《老子·二章》有关对立面相互依存的命题。《老子》认为事物都要以它的对立面作为自己存在的根据。有和无是对立的,但没有有,也就没有无;反过来,没有无也就没有有。在有之中包含着无的成分,在无之中也包含有的因素。难与易、长与短、高与下、前与后等,都是相互依存的关系,因而都是相对的。《老子》关于对立面双方互相依存的思想,进一步明确了矛盾的统一的观念,在整个中国哲学发展史上,是非常重要的一个环节。

153 阴阳三合,一以统同

阴气、阳气和天气三气相合,最后达到统一。

唐柳宗元《天对》中的命题。柳宗元认为,天地中充满了元气,元气分为阴阳二气,阴阳二气的运行形成世间万物。万物的形成和变化,是由于元气所分阴阳二气矛盾运动的结果,而不是由于任何外在力量的推动。天、地、阴阳三者统一于元气,元气的自然运动导致阴阳寒暑的冷热的变化,因此而有产生万物的效果。或者说,元气内部对立力量的矛盾运动是万物产生的内在根据。柳宗元的命题肯定了万物统一于元气,肯定了元气本身对立物的交错作用是运动的根源,是中国古代朴素唯物主义与朴素辩证法相结合的产物。

154 一阴一阳之谓道

所谓的"道",是指阴阳相合。

这是中国易学表述矛盾法则的命题,出自《易传·系矢上》。《易传》把阴阳作为《易》的基本观念,以此解说万物的存在与变化,认为宇宙间万事万物都可归属于阴阳或柔刚两种相互对立的基本类型。这两种类型的事物的对立和互相作用,是万物的生存的根本。自然界以及人类的存在都是阴阳、刚柔相互作用的结果。由于阴阳的相互作用,万物都处于不停地运转变化之中。《易传》以阴阳的矛盾统一作为天地万物的生存方式,强调事物作为变化过程而存在,肯定了矛盾的客观性,是对中国古代矛盾观的一大贡献。

155 一分为二,二分为四

一可以分成两个,两个可分成四个。

这是北宋邵雍《皇极经世·观物外篇》中的命题。邵雍的宇宙体系是以"太极"为始,通过"加倍"和"乘方"而构成的。"一分为二,二分为四。……十分为百,百分为千,千分为万。"越分越细,越分越多,分化出多种多样无穷无尽的对立面。邵雍把《老子》、《易传》中讲到的万物生成过程改为分化过程,是对古代辩证观的一个深化。他认为产生这种一分为二、二分为四分化过程的动力,在于太极所包含的动静两种对立属性以及由此产生的阴阳、刚柔等相反力量的相互作用和相互转化。而这些相反的力量都是以自己的对立面作为存在前提的。邵雍的对立面相互依存、相互作用和相互模块化的思想,包含了比较丰富的辩证法内容。但是邵雍的理论根源是通过数的抽象所得出的,并不是对客观世界深入考察的结果,不能描述现象世界丰富多样的变化发展,从而导向了形而上学。

156 一尺之棰,日取其半,万世不竭

一尺长的小棍,一天截取它的一半,永远都不可能将它取完。

这是《庄子·天下》所载"辩者二十一事"中的命题,是中国先秦时期最著名的辩证法命题之一。一尺之长的木杖是有限的,但却包含着无限的成分,今日取一尺之一半,明日取一半之一半,后天再取一半的一半的一半,这样以二分之一的速度递减,永远都不会有穷尽。这说明有限之中有无限。认识到有限之中包含有无限,是人类认识的一大进步。所以,辩者的这种辩证思想对于中国古代辩证观的发展,产生了很大影响。

157 小大之辨,各有阶级,不可相跂

关于小和大的辩论,各有其特点,不能相提并论。

这是西晋郭象《〈庄子·秋水〉注》中的一个命题。郭象便通过肯定差异又否定差异的意义,为封建社会等级秩序的合理性作了哲学的论证。郭象认为事物的性分不可改变,事物的"阶级"不能变动,这是一种形而上学思想,但他肯定差异,肯定了各足其性、各当其分、各称其能的合理性,还是值得肯定的内容。因为足其性、当其分、称其能,既可以是使人们安于现状的根据,也可以是人们改变现状的根据。

158 无平不陂,无往不复

没有长平而不倾者,没有长往而不复者。《易经·泰卦》九三(第三爻)爻辞中的辩证法思想。《易经》把阴阳作为两种最基本的对立势力,认为自然界以及人类社会的一切变化发展,最后都可以归结为阴阳两种势力的消长。随着阴阳两种对立势力的变化,对立面双方都要向相反的方向转化。《易经》还认为,事物的变化发展都是由低到高的一个过程。事物由低到高的发展,如果达到极点就会走向它的反面。《易经》中所包含的辩证法思想的萌芽是很可贵的,在中国古代辩证法思想的发展过程中,有着重要的意义。

159 万物各得其理,然后和

万事万物都得到了应有的存在的道理,那么天下就和谐了。

北宋周敦颐《通书·礼乐章》中的命题。"理"指事物的规定性,"和"指不同事物的和谐。在周敦颐看来,贵贱之等、长幼之差、贫富之别等等,就是人的规定性。人们必须明确自己的规定性并按照此各得其位、各行其是,然后,才能讲"和"。进一步讲,所有的事物都必须按其规定性存在,是阴即为阴,是阳即为阳,然后才能和谐。周敦颐强调"万物各得其理,然后和",看到不同事物相对稳定的规定性是形成和谐的前提,有一定的合理性。但他以"和谐"为由而强调封建社会中的贫富贵贱、等级地位都不能发生变化,则是一种形而上学的观点。

160 天与地卑,山与泽平

天的高与地的低相对,山的凸起与河流的低平是相对的。

《庄子·天下篇》所载惠施"历物十事"中关于事物相对性的命题。意即天与地的高低一样,山与水泽一样平。惠施以此说明高低之别只具相对意义。惠施有"至大无外,谓之大一;至小无内,谓之小一"的命题,认为宇宙在宏观方面是至大无外的无限。从无穷的宇宙空间来看,常识所以为天地山泽的高低之分,都没有意义了。唐代陆德明《经典释文》中引李颐的话说"以地比天,则地卑于天,若宇宙之高,则天地皆卑,山与泽平矣。"或以为,天无实形,地之上空虚者都是天,所以天与地长亲比相随,没有天高地下的区别。在高山则天也高,在深渊则天也下,所以说天地等齐,无论是山还是泽,去天远近皆相似。所以说山与泽平。总之,惠施是要通过说明天地山泽高低的相对性来阐述其"合同异"的思想主张的。

161 天下之至柔,驰骋天下之至坚

天下最柔和的东西,可以左右、影响天下最坚硬的东西。这个命题见于《老子·四十三章》,是以否定的或负的方法为基础,提出的以"贵柔守雌"为特征的处世思想。《老子》特别推崇"水"的性格,在《老子》一书中,几次对水进行赞叹。水为天下之至柔,没有固定的形体,但能无所不到,奔流在最坚硬的东西之中,再坚硬的东西都会被水所消损。《老子》讲"不争"、"无为",目的是为了争,为了为,只不过是要以不争的方式来争,以无为的方式来为。要以"柔弱"胜"刚强"。"天下之至柔,驰骋天下之至坚",正体现了这一点。

162 天地万物之理，无独必有对

语出《河南程氏遗书》第十一卷，是北宋程颐提出的命题。程颐认为，有一物就有与之相对立的另一物，万物的对立是普遍的、自然的，不是某种安排的结果。对立之间存在着彼消此长的关系，对立双方是相互影响的。程颐还主张物极必反，即对立面的转化，认为物极而必反也是有条件的，这些观点包含着一定的辩证法因素。但二程认为即使是物极必反也不能触及天理所安排的差别对立的秩序，这又表现出其形而上学的一面。

163 天道之数，至则反，盛则衰

天道的变数是达到了顶点便会后退，极盛之后便是衰微。《管子·重令》篇中的矛盾观命题。管子认为，事物是以其对立面为基础，美恶、尊卑、贵贱是相对等而言的，事物发展到一定程度，就要向相反的方向转化。天道的规律是事物发展到极盛，就要向其相反的方面转化。富裕就会产生骄傲，骄傲便松懈怠惰，人心发生这样的变化，也就是危亡的时刻了。在强调事物发展到一定程度便要向对立面转化的同时，《管子》还强调了转化的条件。如果地大而不兼并、不攘夺；人众而不缓怠，不傲下；国富而不侈泰、不纵欲；兵强而不轻侮诸侯，动众用兵必为天下正理，那么，地大国富，人众兵强，就真正正天下之本，而霸王之主，不会走向危亡。《重令》篇强调对立双方互相转化的条件，对于《周易》、《老子》既已产生的"物极必反"的思想是一个大的发展。

164 奇正之变，不可胜穷也

《孙子兵法·势篇》中的命题。在战争中，敌对双方的情况是不断发生变化的，而任何变化都会对整个战局造成这样或那样的影响。因此，在战争中随着形势的变化，灵活运用多种战术，对于取得战争的胜利是至关重要的。孙子看到战争的胜利多变、速变、难以预测等特点,从而提出要根据情况的变化采取相应的战术,其中最主要的就是"奇正之变"。"奇正之变"强调变化的多样性和战术的灵活性,是辩证法思想在军事领域的高超运用。

165 连环可解也

这是《庄子·天下篇》载惠施提出的"历物十事"中的命题。惠施从这个命题中似乎想说明连环的解与不可解是相对的,但连环存在的时候,就是它开始毁坏的时候,也就是连环开解的时候。这个观点与惠施的"合同异"理论是相符的。后人常把这个命题联系到一个历史故事:据说,有一个外国的使臣给齐威王后一玉连环,请她解开。齐威王后拿了一把锤子,把玉连环打碎,向使臣说:"连环解开了。"此故事的又一版本主人公是赵太合。

166 君子和而不同

君子之间能和睦相处,但相互存在不同的观点和意见。这是《论语·子路》中关于和同思想的命题。关于和同问题,孔子之前的史伯、晏婴都有论述。史伯、晏婴皆以不同事物聚合取得平衡为和,以相同事物的增益为同。孔子关于和同的观点与史伯、晏婴是基本一致的。他说"君子和而不同,小人同而不和",即言君子能用自己的不同意见来补充别人的不足或纠正别人的错误意见,却绝不盲目附和;小人相反,只是盲从附和,却不肯表示自己的不同意见。孔子的观点是晏婴观点的继续,并且进一步把和与君子、同与小人联系在一起,赋予和同不同的价值。

167 矩不方,规不可以为圆

不成规矩则不成方圆。

这是《庄子·天下篇》中所载"辩者二十一事"中的命题。对这个命题历来众说纷纭:一种解释认为矩虽然可以用来画方,但矩本身却不是方的,所以说矩不方;圆规虽然可以用来画圆,但圆规本身却不是圆的,所以说规不可以为圆。另一种解释认为本命题是个数学论题,辩者们注意到"圆中有内接方形,方中有内接圆"这些知识,并进而推论规矩之于方圆,各具相对的差异性,并非必然地同一于方圆;还一种解释是从惠施的哲学观点来理解这个命题,他直接反对儒墨对矩规方圆的看法,认为规矩不能绝对方圆,不同的规矩,不能作出同一的方圆,谓规矩为方圆之至是不可信的,在这个意义上说"矩不方,规不可以为圆";最后的一种解释则是方是指方的共相,圆也是指圆的共相,矩虽然可以为某一个具体的方,但却画不出圆的共相,即关于圆的概念。

168 尽小者大,积微者著

积小成大,积少成多。

语出《荀子·大略》。"小"与"微"累积起来,就可以成"大"成"著"。在这里荀子以高度概括性的语言,阐明了它们之间的关系,而这种阐述则包含着朴素辩证法的因素。"小"与"大"、"微"与"著"的关系,就是我们现在所说的"细节决定成败"。要想成就一番事业,必须从小处做起,从细节着手。细节能体现理念、体现文化、体现尊重、体现精神、体现魅力。细节教育对师生而言,就是不断美化自己的一言一行、一举一动,通过养成每一个细小的良好生活习惯和行为品质,最终使自己成为一个身心双健、道德高尚的人。

169 有形之类,大必起于小;行久之物,族必起于少

事物的生成和发展总是由小到大,由少到多,由易到难,由细到粗的过程。

《韩非子·喻老》中提出的关于事物量变、质变的思想。对于事物发展由量的积累引起显著变化的问题,老子和荀子都有深刻的论述,韩非继承了老子和荀子的思想,强调了事物的发展变化是一个由量变到质变的过程。

170 和实生物,同则不继

和谐才是创造事物的原则,同一是不能连续不断永远长有的。

《国语·郑语》关于和同之辨的命题。西周末年周太史史伯认为,和谐才是创造事物的原则,同一是不能连续不断永远长有的。把许多不同的东西结合在一起而使它们得到平衡,这叫做和谐,所以能够使物质丰盛而成长起来。这是一种关于世界起源的朴素辩证法观点,在中国文化的发展过程中,有非常深远的影响。

171 过犹不及

事情或形态太过头了,可能还不如赶不上的效果好。

《论语·先进》中关于中庸思想的命题。子贡问孔子,子张和子夏两人谁贤一些,孔子说,子张有些过分,子夏有些不及。子贡再问,那是不是子张要好些,孔子回答说:"过犹不及",即过分和不及是一样的,因为二者都未能适中。孔子讲"过犹不及",并没有把过和不及等同起来,只是就不得中行而言,二者没有优劣之分。对过与不及的价值做出全面的断定,须根据具体情况来分析。"过犹不及"是孔子中庸思想的一个重要内容,在其中包含着对立面转化的观点,有一定的理论意义。

172 泛爱万物,天地一体也

博爱天下,那么万事万物就是一个整体。

《庄子·天下篇》载惠施提出的"历物十事"中命题之一。在"历物"中,其他几个命题具体论证了一切事物都是在变动之中的,有联系的;一切差别都是相对的,有条件的;也都是可以互相转化的。正因为如此,天地一体,万物毕同,因此泛爱万物是不难理解的了。作为最后一题,在某种程度上也是对其他命题的综述,也是它们的必然结论。

173 凡物必有合，合必有上下

事物是一个统一的整体，但整体中又有上下（即矛盾）之分。

西汉董仲舒《春秋繁露·基义》中的命题。董仲舒认为，万物存在和变化，都以"天"为根据，由于"天地之气，合而为一，分为阴阳"，所以万物也都有对偶，都有配合。"合"就是对偶配合的意思，万物皆作为对偶而存在。在董仲舒哲学中，对立双方的关系不是平等的，而是一种主从关系，并且这种主从关系是不能转化的。董仲舒把万事万物都分于阴、阳两个系列，并根据"阳尊阴卑"的原则赋予事物以不同的价值。这样，在董仲舒宇宙图式中，阳永远统治着阴，并以此论证封建社会等级秩序的合理性和永恒性。董仲舒看到矛盾对立必有主次之分，可以说还是有合理性的，但他把矛盾主次地位看成是固定不变的，否认一定条件下矛盾双方地位的转化，则是一种形而上学的思想。

174 二无一

当一个事物作为一个组合体的组成部分时，便不再是一个独立的存在。

战国时期公孙龙提出的命题。公孙龙认为，当一个事物作为一个组合体的组成部分时，便不再是一个独立的存在，因此，也不能说组合体中还包含有原先的那个事物。他以著名的"白马非马"命题来说明这个问题。马是用以命形的，白是用以命色的，白马是马与白的组合。当命形的马和命色的白组合到"马与白"这个组合体时，便不再是个独立的存在，因此不能说"马与白"是白，当然也不能说"马与白"是马。在此基础上，公孙龙进一步概括出"二无一"的命题。"二"指两组合部分的组合体，可以泛指许多组成部分的组合体；"一"指组合的一个组成部分。如"白马"是马与白的组合体，是二；马或白是组合体的组成部分，是一。公孙龙以抽象思辨的方式说明了事物一旦成为组合体的组成部分，便不再是一个独立的事物，因而也不再作为一个独立存在物被组合体所包含，这个思想还是很深刻的。但公孙龙由此进一步否认组合体中还有组成部分的存在，否定"全"与"分"之间的相互对立地相互依存的关系，则是完全错误的。

175 道原于一而成于两

道理源于统一,而形成于两个事物的矛盾之中。

南宋叶适《水生别集·进卷·中庸》中的命题。叶适认为,任何事物都包括对立的两个方面,世界的新旧推移过程也是由于矛盾对立面的作用。对立是普遍存在的,而且要永远继续下去。所以必须明确认识对立的存在,如果不能认识对立存在,"各执其一以自遂",就要限于片面、狭隘而不开廓。叶适强调事物必有对立的两面,其着眼点主要放在如何处理好对立事物关系上。叶适认为,要明确认识事物对立存在,处理好对立事物的关系,必须用"中庸"之道。叶适肯定对立的普遍性,肯定事物推移的无限过程,是一种辩证的观点,但他最后又在讲中庸时否定了两,则表出其思想的妥协性。

176 差异就是矛盾

这是毛泽东关于矛盾普遍性问题的思想命题。毛泽东指出:"世界上的每一差异中就已经包含着矛盾,差异就是矛盾。"所谓差异,包含两个方面的内容:直接的差异和特定的差异。直接的差异,是指各种不同的事物或表象的多样性。它的特性在于,各种不同的事物,按照它们的原样各自独立,与它物发生关系后互不影响,因而这种关系对于双方都是外在的。由于不同事物只是发生一种外在的关系,无关其本质,所以,它们的差异又叫做外在的差异或单纯的差异。人们在表象中看到的差异,大都属于这种差异。这种差异包含着矛盾,但还没有尖锐到对立的矛盾。特定的差异,是指同一事物或过程内部的不同方面。它的特性在于,差异的双方处于紧密联系、不可分割的关系中,每一个方面之所以各有其自为的存在,只是由于它不是它的对方,同时每一方映现在它的对方内,只是由于对方存在,它自己才存在。由于事物内部的不同方面发生一种内在的联系,尤关其本质,所以它们的差异又可以叫做内在的差异或本质的差异。这种差异本身就是已经达到尖锐对立的矛盾。直接的差异虽然不同于特定的差异,但可以发展为特定的差异。认识的首要任务,就是要扫除知性所理解的各种不相涉的外在性联系，而进入到事物或过程的内部，把差异看成本质的差异，把事物看成是与自己正相对立的自己的他物，从而把握事物及过程的内在必然性和矛盾。

177 不相容之事，不两立也

不能相互融合的事物，也不能同时存在。

《韩非子·五蠹》提出的矛盾观命题。韩非子的矛盾之说主要指具有不相容关系的两个命题不能都是真的，一个人如果同时肯定了两个不相容的命题，就是"自相矛盾"。"矛盾之说"主要是逻辑学问题。而韩非又提出"不相容之事，不两立也"的命题，则带有更多的哲学意味。韩非认为，矛盾是普遍存在的，无论是自然界还是社会，普遍存在着对立。韩非强调世界上许多事物是不两立的，如在自然界，冰和炭火不能放在一起，冬天和夏天不能一起到来。但他同时认为，不相容之事，若能各得其所，则可两存，如冰和炭火不放在同一器皿中，则彼此都可久存。进而得出与其把冰炭置于同一器中内耗，使得两败俱伤，不如使其各处于适宜的环境，发挥所长、各得其所的理论。

178 夫进化者，自然之道也

进化是自然常理，这是近代伟大的革命民主主义者、资产阶级革命民主派领导人孙中山在《孙文学说》中提出的进化论思想。孙中山接受了达尔文进化论思想，认为"物竞天择，适者生存"的物种进化原则贯穿生物发展的全过程。孙中山不仅承认生物进化，还承认宇宙万物的进化，他将世界进化分为"物质进化"、"物种进化"、"人类进化"三个先后不同的时期，而生物进化只是其中的一个阶段。孙中山的进化论思想有许多合理的因素，对当时的资产阶级革命具有很大的历史意义。

179 变者,天道也

变化,是天然的道理。这是中国十九世纪末资产阶级改良运动的领导者康有为提出的万物自变的进化论思想。康有为强调"变"是自然界和人类社会的一个最普遍的法则,天道变化的过程不是简单的量变的重复,而是新代旧、新胜旧的过程。康有为的"变者天道"的思想为当时的资产阶级变法运动提供了有力的思想武器,在反对"天不变,道亦不变"的形而上学思想中有着一定的进步意义。但由于康有为所代表的资产阶级上层的软弱性,康有为最终希望调和矛盾,不承认事物的质变,不承认社会发展的根本动力在于社会内部新旧两种势力的矛盾斗争,他所宣扬的进化论是一种庸俗进化论。

180 与其赠来者以劲改革,孰若自改革

与其给后人以动力来让他们改革,还不如自己来改革呢。这是中国近代哲学的先驱、先进思想家龚自珍提出的变法革新的思想。龚自珍从封建地主阶段的立场出发,强调通过更法改制来挽救没落的封建制度。在他看来,每一个朝代的兴起,都要改变前朝的法度,以适应变化了的形势;但随着时势的进一步变化,原来适合于本朝的法度,也就不再适合了。前代传下来的法令、规章总是要变迁、败坏的,与其被别人夺去强迫改革,不如自行改革。龚自珍的这些言论打击了当时粉饰太平的封建当权派,他把封建王朝看成是从"盛"到"衰"的发展过程,依据《易传》中的辩证法思想,提出了变法革新的思想,同封建顽固派的因循守旧的思想对立起来,在当时具有进步的意义。

181 天地之德不易,而天地之化日新

天地的道德不能随意改动,但天地每天的变化则给世界带来新的气象。
明末清初唯物论者王夫之在《思问录·外篇》中提出的有关事物运动发展趋

势的思想。王夫之认为天地事物是时时变化、日日更新的,天地的本性不变,天地的变化却是日日更新的。王夫之坚决反对顽固守旧的思想,认为旧事物虽然还没有消灭,但总是要枯死的,守着旧事物不放是不对的。

182 屈伸变化之无常,而不爽其则

弯曲伸张的变化没有常规,但不会违反它的原则。

明末清初唯物论者王夫之阐述的有关事物"变"与"常"对立统一的变化观思想。他认为,客观事物的发展变化既有常,又有无常,并清醒地认识到事物的变化受偶然性因素影响,但事物不会违悖固有的规律变化、发展。对立统一的规律是宇宙发展的根本规律,是永远不会变的;但是,具体事物的具体矛盾则是各种各样的,依据不同的条件,其变化多样,然而无论怎么变,都离不开对立统一的总规律。王夫之从常变关系出发提出了处理这一关系的原则,这就是一方面要善变,另一方面又要在变化中把握常道。王夫之的常变观是他的矛盾观和运动观的发展,是其朴素辩证法思想的重要组成部分。但他随后所说的"大常"主要指封建伦理制度,又反映了他思想的保守性。

183 静者静动,非不动也

意即静中有动。是明末清初唯物论者王夫之阐述的关于运动和静止相互关系的思想。王夫之认为,动静是对立统一的,一方面,动静是互相对立的两个方面;另一方面,动静不能截然分开,而是相互依存、相互包含的。王夫之在《思问录·内篇》中所说的"静者静动"的意思肯定了运动的绝对性和静止的相对性。静是运动的一种特殊形态,即"静之动"。进而,王夫之还说明了运动和静止在客观发展过程中的地位。他认为,动处于主导地位,在事物发展过程中起着根本作用,但静止不是单纯消极和保守的因素,也是事物发展不可缺少的条件。夫之从他的运动静止观出发,批判了老庄道家、玄学直至宋明理学的"主静"学说。王夫之比较系统地阐述了运动、静止的相互关系,这是中国古代动静观的历史性的总结。

184 天地之间，一气而在，而常，而变

气是唯一的实体，天地万物都是由气构成的。这是明代唯物论者王廷相在《雅述》上篇中提出的常变观命题。王廷相主张唯物主义气一元论，认为气是唯一的实体，天地万物都是由气构成的。他既讲"气本"，又讲"气化"，认为气是处在变化之中的。关于气的"常"和"变"思想是他的"气化"辩证法思想之一。王廷相继承了张载的思想，把气聚而成物和气散而为太虚称为气变，把作为万物本原的气的常在称为气常，无论是"气变"还是"气常"皆是"一气生生"过程中所固有的。同时，他对变作了独特的解释，丰富和补充了前人的观点。王廷相把"气化"过程中的必然性称为"常"，把"气化"过程中的偶然性称为"变"。他举例说，自然界四时寒暑变化，冬天太阳南移，气候寒冷，夏天太阳北来，气候炎热，这是必然现象，是"常"。夏季阴雨气候冷，冬季晴朗气候热。这是偶然现象，是"变"。在常、变问题上，王廷相比张载前进了一步。但王廷相却把"常"规定为"气种有定"，认为"变"是渐变，没有"骤变"，和以往的哲学家渐变和突变的理论成就相比，是一种倒退。

185 动之端乃天地之心也

运动是万事万物的核心。北宋程颐《周易程氏传》中解释复卦的象辞"复其见天地之心乎"时提出的运动观命题。程颐认为天地万物，无时不在变化之中，无一息停留。变动是普遍存在的，正是由于变动，天地万物才能够持久。同时，他强调动是天地万物的根本原则，恒常与不变是不等同的，倒是与变化密切联系，变是常道。"天地之心"即指天地万物的主宰原则。程颐认为，以往人们强调静是天地万物的根本原则，是没有认识到真正的根本原则是动的开始。程颐说，不知"道"的人是不能认识到这一点的。程颐强调动在宇宙中的重要作用，比起以静为主的思想来是一个进步。但他一方面认为天地万物无时不变动，另一方面又认为封建纲常是不变的，把不动作为人们行为的最高标准，表现出形而上学的思想。

186 变,言其著;化,言其渐

变,指的是其显著的变化;化,指的是其渐渐的变化。张载《横渠易说·乾乾》中提出的常变观命题。在《易传·系辞传》中,就已提出"化而裁之谓之变"的命题,以区别"化"与"变"。荀子提出变化有"微"和"著"的区别。范缜也认为事物的变化"有欻有渐"等等。张载在前人思想的基础上,进一步明确了事物变化"著"与"渐"的区别。以变指显著的变化,以化指逐渐的变化,著变和渐变是互相联系的,互相转化的。在显著的变化之后,便接着有逐渐的变化,这就是由粗入细,由巨大变化进入细微变化;逐渐的变化达到一定的阶段,就会发生显著的转变,即以显著的变化来表现出细微变化来。张载认为任何变化即使是非常迅速的变化,也都是以渐化为基础的。他当时能明确这两种形式以及两种形式之间的关系,非常可贵。

187 常者,道之纪也;道不以权,弗能济矣

纲常里道的基点,若不能因时因势而变化,则是不能成功的。北宋李覯《易论》中的提出的常变观命题。李覯认为任何事物都有着自己发展的自然规律,都按这样的过程和规律存在变化。事物的存在与变化有一定的原则性和规律性,但在存在和变化过程中必然会有特殊情况出现,所以李覯特别强调"常"和"权"的关系。如果客观形势变了而不能根据客观形势而变化,那是行不通的,因而李覯主张"量时制宜"。李覯强调通变的作用,体现出革新的思想。但他又认为封建社会的纲常为不变的"百代常行之法",这又表现出了改良主义的特点。

188 动寂者,道应万方,神凝一理

运动或静止的道理可以应用于万事万物,其神祇则凝聚成一个道理。《道教义枢·动寂义》中提出的动静观思想。言动静之道应于万方,而凝结为一理。《道

都义枢》关于动寂体用的论述,主张动静不离,体用相即,有合理的内容。但以静为本,以非动非静为静,是一种形而上学观点。

189 数存,然后势形乎其间焉

事物发展的必然性存在,那么它发展的规律就在其中了。唐刘禹锡《天论》中提出的关于事物运动变化的辩证法命题。刘禹锡认为客观事物都必有其存在的规定性和运动变化的规律性,这是不能任意改变的。他用"数"和"势"解释事物的联系、变化和复杂性,解决人们对自然界的认识和掌握,是其"天人交相胜"理论的进一步深化。

190 有象斯有对,对必反其为;有反斯有仇,仇必和而解

二气交感聚而有象,一旦有象便有其对立面,有对立面就会有相反的运动。因而便会有斗争。而斗争的结果便是形成统一体的平衡和和谐。这是张载《正蒙·太和篇》中的矛盾观命题。统一体形成平衡与和谐并不是没有对立了,"有象斯有对",对立是永远的、绝对的,而和谐则是有条件,是对立面斗争的结果。张载的这个命题肯定了任何事物都是处于与他物的对立和斗争之中,这是一个深刻的见解。他强调"仇必和而解",强调对立双方斗争的结果是平衡、和谐(应该认为统一体的破坏也是对立双方平衡的结果),也包含着非常合理的内容。但"仇必和而解"容易使人们以为对立双方斗争的结局总是折中、和解,这是张载这个命题的理论缺陷。

191 一阖一辟谓之变,往来不穷谓之通

这是《易传·系辞上》中提出矛盾观命题。只有往来不穷,才能使世界不断发展。《易传》中关于"通"的定义是一致的,都是讲世界变化的无穷性。《系辞下》讲

"变则通,通则久"。由于变化的无穷性,才使世界成为永恒的存在。因为世界就是作为一个过程而存在。《易传》所讲的"变"与"通",类似于变化的阶段性和连续性。其关于"变、通"的思想是深刻的。而关于"屈信相感而利生"的论述,似乎可以说已经认识到变化不是一种简单的循环。

192 天不变,道亦不变

汉代董仲舒在《举贤良对策》中提出的常变观命题。董仲舒以"天"为万物的最高主宰,认为"天"是"神之大君",是"万物之祖",无论是自然界的变化,还是人类社会的礼乐教化,都体现了天意,因此他提出"道之大原出于天,天不变,道亦不变"。董仲舒所讲的"道",主要指封建社会据以存在的根本原理。董仲舒认为,封建社会的最高原则是由天决定的,天意不变,这种最高原则也不变,一个新的王朝建立后,对某些具体制度可以有所改变,但"道",即封建社会据以存在的根本原理是不能改变的。改制只是作一些更称号,改正朔,易服色等枝节的改变,不能触及根本大道。董仲舒的这个命题,在中国封建社会有很大影响。毛泽东在《矛盾论》中曾说:"所谓'天不变,道亦不变'的形而上学思想,曾长期地为腐朽了的封建统治阶级所拥护。"

193 穷则变,变则通,通则久

事物到达穷尽时就会改变,变化了就能通达,通达了才能久远。这是《易传·系辞下》中的辩证法命题。《易传》认为,一切事物都处在变化之中。变化是世界最根本的性质,它可以使万物都处于一种和谐之中,以保持万物生生不已。如果没有变化,也就不会有世界的永恒存在。"穷"指事物发展到极端。事物发展到极端而滞碍不通,就会发生变革,使事物获得新的发展余地。

194 镞矢之疾,而有不行不止之时

箭头的急速,也有不停止和不运动的时候。《庄子·天下篇》所载辩证法命

题。箭头飞速很快，但从箭离弦到射中靶还有一定的时间间隔，说明在箭头的运行过程中有停止的时候。但箭头又可逼近箭靶而射中，又说明在箭头的运行过程中有不可追及的运行速度。古希腊爱利亚的芝诺曾提出"飞矢不动"的命题，认为"每一件东西在占据一个与它自身相等的空间时是静止的"。如果把飞矢在空中运动的过程分为无数个点，那么，飞矢在每一个点上都占据着一个与它自身相等的空间。所以，飞矢的运动实际是无数静止的总和，而不是运动。芝诺实际上是以运动的间断性来否定运动的连续性。而辩者"镞矢之疾，而有不行不止之时"的论断，则既肯定了运动的间断性，又肯定了运动的连续性，是一种辩证的运动观。

195 飞鸟之景未尝动也

天空中的鸟在飞，它在地上的影子却不动。《庄子·天下篇》中所载"辩者二十一章"中运动观命题。因为有光才能有影子，没有光则影子就不存在，但飞鸟依然在飞。实际上影子是不动的，而是每一刻都有新的影子产生，光线所到之处旧的影子就消失了，否则的话就会永远留在那里。这个命题实际上要说明运动是物体的运动，像影子这样的变化并不是影子本身在运动，因为影子本身就是物体在光线作用下产生的。从广义上理解运动，这个命题说明了飞鸟的运动和影子的运动是不同的两种运动，飞鸟的运动是实质性的，而影子的运动只是对它的反映。辩者强调了真实物体的运动，而否认作为其反映的影子的运动，虽然犯了不全面的错误，但在坚持运动是物质的运动这一点上是完全正确的。

196 轮不辗地

轮子也有不压过地面的时候。《庄子·天下篇》所载辩证思想命题。对此命题，历来解释颇多。唐成玄英在《庄子注疏》中认为地平轮圆，车轮与地只一点相切，当车轮不停地转动时，相切的一点瞬间即过。"轮不辗地"的命题，可以说从一个方面表现了机械运动的内在矛盾，即表现了运动的否定特性，这是很深刻的，但并不全面。全面的表述应是轮既辗地又不辗地。我国著名数学史学家钱宝琼认为,车轮的边缘和地面相切处只是一条"无厚"的线段。"无厚不可积",故线段不等于地,所以说"轮不辗地"。著名学者蒋锡昌认为,"轮"为全体之"轮",其辗地之轮,不过为轮之一点。因为全体之轮,决不能同时辗地。二者都着重于从数学逻辑的分析来解释这个命题。

197 兵无常势,水无常形

战争中没有固定不变的规则,好似水一样没有任何形态。《孙子兵法·虚实篇》中提出的军事辩证法命题。它认为,在战争中没有固定不变的规则,要根据敌我双方的具体情况来制定自己的作战方案,以使战争向有利于自己的方向发展。战争的形势就像五行相克、四时交替、日有短长、月有盈亏一样,总是处于不断的变化之中,因而要对具体情况进行具体的分析,采取相应的作战方法以,这样才能用兵如神。谁能机动灵活适应情况的变化,谁就能掌握战争的主动权,赢得战争的胜利。孙子的这个命题,包含着非常丰富的辩证法思想。

198 千里之行,始于足下

要远行千里,需从脚下起步。这是春秋时期著名的哲学家老子根据事物的发展规律提出的谨小慎微和慎终如始的命题,他主张:处理问题要在它未发生以前。治理国家要在未乱之前。合抱的大树是细小的幼苗长成,九层的高台是一筐一筐泥土砌成的,千里远的行程是从脚下开始的。这句话揭示一个再简单不过的道理,再远的路只有一步步去走,才可以到达,再大的困难,只要一点点地,细心的,认真地去做就一定可以成功。

199 归根曰静,静曰复命,复命曰常

万物回归到自己生命根源,叫做静,静也就是返归本性,这才符合自然的规律。《老子·十六章》提出的事物变化的思想。《老子》认为,万物都在生生不已的

过程中产生。过程是永恒的、无限的,而有形有象的具体事物都是暂时的、有限的,最后都要走向自己的反面——"复归于无物",即重新返回到生命过程中去。按《老子》自然无为的观点看,"道"产生万物是自然无为的。万物从无限的生生历程中产生出来的,便都有各自的存在和运动的方式,不同的事物都以自己的存在和运动的方式同其他事物区别开,固而是有为的、"有欲"的。由于万物本自"道"中产生,其本性为自然无欲,故其失去特殊的存在和运动方式,是恢复了自然无欲的本性("静曰复命")。恢复了自然无欲的本性,便由有限的、暂时的存在状态,进入到无限的、永恒的生生过程("复命曰常")。《老子》该命题中所讲的"静",主要是指无欲,无为。

200 阳不极则阴不萌,阴不极则阳不牙

这是扬雄的《太玄·玄摘》中关于对立面相互转化的命题。牙,古通"芽"(见《说文解字注》)扬雄认为,事物的转化是有规律的,即不极不反,极则必反。一切事物都是变化的,对立面双方互相联结,互相统一,互相转化。事物的转化以到"极"为条件,不达到"极"就不会发生转化。达到"极",就必定会转化。极寒生热,极热生寒;极伸致屈,极屈致伸。事物在达到极点后,有一个逐渐上升的发展过程,时时增加新的内容,达到极点后,便要走下坡路,逐渐减少原来所有的东西,以至消亡。扬雄不仅以"极"为事物发展的转折点,而且描述了转化的过程。是对《周易》、《老子》的物极必反思想的进一步发展。

201 天命靡常

统治者的统治不是固定不变的。这是《诗经·大雅·文王》提出的关于"天命"的辩证思想。早在夏商时代,中国人即已有"至上神"的观念,并以"天"或"帝"名之。"天"或"帝"是世界的最高主宰,决定着一切自然现象和人们的行动。当时的统治者,都把自己政权的合理根据归结为天的意志。这种把一切自然现象和人的一切活动都归结为天的意志的观点是天命观。较为系统的"天命说"形成于周。周公旦从夏、商灭亡的事实中看到,所谓天的意志不是永恒不变的,"天"并

不是盲目任意地把统治权赐予君主,而是有条件的。周公旦"天命靡常"的理论的提出是一大进步。但在《尚书·召诰》中,周公旦又说:"惟王其疾敬德,王其德之用,祈天永命。"一方面讲"天命靡常",另一方面又讲"永命",这二者并不矛盾,而是一致的。天命变化的根据在于人的行动,只要统治者推行所谓的"德治",使"天"高兴,就能"受天永命"。由此也可以说"天命有常",而"常"的主动权存在于人间。可以说,周公旦已经看到了变与不变的相对关系。

202 无厚,不可积也,其大千里

这是战国时期思想名家惠施提出的时空观命题,"历物十事"之二。"无厚"是战国时期学界经常讨论的一个问题。按题旨的本意看,惠施可能是从"小一"的概念出发,来肯定宇宙之中"无厚"的存在。根据"小一"的性质,很易得出"无厚"是"不可积"的,而由"小一"在宇宙中的无穷无尽,由"小一"堆积而起的"无厚"自然也可"其大千里"了。另外有一种极直观易解的解释。可以设想惠施所在的年代几何学已经得到了一定发展,因此会区别"面"与"体"的概念。平面显然是无厚的,但其面积可以"其大千里",但其体积却仍为零。而这个例子可以看作是对"大一"、"小一"所做的例证,虽然只是从类比的角度,也可以看作是对"毕同毕异"所作的一个说明。

203 宇之表里无极,宙之端无穷

宇宙在空间上没有边界,在时间上没有起点。这是东汉张衡《灵宪》中提出的时空观命题。在天文学上,张衡主张"浑天说",认为"天成于外,地定于内",整个天地就是一个像鸡蛋那样的球体。张衡描述了天球的大小和形状,认为八方之极周围径二亿三万二千三百里,南北减少一千里,东西加宽一千里。从天到地有八极的一半高,地的深也等于八极的一半。张衡认为这些都可以用"重差钩股"的方法测算出来,"过此而往者,未之或知也",如果超出了这个界限,人们就不一定知道了,因为"宇之表无极,宙之端无穷",时间和空间都是无限的,在人们观测所不及的地方,存在无穷无尽、无边无际的宇宙。张衡一方面肯定天球是有限的,另一方面又认为整个宇宙是无限的,这是对以往有关"宇宙"观念的综合发展。比起以往的"宇宙"观念来,张衡的思想无疑要深刻些。

204 此花不在你心外

天地万物归根到底由心所派生出来的,天下无心外之物。中国明代哲学家王守仁的唯心主义命题。王守仁认为,人的主观精神,亦即其所谓的心乃是宇宙的本原与本体,天地万物归根到底由心所派生出来的,天下无心外之物。在王守仁看来,只有人看见了花,用自己的心去指、观照、"点亮"花时,花才作为一种有颜色的存在呈现出来。这种观点,充分肯定了人在认识过程中的重要作用,并且在某种意义上与现代西方哲学中的现象学的基本观点有诸种相似之处,值得人们认真、深入地研究。但是,王守仁由此认定"此花不在你心外",亦即心外无花,心外无物,花与其他诸物一样皆最终由主观精神亦即心所派生、决定,这种观点显然与英国的巴克莱的"存在就是被感知"的思想如出一辙,是一种唯物主义所不能接受并一直坚决反对的主观唯心主义的错误观点。

205 道在于器数

基于具体事物以及自然之理来确立原理原则。这是南宋叶适在《水心别集·进卷·总义》中提出的一种本体论命题。叶适进一步发展了南宋薛季所述"常存乎形器之内"的思想,明确提出"物"是天地间最根本的存在。他认为理不能离开物,更不是在物之外、之上而与物相对峙的另一个存在,因此不能离开物而言理或道。"器"指具体事物。"数"指自然之理。"道"在此指原理原则,即言先王基于具体事物以及自然之理来确立原理原则,根据事物的变化来进行变通。叶适根据道不离器的思想,主张务实不务虚,体现了唯物主义尊重实际的精神。

206 有理则有气

有存在的道理就有存在与之相应的事物。语出《程氏经说》卷一，北宋程颐提出的一种本体论命题。程颐认为，理是物之所以然，一物之为一物，即因其具该物之理。"天下万物皆可以理照。有物必有则，一物须入一理。"但理是"至微者"，象是"至著者"，至微的理要通过至著的象显现出来，因此，理与象的关系"体用一源，显微无间"。理是本，象是用，理在象先，"有理而后有象，有象而后有数。"程颐进一步用"体用一源"来说明理气关系。即一方面认为理气不相离，"有理则有气"，"论性不论气，不备；论气不论性，不明"。另一方面又认为理在气先，"气是形而下者，道是形而上者"（同上，卷十八）程颐"有理则有气"的命题，肯定了理与气不相离，具有合理性，但他把抽象的理当作本体，使气附属于理，则是一种唯心主义观点。

207 物物各有理，总只是一个理

每个事物都有自己存在的道理，但归根结底是一个道理。语出《朱子语类》卷九十四，南宋朱熹提出的一种本体论命题。朱熹认为每个事物都各有其理，但总合天地万物之理，只是一个理。当然，朱熹讲"物物各有理，总只是一个理"，"人人有一太极，物物有一太极"，是为其道德哲学提供本体论基础的。他说"万物皆有此理，理皆同出一源，但所居之位不同，则其理之用不一。如为君须仁，为臣须敬，为子须孝，为父须慈。物之各具此理，事物之各异其用，然莫非一理之流行也。"因此他要人们搞清事物各自的理，承认事物地位的差异，"盖能于分殊中事事物物，头头项项理会得其当然，然后方知理本一贯。不知万殊各有一理，而徒言理一，不知理一在何处。"这种有关"理一分殊"的思想，后来遭到陈亮的批驳。到明代，罗钦顺又对其加以改造，提出"其分之殊，莫非自然之理，其理之一，常在分殊之中"（《困知记》），把"理一分殊"思想建立在唯物主义基础上。

208 我存在，因此，我能思

因为我存在，所以我能够思考。出自陈独秀《答张君劢和梁任公》一文，是陈氏关于思维和存在关系问题的一个唯物主义的科学命题。陈独秀的这一思想命题是在批驳张君劢的"思想者事实之母也"这一主观唯心主义命题时提出来的。张君劢在社会各种现象中，只看见思想演成事实的这一过程，而看不到造成思想背景事实的这一过程，根据社会上每一种制度改革之前，都有一种新思想为之先驱这一表面现象，便由此断言"思想为事实之母"，陈独秀在批驳这种观点时指出，张君劢的错误是各派唯心论者共同的中心的错误，其实质就是颠倒思维和存在、精神和物质的关系，把本是结果的东西硬说成是原因，这中间以笛卡尔的"我思故我在"为最典型。事实上，思维和存在、精神和物质、我思和我存在的真正关系应当是：第一先有了物质的世界这个事实，第二才有能思想的人这个事实，第三又有了所思想的对象这个事实，然后思想才会发生。因此，不是"我思，因此，我存在"，而是"我存在，因此，我能思"。陈独秀这一思想命题的提出，有力地批判了张君劢等人的主观唯心主义思想，对于马克思主义哲学唯物论在中国的早期传播起到了重要的促进作用。

209 万物皆备于我

万事万物都是为我准备的。这是《孟子·尽心章》中提出的一种本体论命题。孟子说："万物皆备于我矣，反身而诚，乐莫大焉。"孟子从道德哲学出发，认为人性中天生具有善的因素。人有"四端"，就像有四肢一样，如果能对"四端"扩而充之，即可成为仁、义、礼、智四德，这种扩充，孟子叫做"尽心"。通过扩充"四端"而可知天，那么，天之本质也是仁、义、礼、智等道德属性。孟子在此所讲之天是道德之天。由于心、性、天是一贯的，所以，孟子说"万物皆备于我"。孟子这个命题，主要是为其性善论和仁政思想提供本体论基础，对中国封建社会尤其是宋代以后儒家以道德为中心的哲学思想影响极大。

210 实在即动力，生命即流转

实在就在于动力，生命在于流动。出自李大钊《"今"》一文，是关于物质世界变化发展问题的一个唯物辩证法的命题。李大钊认为，宇宙是大实在的，犹如一道瀑流，永远奔腾不息，时时都在运动、变化和发展，这种变化和发展既没有开始，也没有终结，永远不会绝对地静止下来。时刻都在运动、变化着的客观实在，其赖以发展的动力不在它的外部而在它自身之中。实在本身就包含着变化的动力，而且这种变化并非简单的循环，而是在这种流动变化中不断地延续、扩大和发展。人的现实的生命也如此，它赖于存在的基础就是运动，运动一旦停止，生命也就不复存在。在李大钊的这一思想命题中，当然没有揭示出物质世界运动、变化和发展的动力就在其内部的矛盾性，但它承认宇宙是客观实在，宇宙的运动、变化和发展的源泉在客观实在内部，而不在其外部，这与马克思主义哲学唯物论的基本原则是完全一致的。不仅如此，它既表明了物质运动的永恒性、必然性，也表明了物质与运动的不可分性，闪烁着唯物辩证法的光辉，它在李大钊从激进民主主义向共产主义转变的思想历程中占据着十分重要的地位。

211 阳病治阴，阴病治阳

《黄帝内经·素问·阴阳应象大论》中的命题。《黄帝内经》吸取了《老子》、《易传》关于阴阳的思想，认为"阴阳者，天地之道也，万物之纲纪，变化之父母，生杀之本始，神明之府也。"必须经常保持机体相对的阴阳协调关系，才能维持正常的生理活动，如果阴阳失调，就会引起疾病。"阴胜则阳病，阳胜则阴病。""阳胜则热，阴胜则寒。"对此阳热太过者，则以寒凉治其阳热；阴寒太盛者，则以温热治其阴寒，这就是"寒者热之，热者寒之。"《内经》认为，阴阳寒热若是太过，则会表现出相反的病理现象。针对这种病理现象，则要益阳以消阴，补阴以潜阳，也就是要"阳病治阴，阴病治阳"。这样才能恢复机体内阴阳的协调平衡。《内经》强调通过调整人体内部的对立因素，维护机体平衡协调的治病原则，充分体现了辩证法思想，在中国辩证观的发展中占有重要地位。

212 道可道,非常道

如果道理可以被说出,那么就不是正常的道理。《老子·一章》中提出的本体论命题。"道"的原始涵义是指道路,后引申为人或物行为的轨迹或所遵循的轨道。《老子》最先把"道"这一概念同操纵宇宙万物的根源联系在一起。把"道"作为宇宙万物的总根源,但"道"的实在又不同于具体存在物,它"视之不见"、"听之不闻"、"搏之不得"、"其上不皦,其下不昧,绳绳不可名,复归于无物。是谓无状之状,无物之象,是谓惚恍,迎之不见其首,随之不见其后。"《老子》一书中虽反复言道,但只是用"似万物之宗"、"似或存"、"象帝之先"、"绵绵若存"、"其犹存乎"、"譬道之在天下,犹川谷之于江海"、"强为容曰大、曰逝、曰远、曰反"等不得已的语句对"道"进行一些形容。或使用"恍兮惚兮"、"窈兮冥兮"、"寂兮寥兮"、"渊兮湛兮"等含糊的词语对"道"进行描述,而始终未明言道是什么。故"道可道,非常道"实为理解《老子》一书思想的宗旨。

213 太极之本体,中函阴阳自然必有之实

这是明末清初唯物主义哲学家王夫之在《张子正蒙注·太和篇》中阐述的矛盾论思想。王夫之接受了张载"一物两体"的思想,论证了矛盾的普遍性原理。他认为:"天下之变万,而要归于两端";"凡天下之物,一皆阴阳往来之神所变化,物物有阴阳,事亦如之"。这就是说,任何事物,包括太极在内,都有内在的固有的矛盾(阴阳两端)。从这种观点出发,王夫之批判了老、庄等人的创世说,认为把宇宙本源看成无矛盾的境界是错误的。王夫之还批判了周敦颐的"无极而太极,太极动而生阳,动极而静,静而生阴"的观点,认为阴阳是"太极所有之实",并不是阴阳待太极而生。王夫之还进一步提出了"乾坤并建"的思想,认为对立面的双方在时间上没有先后的区别,也没有什么主次之分,所谓先阴后阳、先阳后阴的观点都是错误的。王夫之的"太极中函阴阳"的思想是其辩证法思想的基石。在此基础上,王夫之又进一步论证了阴、阳的对立统一以及阴阳互相推动事物运动变化的思想,从而形成了一套比较完整的朴素辩证法体系。

214 现象无常，而实质常住

出自陈独秀《今日之教育方针》一文，是一个关于现象和本质问题的唯物论的命题。在这里，"无常"表示变化、变迁之意，"常"则表示稳定和长久之意。所谓"现象无常，而实质常住"，也就是说，现象是处在经常的变化、变迁之中的，它不会永远停留在某一点上，同现象比，实质则具有稳定性、长久性。比如宇宙间的各种具体事物，无时无刻不在运动、变化，这属于无常。但物质世界相续不灭，无穷无尽的本质都是永恒的、不变的，这属于常。如果看不到现象和本质的这种区别，以现象变动不居而否认客观世界存在的永恒性、不变性，并进而在物质世界之外去寻找什么梵天真如之类的虚伪本体，就必然要导致宗教迷信，印度民族之所以衰退，不能不与宗教迷信盛行有关。

215 物物者非物

生成物的不是物。这是《庄子》中提出的一种本体论命题，全文是"有大物者，不可以物。物而不物，故能物物。明乎物物者之非物也"。庄子认为：物有死物，则物之生为物之死之徒，物之死为物之生之始。若滞泥于物，则无物之消失，故也无物之生成。只有"物而不物"，才能"物物"。"物而不物"，指既肯定"物"，又否定"物"。"物物"指生成物。所以说"物物者非物"。"非物"指对"物"的否定。不是指一存在，而是指一过程。由于"物物者"是对"物"的否定，因此"物出不得先物也，犹其有物也。"这样生化万物，以至无穷。即使在未有天地之前，也是如此，没有一个绝对的"物物者"，所以说"古犹今也"。因其无穷，所以才"无古无今，无始无终"。

216 万理归于一理

很多道理都可以归结为一个道理。语出《二程遗书》卷十八，北宋程颐提出的一种本体论命题。"理一分殊"的命题是程颐最早提出的。佛教华严宗讲理事关系时认为理是完整的,每一个事中都显现一个完整的理,而不是部分的理。对于华严宗的这种思想,程颐概括为一句话:"一言以蔽之,不过曰万理归于一理也"。程颐所言理指万物之"所以然"。所谓万理,即"有物必有则,一物须有一理。"所谓一理,即言"万物皆只是一个天理",万物都只体现了一个天理。"天下之理一也,涂虽殊而其归则同,虑虽百而其致一。虽物有万殊,事有万变,统之以一,则无能违也。""万理归于一理"、"理一而分殊"是程颐"格物穷理"思想的理论前提,对宋代哲学影响很深。这个思想后来得到朱熹的进一步发展,同时也受到陈亮等人的批评。程颐"万理归于一理"的思想涉及了一般与个别之间的关系问题,他从唯心论的角度出发,对世界的统一性问题作了概括。所以,无论评价如何,程颐的这个思想毕竟是在华严宗理事说之后对一般与个别关系认识的又一次深入,在中国思想史上还是占有一定地位的。

217 气有偏盛,遂为物主

明代唯物论者王廷相提出的关于事物矛盾运动的思想。王廷相发展了张载"一物两体"的矛盾观,认为气含有对立的阴阳两端,万物亦是如此。正是阴阳两端的相互作用造成了气和万物的运动变化。他还指出阴和阳虽然共处于一个统一体中,互相依存,但它们并不是均衡的。双方的力量随矛盾的发展不断改变,事物的性质是由阴阳之中居于矛盾主导地位的一方所决定的。王廷相用阴阳两种矛盾势力的发展变化对风、雷、云、水等自然现象的产生作了深刻分析,认为阴阳之间或"遏",或"伏",或"乘",或"挟",存在着一方钳制着另一方,并将取而代之的矛盾发展趋势。所谓阴类,只是阴盛于阳,而不是纯阴;所谓阳类,也只是阳盛于阴,而不纯阳。正是在对具体事物进行矛盾分析的基础上,王廷相猜测到了事物矛盾运动的规律,提出了"气有偏盛,遂为物主"的观点,认为"阴阳之合,有宾主偏胜之义,而偏胜者恒主之"。王廷相的这一命题虽然由于时代的局限,带有朴素的直观性,并且没有对矛盾的斗争性进行深入研究说明,但却是中国哲学史上首次提出的关于矛盾主要方面规定事物性质的思想,这既是为张载思想注入了新内容,又为王夫之的"合二为一"和"分一为二"的辩证法思想奠定了

理论基础。

218 天下万物生于有,有生于无

天下万物的存在是有名有形的,但有名有形的万物必定要以无名无形的"道"作为根源。《老子·四十章》中提出的一种本体论命题。《老子》以"道"为宇宙万物的总根源,认为万物都产生于"道","道"产生万物是一个绵绵不绝,生生不已的无穷过程。这个无穷的生生过程,不是独立万物而另外存在,而就是万物的自然生成。所以,与其说"道"产生万物,毋宁说万物生生不已的无穷过程就是"道"。《老子》认为,只有"道"是永恒无限的,任何具体的存在物都是暂时的有限的。因而任何具体存在物都要复归于无物,复归到万物的生生过程中去。万物都生成于"道",又复归于"道",也可以说就是经历了一个从无到有,以"无"言天地之始,是说旧物复归于绵延连续的生生过程之时,也就是新物的生成之始,但尚未有物孕成。以"有"言万物之母,是说物是在生生过程中逐渐孕育生成,犹如母之怀子。"有"和"无"实际上是同一过程的两个方面,"同出而异名,同谓之玄,玄之双玄,众妙之门"。基于此,可以说"天下万物生于有"是指万物皆孕成于母体之中再从有到无的过程;"有生于无"是说孕育万物的母体正是复归于无物的"芸芸之物"。如是"有无相生",生生不已,便形成"用之不盈"的常久之"道"。《老子》此命题中所讲的"有"和"无"都是指一种运动过程,而不是指一种存在状态。

219 思想者,事实之母也

出自张君劢《〈人生观之论战〉序》,是关于思维和存在、精神和物质关系问题的思想命题。他认为在思维和存在、精神和物质的关系上,思维和精神是来源、创造者,而存在和物质则是派生、被创造者,自然界和社会中的一切事物,都是由思想产生的。张君劢的这一主观唯心主义的思想命题,遭到了陈独秀等马克思主义者的尖锐批评。陈独秀说,张君劢和一切唯心论者,"在社会动象中,只看见思想演成事实这后一段过程,而忘记了造成思想背景的事实之前一段过程,这本是各派唯心主义之共同的中心的错误。他们只看见社会中一种新制度改革之前,都有一种新思想为之先驱,因此便短视的断定思想为事实之母;他们看不见各种新思想都有各种事实为其所以发生的背景,决非无因而生"。他正确地指出:"第一先有了物质的世界这个事实,第二才有能思想的人这个事实,第三又有了所思想的对象这个事实,然后思想才会发生,思想明明是这些事实的儿子,为何倒果为因,说思想是事实之母。"他又说,事实才是思想之母,思想不有超越事实的可能,超越事实的思想乃是迷梦!陈独秀的这些深刻的论述,不仅揭露了一切唯心论的认识根源,而且正确地指出了物质可以转化为思想,思想可以转化为物质的辩证法。

220 元气之上无物、无道、无理

宇宙本体之上是没有物体、没有道义、没有道理的。中国明代哲学家王廷相提出一种本体论命题。针对程朱学派唯心主义的理本论,王廷相在继承柳宗元、张载等人的气化论思想基础上,建构了自己的唯物主义的元气本体论哲学体系。在他看来,元气乃是一种无形无象、无偏无待、无始无涯、无生无灭的物质实体,是宇宙万物的终极根源。宇宙万物皆由这种作为"造化之本"的元气变化生成,亦即是说,元气是一种比宇宙万物更为原始、根本的存在,故曰"元气之上无物"。在此基础上,王廷相认为"元气即道体",从而否定了先天地而生并主宰、生化宇宙万物神秘道的存在,并把道还原理解为元气变化的客观的规律,而不再是超载于宇宙万物及元气之上的更原始、根本的存在,故曰"元气之上无道"。进而,在理与气的关系问题上,王廷相批驳了二程的"造化者(理)自生气"及朱熹的"理生气"等以理为本的观点,主张"气为理之本",理即元气运动变化之理,而不是可以产生气及宇宙万物某种更原始、根本的存在,故曰"元气之上无理"。"元气之上无物、无道、无理"的命题集中体现了王廷相的唯物论的思想,从而成为王廷相的唯物主义元气本体论哲学体系的理论纲领。

221 宇宙之间,一理而已

宇宙之间只有一个道理而已。语出《朱子文集·卷七·读大纪》,是南宋朱熹

提出的一种本体论命题。在宋代哲学中，二程着重讲"理"，张载着重讲"气"。朱熹则综合二程和张载的观点，强调宇宙之间有理有气。但他又认为，理气虽是一时都有，却要以理为主，正是由于理的存在，才使宇宙成为宇宙，万物成为万物。朱熹"宇宙之间一理而已"的命题，把抽象的理或太极作为万物存在的根据，是一种客观唯心主义思想。但朱熹在论述其思想时，所表现出来理气不相离的观点，还是包含着合理成分的。

222 宇宙便是吾心，吾心便是宇宙

时间和空间就是我所想象的东西，我所能想象的东西就是时间和空间。南宋陆九渊在其著《杂说》中提出的一种本体论命题。在这个命题中，"心"指先验的主观认识和道德意识，"理"指宇宙万物的规律、本质，而更主要的是指道德准则。陆九渊认为人的主观认识和道德意识中，都具有客观世界的规律、本质以及人类社会的道德准则，无论是千百年前千百年后，还是东南西北海，只要有圣人，便人同此"心"，心同此"理"。人心之理最完满地表现了宇宙之理，而宇宙之理的普遍性通过人心之理得到证明，所以人的主观意识与宇宙万物之理是相通的、一致的，"宇宙便是吾心，吾心便是宇宙。"陆九渊把"吾心"和"宇宙"等同起来，意在强调每一个人心中都先验地具有道德、知识普遍性的标准和尺度，并不是说宇宙就在心内，或说宇宙万物都依赖我心而存在。由于人的主观意识中先验地具有道德和知识普遍性的标准、尺度，所以，为学之道就是要冲破各种对人心的"限隔"，也可以说学者的修养就是自我解放。陆九渊"宇宙便是吾心，吾心便是宇宙"的观点，为其"先立乎其大者"的道德修养方法提供了本体论的依据，客观上起到了一些解放思想的作用。

223 有生于无，实出于虚

《淮南子·原道训》中提出的一种本体论命题。《淮南子》所说的"道"实际讲的是混沌未分的气，所谓"无形而形生"实际上是由混沌未分逐渐产生有形万物，因而他所言之"无"并非一无所有的意思。而实出于虚，则是讲有形生于无

形。《淮南子》所讲的"有生于无"与《老子》的"有生于无"有很大差别。《老子》不仅讲"有生于无",也讲"有无相生",着重讲宇宙万物生生过程的无限性。《淮南子》则着重讲物质的演化,讲"有形生于无形"。

224 形而上者谓之道,形而下者谓之器

形而上的东西被称作为意识的东西;形而下的东西则是具体的事物。这是《易传·系辞上》中提出的一种本体论命题。所谓"形而上者"就是万物的变化过程,"形而下者"或者说"器"是指事物的存在状态。无穷的过程没有具体的形态,所以用"形而上"来表示,暂时的有形器物用"形而下"表示。关于形而上形而下、道器的关系问题,是中国哲学史上一个非常重要的问题。道器是中国哲学的一对重要范畴,自汉唐以来,人们多把形而上与形而下的关系理解为规律或法则与具体物质、本原与派生物的关系,这与《易传》的本意还是有些区别的。

第四章　西方哲学经典命题

225 阿基里斯追龟

　　阿基里斯追龟是哲学家芝诺的著名的逻辑命题。阿基里斯是古希腊神话中的英雄，健步如飞，能日行千里，但是芝诺说如果让乌龟先行一段路程，那么阿基里斯将永远追不上乌龟。

　　乌龟先行了一段距离，阿基里斯为了赶上乌龟，必须要到达乌龟的出发点A。但当阿基里斯到达A点时，乌龟已经前进到了B点。而当阿基里斯到达B点时，乌龟又已经到了B前面的C点，……依此类推，阿基里斯只是在无限地接近追所要赶的对象，却永远追不上乌龟。

这个悖论与另一个两分法悖论是同一个悖论的两种表述形式,它们否认了物质运动的存在。这本来是荒谬的,却仿佛无懈可击。究其本质,是长于逻辑学的诡辩家们把生活中的常识问题拖入了数学极限的窠臼之中。把那些依赖于"无穷小"及"连续性"纯概念性的数学计算方法强加到"客观物理事件"之中,是产生这些悖论的根本原因之一。

226 按照自然生活

"按照自然生活"和"按照本性生活"对于斯多葛学派的哲学家来说,意义是相同的。在他们看来,本性即自然,所有生物的本性都是由自然赋予的。

按照自然生活,意味着人必须按照自己在宇宙中的地位,承担起相应的责任。斯多葛学派认为宇宙是一个有组织的、有理性的体系,是一个美好而井井有条的整体,其中每一部分都着眼于整体而行使其职能,一切事物都为整体的利益而共同努力。和谐不仅体现在人身上,更体现于宇宙。人是宇宙体系的一部分,他自身是一个小宇宙,他自己的本性同万有的本性是同一的。为此,他必须使自己的灵魂清醒,让理性统率自己,正如它统率世界一样。他应该使自己的意志服从世界的意志,遵守宇宙的规律,理解自己在大宇宙中所处的地位,竭力有意识、有理性和自愿地作为宇宙的一个成员而尽其本分。

由于强调个人与国家、世界、宇宙的一致,斯多葛学派也就把尽其本分与自我实现联系在一起。在他们看来,既然理性是自然赋予人的真正的自我,按照理性行动才是真正的实现自我;而实现真正的自我,就是为宇宙理性的目的而服务,为宇宙的目的而尽力。这意味着一个博大的社会,其中有理性的人类享受平等的权利,因为理性为人所共有,而一切人又同属于宇宙灵魂。

227 词语破碎处,无物存在

"词语破碎处,无物存在"是德国当代哲学家伽达默尔对同胞海德格尔提出的"语言是存在的家"这一命题的进一步发挥。海德格尔认为,解释学的目的即是要展现存在的意义,而要达此目的,首先就必须依赖于人的存在去体验和理解。理解本是人最根本的性质，是人自身的规定性或存在方式，也是包括意识在内的人的一切活动基础。那么，理解又如何显现一切存在的意义呢？海德格尔说，必须通过语言，人的理解只能是语言的理解，"亲在"的体验和理解必须通过语言才能进行。只有在语言中，世界万物和人自身存在的意义才能呈现出来，按照这种观点，语言就不是表达知识的工具，也不是语法和逻辑结构，而是显现一切存在意义的某种先验的"前有"结构。伽达默尔的命题就是对海德格尔上述思想的发挥和拓展。它的核心内容在于阐述和论证理解的语言性质。

228 存在就是被感知

"存在就是被感知"，是贝克莱主观唯心主义哲学的基本命题，是其唯心主义经验论的立足点和核心。贝克莱从洛克的经验论出发，把知识起源于经验的原则引向唯心主义，建立了主观唯心主义的经验论体系，并据此否定物质实体的存在，论证了精神实体的存在

作为一个经验主义者，贝克莱和洛克一样，认为知识来源于感觉经验，由感觉经验获得的观念是知识的对象。他说："人们只要稍一观察人类知识的对象，他们就会看到，这些对象就是观念，而且这些观念又不外三种。一种是由实在印人感官的；一种是心灵的各种情感和作用所产生的；一种是在记忆和想象的帮助下形成的（这里想象可以分、合或只表象由上述途径所感知的那些观念）。"贝克莱认为，我们所有的观念都是通过感觉、反省和想象这三个途径得来的，而且感觉观念比反省观念"有较大的实在性"。

229 存在是唯一的

"存在是唯一的"是巴门尼德的著名命题。在爱利亚，巴门巴德不仅是一个著名的哲学家，同时也是一个出色的政治家，据说，他曾经为爱利亚立法做出了重大的贡献，并因此而赢得了当地人民的尊重。在哲学上，巴门尼德所关心的问题仍然是世界的本原是什么。他的回答是存在，且是唯一的存在。

在《论自然》中，巴门尼德借女神之口提出了两条尖锐对立的路线：真理之

路和意见之路,前者指向存在,而后者指向非存在。真理之路坚持的是如下原则:存在者存在,它不可能变成非存在;不存在者不存在,它不可能变成存在。与之相对的意见之路则正好相反,后者基本上指的是我们用感官所把握的世界。应该说,在追求变中的不变方面,巴门尼德延续了自哲学诞生以来的传统,但对待变化的态度上,他同赫拉克利特针锋相对。这是因为,巴门尼德的存在是永恒的,它过去是,现在是,将来还是这个样子。为此,巴门尼德给出了一个逻辑化的证明。按照这一论证,存在要么是永恒的,要么是被产生的。如果是后者,那么存在要么是由存在产生的,要么由非存在产生的。如是说存在是由存在产生的,那么只能说明存在一直存在;如果说存在是由非存在产生的,那么非存在必定存在,这在逻辑上是非常明显的自相矛盾,因此,存在不可能由非存在产生。既然存在不可能由非存在产生,而非存在又不存在,那么很显然,存在是唯一的。

230 存在先于本质

"存在先于本质"是由法国著名哲学家,存在主义的重要代表人物萨特所提出并加以深入阐述的一个哲学命题。究其来源,"存在先于本质"的命题来自于海德格尔的"亲在"对本质具有优先地位的思想。萨特在海德格尔区分"存在"和"存在者"的基础上,进一步区分出"自在的存在"和"自为的存在"。他认为,人的意识都是受外物的吸引之后才产生的,所以我们必须承认在意识之外还有存在物。萨特即把这种在人的意识之外的独立存在物称作"自在的存在"。此种存在物对于人来说是属于非意识的世界,即还未进入人类的意识,未被意识所关照和把握,它们只是"自在地存在着",因此是"昏暗的""不透明的",只是机械的、惰性的、僵死的东西,没有任何意义。他说,不能把"自在的存在"等同于石头,桌子等具体的物,这些物既然被冠以"石头""桌子"等概念,就是在语言上被规范了,被意识照亮了,成了意识的对象,有了具体的内容或意义。其实,萨特的"自在的存在"就相当于康德的"自在之物",不同之处在于,康德认为它们什么样子,性质如何,我们不知道,因为它们不可知的;而萨特认为,它们无"形","无名",无"质",是因为还未被人的意识所照亮,因而只是没有意义罢了。

231 单面的社会造成单面的人

美籍德裔哲学家马尔库塞认为,单面的社会造成单面的人,真正的始作俑者是科学技术,所以他把现代科学技术视为罪魁祸首来批判。首先,他认为当代资本主义利用高科技对社会进行控制,科学技术的触角已深入到社会生活的方方面面,创造出各种各样的生活形式。这些生活形式在潜移默化中调和着资产阶级的异己力量,麻痹各种反对资本主义制度的种种势力,这种控制是比原来的暴力控制更为隐蔽,更有欺骗性的控制形式。其次,马尔库塞戴着有色眼镜看待科学技术,使科学技术成为有思想而且愿意为资本主义效劳的"自愿者"。他说在发达的资本主义社会里,现代科学技术已脱去"中立性"的外衣,它不再那么温柔可爱,高尚伟大,不再独立于社会制度之外。在帮助资本主义发展经济和稳定社会方面,都立下了汗马功劳,具有不可替代的地位。第三,现代科学技术控制下的资本主义社会,原来的双面社会已由单面社会所取代,双面的人已由单面的人所否定。而且正是因为科技的发展,社会控制扩大到一切领域,导致公共舆论顺利侵入私人空间,个人秘密都向大众媒体开放。所谓的个人自由和个人选择已成为历史。在单面社会里,资本主义国家两大阶级生活方式的差异已一去不复返,资产阶级和无产阶级的结构和功能已发生根本的改变。不仅如此,资本主义社会采取高消费的方式,使得人们沉溺于"器"而迷失于"道",只一味追求富有的物质生活,而忘却了崇高的理想和奋斗目标。在思想文化领域,"单面文化"占据了人们的精神领域。人心本是辩证的,由两方面组成,所以表现人性的文化也是双面的。当"单面文化"大行其道时,整个社会都迈向了单面的行列。所以,按马尔库塞理解,正是由于科技的统治,资本主义社会正在逐渐变成一个单面的社会。在这样的社会里,困在"网"中央的人们失去了批判和否定性,只留下单面性。

232 道德即自由的自律

这句话来自康德。康德认为,道德法则的存在必须以"自由"为前提,康德所谓的"自由",是指人的意志的一种能够排除一切外来势力的干扰,摆脱自然因果必然性,感性欲望的制约而进行独立自决,独立判断的能力。只有在意志自由的情况下,人们才能服从道德规律。康德说:"只有自由者才会有道德。"因此,康德认为,为了维护道德,必须假设人的意志是自由的。他说:"我们必须假设有一个摆脱感性世界而依赖理性世界则决定自己意志的能力,即所谓自由。"在康德看来,人作为感性的存在者,受自然必然性的制约,没有自由可言,人作为理性的存在者,则能摆脱自然必然性的制约,意志是自由的。意志自由则显示了理性存在者的人的独立、尊严和人的伟大。

233 对立统一

对立统一规律是唯物辩证法的实质和核心,是辩证法的根本规律。辩证唯物主义认为,世界上一切事物中都存在着矛盾,每种事物都是矛盾着的对立统一体。矛盾着的事物的两个方面,既相互联系,相互依存,又相互排斥,相互对立,事物就是在不断的矛盾运动中变化和发展的。

在哲学发展的初期就已具有关于对立面的统一和斗争的思想。在中国古代,《易经》用阴阳两种力量的相互作用解释事物的发展变化。《老子》提出"反者道之动"这一命题,概括了矛盾的存在及其在事物发展中的作用。后世的哲学家常用分合、两一、参两、相反相成等概念表达事物对立面既统一又斗争的思想。在欧洲,古希腊米利都学派关于"始基"的思想中已包含有对立统一的思想。赫拉克利特提出"相反者相成:对立的统一",亚里士多德则讨论了一系列范畴的对立统一的关系。在近代,黑格尔第一次以唯心主义的形式系统地阐述了对立统一规律,指出"一切事物本身都自在地是矛盾的","矛盾则是一切运动和生命力的根源"。马克思、恩格斯批判了黑格尔的唯心主义体系,吸取了他的辩证法思想,创立了唯物辩证法,也创立了对立统一规律的科学形态。其后,列宁第一次提出对立统一规律是唯物辩证法的实质和核心,毛泽东在《矛盾论》中对对立统一规律进行了全面深刻的论述,并提出了一系列在具体工作中分析和解决矛盾的思想方法和工作方法。

234 凡不能说的就应该保持沉默

这是奥地利的哲学家、数理逻辑学家维特根斯坦的一段名言:"凡能够说的,都应当说清楚;凡不能够说的,就应当保持沉默。"

维特根斯坦是语言学派的主要代表人物。他思想的最初源泉主要来自弗雷格的现代逻辑学成果、罗素与怀特海写的《数学原理》和 G.E.摩尔的《伦理学原理》。他的哲学主要研究的是语言,他想揭示当人们交流时,表达自己的时候到底发生了什么。他主张哲学的本质就是语言。语言是人类思想的表达,是整个文明的基础,哲学的本质只能在语言中寻找。他消解了传统形而上学的唯一本质,为哲学找到了新的发展方向。他的主要著作《逻辑哲学论》和《哲学研究》分别代表了横贯其一生的哲学道路的两个互为对比的阶段。前者主要是解构,让哲学成为语言学问题,哲学必须直面语言,"凡是能够说的事情,都能够说清楚,而凡是不能说的事情,就应该沉默",哲学无非是把问题讲清楚。后者又把哲学回归哲学,在解构之后是建构,创造一套严格的可以表述哲学的语言是不可能的,因为日常生活的语言是生生不息的,这是哲学的基础和源泉,所以哲学的本质应该在日常生活解决,在"游戏"中理解游戏。

235 凡存在皆合理

"凡存在皆合理"其实是黑格尔名言"凡是现实的就是合理的,凡是合理的就是现实的"的通俗(一定意义上也是歪曲)表达。它的成立,以黑格尔的整个哲学体系为依据。黑格尔认为,宇宙的本原是绝对精神(理性),它自在的具备着一切,然后外化出自然界、人类社会、精神科学,最后在更高的层次上回归自身。因此,凡是在这个发展轨迹上的就是合理的("合乎理性"的简略说法),也就是必然会出现的、是现实的。反过来讲也同样成立。

存在就是合理,当然有为现实辩护的一面,不过,它不是主要的;主要的是它革命、批判的一面。这点,恩格斯在《路德维希•费尔巴哈和德国古典哲学的终结》里早有揭示。他说,黑格尔的名言"凡是现实的就是合理的,凡是合理的就是现实的","这显然是将现存的一切神圣化,是在哲学上替专制制度、替警察国家、替王室司法、替书报检查制度祝福"。但是,这样想的,只是"近视的政府"与"同样近视的自由派"。"在黑格尔看来,凡是现存的决非无条件地也是现实的。在他看来,现实的属性仅仅属于那同时也是必然的东西","这样一来,黑格尔的这个命题,由于黑格尔的辩证法本身,就转化为自己的反面:凡在人类历史领域中是现实的,随着时间的推移,都会成为不合理的"。

236 凡在理解中的,无一不先在感觉之中

"凡在理解中的,无一不先在感觉之中"是经验论的一个普遍原则。到了近代,自然科学的发展使人们在用科学和理性认识世界时,不得不求助于当时比较发达的力学和数学等自然科学。遗憾的是人们并没有把经验和理性结合起来,建立科学的认识论。一部分人注重力学的实验和经验归纳法,并使之绝对化,形成了近代的经验论;另一部分人则注重演绎法并同样使之绝对化,形成了近代的唯理论。经验论以"凡在理解中的无一不先在感觉之中"的原则为前提,认为一切真知必然起源于感觉经验,没有感觉就没有认识,感觉经验是唯一可靠的来源。

237 返回生活世界

"返回生活世界"是德国哲学家胡塞尔在其晚年的代表作《欧洲科学危机和先验现象学》一书中提出的一个著名的哲学命题,集中体现了他的晚期哲学思想。

胡塞尔认为,"生活世界是由人的日常生活直接呈现给我们的世界,是一个不言不明的"直观的世界"。针对目前的科学危机,胡塞尔建议就是要返回生活世界。他说,一般人往往分不清"科学世界"与"生活世界",因而首先必须通过适当的现象学还原方法,将二者区分开来,并让人们明确此种区别,然后才能使科学的研究和理论活动回到现实的生活世界,把对物的研究和对人的生存需要的研究结合起来,真正解决人类的生存及其意义问题,克服和解决科学的危机。

238 给我物质,我就能用它创造一个宇宙

这是康德在他的《宇宙发展史概论》中说过的一句话,如果仅从字面理解,也许让人捉摸不透。其实言下之意很简单:给我物质,我将向人们指出无边无际的宇宙是怎样形成的。他重在说明宇宙的形成,而不是宇宙的创造。

239 公益乃是美德的目的

"公益乃是美德的目的"是伦理学的基本问题之一,着重探讨的是个人利益与社会利益的关系。到了近代,随着资本主义的产生和发展,这一问题变得更加敏感和突出,因为资本主义的经济是市场经济,而市场经济主要以个人利益为杠杆。在市场经济条件下,个人利益便被提高到了前所未有的高度。个人利益所具有的任意性和偶然性的一面,使得如果对个人利益不加任何限制,它将冲毁社会生活的基本秩序,也将在残酷的激烈竞争的相互倾轧中毁灭自身,以相互合作为特征的市场经济变将失去其存在的社会根基。因此,强调社会公共利益,在个人利益与社会公共利益之间达成某种程度的一致与和谐,便成了建立和发展市场经济的内在要求。正是在这种背景下,西方近代伦理学一方面高扬个人利益,突显了个人利益的价值和重要性,另一方面,又十分强调社会公共利益,主张利己与利他,自爱与仁爱,个人利益与公共利益的统一。作为十八世纪法国资产阶级伦理学的重要代表,爱尔维修和西方近代大多数伦理学家一样,强调个人利益与社会公共利益的统一和和谐,提出了"公益乃是美德的目的"的著名命题,为后人正确理解和处理个人利益与社会公共利益的关系问题提供了有益的启示。

240 国家是大写的人

"国家是大写的人"是柏拉图的著名命题。柏拉图是在其名著《理想国》中提

出这一命题的。在历史上,《理想国》在近代之前一直是作为柏拉图最著名的著作出现的。在这部文采和思想同样出众的著作中,柏拉图勾勒了一个理想国家的蓝图,而所谓国家是大写的人,突出的是国家与个人之间的密切关系。《理想国》堪称西方第一部政治学著作,柏拉图在其中讨论了国家的起源,性质和结构等根本问题,他还区分了不同的政体,比较它们的优劣得失,寻找它们的历史发展规律。更重要的是,柏拉图设计了一套政治蓝图,既带有乌托邦的理想色彩,又有阶级国家的痕迹,对于西方政治思想具有难以估量的影响。

241 皇宫中的人所想的,与茅屋中的人所想的不同

"皇宫中的人所想的,与茅屋中的人所想的不同",是费尔巴哈的一句名言,出自其著作《驳躯体和灵魂,肉体和精神的二元论》。这是他提出的一个具有历史唯物主义萌芽的命题。住在皇宫里的人可以去思索追求道德、艺术、高雅音乐等意识形态的东西,而对于那些住在茅草房里的农夫而言,去高谈什么道德、艺术之类简直就是无稽之谈、荒谬至极。这是一件不可能的事情,他们所思所想的,无非就是怎样填饱肚子,怎样暖和一些。费尔巴哈的上述观点无疑具有明确的唯物主义倾向。然而,这一名言同他的一些类似的论述并不能也没有保证他的伦理观沿着唯物主义的河堤顺利到达唯物史观的彼岸。正如恩格斯所说的,"费尔巴哈完全不知道用这些命题去干什么,它们始终是纯粹的空话"。

242 观察渗透理论

"观察渗透理论",是美国科学哲学家汉森提出的著名命题。这个命题指出了我们的任何观察都不是纯粹客观的,具有不同知识背景的观察者观察同一事物,会得出不同的观察结果。"观察渗透理论"摧毁了逻辑实证主义所追求的科学合理性。它重点表征了"先行信息"在人的视角转换中的意义;科学活动中的观察渗透理论是一个关于科学的概念框架的变换问题,而哲学层面考察的则是主体的"先行具有"、"先行掌握"和"先行视见"等精神的本质力量对于现实的认识活动的条件性。观察和理论是相互联系、相互渗透的。观察和理论的这种关系

是由观察的主观性和客观性所决定的。观察的主观性决定了理论必须依赖观察；观察的客观性决定了理论必然依赖观察。观察主观性与客观性的辩证统一决定了观察与理论的辩证统一。

243 拒斥形而上学

拒斥形而上学，是以维也纳学派为代表的逻辑实证主义，是分析主义思潮中反对形而上学态度最坚决、言辞也最激烈的一个流派，正是这个流派的代表人物卡尔纳普断然地提出了"拒斥形而上学"的口号。维也纳学派受维特根斯坦《逻辑哲学论》中的经验主义、逻辑主义的影响很大，并直接继承了他的"形而上学是无意义的陈述"这一反形而上学的基本观点。但在具体论证这个观点时，他们的理论依据又有所不同。《逻辑哲学论》是从语言图像理论出发来说明形而上学命题的无意义性的，而维也纳学派则主要是根据可证实性原则提出了他们的"拒斥形而上学"的口号。

科学必须依赖于经验，从经验出发。这本是一个正确的原则，但逻辑实证主义却将这一原则推向极端，认为感觉经验不仅是科学认识的来源，而且也是构成一切科学知识的唯一材料，并由此提出了一个"拒斥形而上学"的口号。那么照此推理，科学认识就只能被封闭于人类自身的感觉经验之中，只能满足于对感觉经验的描述。由此，哲学和科学中所有一切抽象概念和普遍性理论，那些有关客观存在的判断和普遍的因果性、必然性命题，由于它们都是超出人类的感觉经验之外的，当然就要被归入他们所谓"形而上学"命题之中，并被排除在科学知识之外。但是，他们以反对抽象思维来取消哲学，实际上同时也就取消了科学自身。

244 科学的发展就是旧范式向新范式过渡

关于科学的发展，以往科学哲学家有两种观点，一种认为科学进步就是一个渐进的过程。随着对自然认识的不断加深，人们将获得越来越多越先进的认识，越来越逼近真理。另一种观点认为，科学发展是不断革命的过程，在这个过程中,旧的理论不断为新理论所取代。科学发展似乎总是围绕着"革命"和"渐进"两个词打转。

一天,美国科学哲学家库恩梦见一座辉煌的科学大厦,许多人正在添砖加瓦,这座大厦越来越雄伟,高耸入云。可一转眼,似乎这座大厦坍塌了,一群人正忙着在废墟上重建呢!库恩迷惑了。科学家们到底是把大厦不断拆毁重建呢,还是只是添砖加瓦,或者是既添砖加瓦又拆毁重建?醒来后,库恩灵机一动,难道科学的发展不能既是"革命"的又是"渐进"的吗?他认为,无论量的积累也好,不断革命也好,都未能概括出科学发展的全部。按照库恩的观点,科学的历史不仅有量的增长,更重要的是质的变化,科学革命在科学发展中起着重要的作用;科学的发展不是用新的更好的理论取代原有理论的过程,而只是范式的转换。科学的发展不仅是量的积累,前后相继的理论基本体论承诺并没有一致性。他们是不可通约的,也即旧范式向新范式的发展不是量的增长,而是质的飞跃,新旧范式之间没有共同性,不能直接沟通比较。也就是说,科学的发展是从一个范式到另一个范式,是旧范式向新范式过渡。

245 理论先于观察

理论与观察的关系一直是科学哲学关注的重要问题之一。近代科学哲学家弗朗西斯·培根就曾经认为,科学的基本意旨之一就是获得关于自然的真理,为此必须清除人们心中的四种偏见,把科学奠基在无偏见的观察和合理的归纳之基础上。

"理论先于观察",不是对理论与观察之先后顺序的简单颠倒,而是反映了犹太裔思想家波普尔研究思路的重要转换。他不再像逻辑实证主义那样痴迷于科学理解和科学解释的纯粹客观性,而是肯定并凸显了理解主体的主观性在科学理解和解释中存在的必然和合理性。他甚至用科学家的主观性方面来引导和制约整个观察的过程。在波普尔看来,观察以及观察陈述都是具有选择性的,而这种选择性很大程度上受观察者的主观性制约。

在科学的演进中,科学家的主观期望被波普尔放置在一个非常重要的地位:不仅科学理论的提出基于一种解决问题的期望,甚至问题的产生也常常是

在旧的期望落空之时。当观察不能在旧的理论框架、旧的期望水平上加以说明时，问题才产生出来。所以从本质上看，理论不仅先于观察，甚至也先于问题。

246 理性的狡计

或译作"理性的机巧"，是黑格尔用来说明历史发展的一个极其重要的概念。按黑格尔的观点，绝对理念或绝对精神通过特殊事物的相互作用和冲突而实现它的目的，但理性自身机巧地避开被拖入到斗争中。它留在幕后控制着整个过程，并且不成为明确意识的对象。理性并不直接对主体起作用，或屈尊为特殊事物，但依然获取了它的目标。特殊事物仅是用作理性目的的手段，但本身是必然过程的部分。偶然事件的登场用为实现必然的计划或世界的内在目的性。在历史领域，每个人追求着他自己的目的，并陷入与他人的争斗之中，但历史从特殊的和自私的人类行动中最终发展它自己的形式。

247 历史性是人类存在的基本事实

这是由当代德国著名的哲学解释学家伽达默尔在其学说中重点加以阐述的一个哲学命题。他指出，历史性是人类存在的基本事实，无论是理解者还是文本，都内在地嵌于历史性中，真正的理解不是克服历史的局限，而是去正确地评价和适应这一历史性。

理解的历史性，也意味着理解的传统性。伽达默尔说，人的理解不可能离开他们生活于其中的文化传统。它既被传统所决定，同时也能创造传统。由理解的历史性所决定，无论人们是否愿意，传统总是先于我们，它是决定人类存在和理解的基本条件。但是传统并非像过去有些人所认为的那样，只是保存旧的东西。传统对我们的生活，可能是好的，也可能是坏的，关键取决于我们如何对待这些传统。

关于理解的历史性，伽达默尔的论述不仅揭示了人们从事理解活动的文化继承性，而且强调了必须对人类理解活动之产生和形成的社会历史条件加以分析。

248 美德即知识

在对美德的本质论述中,苏格拉底提出一个重要的命题即"美德就是知识"。他认为一切美德都离不开知识,知识是美德的基础,知识贯穿于一切美德之中;美德不是孤立存在的一些观念和准则,任何美德都须具备相应的知识,无知的人不会真正有美德。

苏格拉底到处劝勉人们"把精力用在高尚和善良的事上",教育人们要"努力成为有德行的人"。美德即知识可以说是苏格拉底道德教育思想的核心。在他看来,人的行为之善恶,主要取决于他是否具有有关的知识。人只有知道什么是善、什么是恶,才能趋善避恶。从"美德即知识"的观点出发,苏格拉底提出了"德行可教"的主张。这种主张不仅否定了当时盛行于希腊的道德天赋的观念,而且赋予道德以一种普遍的基础。由于强调知识与道德之间的内在联系,就肯定了知识的传授与道德教育之间直接相关;同时,由于认识到道德的知识基础,也就是为道德教育的进行找到了一条重要的途径。

249 美德是一种中道

在亚里士多德看来,"德性"体现的是灵魂各部分的统一,灵魂既有理性的部分,也有非理性的部分,即感情、欲望等等,理性部分应当与非理性部分合作。为了实现它的目的,灵魂各个部分必须正当地发挥作用,而且肉体必须合宜地行使职能。一个有德性的灵魂是一个很有条理的灵魂,其中的理性、感性和欲望保持正当的关系。因此,美德首先是一种整体和谐,而不是灵魂各部分的冲突和对立。在此前提下,知、情、意等各个活动领域又各有其道德上的德性。例如,完善的理性活动本身是智慧上的(推理的)效能或德性,诸如聪明、有见识等等;感情冲动职能的完善的活动被称为伦理的德性,诸如节制、勇敢和豪爽等等。有多少活动领域,就有多少道德上的德性。只有在谈到这些不同活动领域的一个特定领域的时候,"中道"才被提了出来。这一领域被亚里士多德称为"激情和行动"的领域,它涉及肉体嗜欲、恐惧、危险、愤怒以及对经济财物和声望的欲求等等。激情和行动就其自身而言,本无所谓好坏。但一旦过头或不足,就会造成损害。为了避免这种损害,亚里士多德才提倡"适中",也就是恰到好处。用亚里士多德本人的话说,"如果美德比任何技艺都更精确、更好。……那么,美德必定就有以居间者为目的这个性质"。因此,就人的激情而言,"在适当的时候,对适当的事物,对适当的人,由适当的动机和以适当的方式来感受这些感觉,就既是中间的,又是最好的";就人的行动之"主动"和"被动"而言,过与不足都会失败,只有恰到好处才最为成功。

250 面向事情本身

"面向事情本身"的口号是胡塞尔最早提出来的。他认为,人们在认识对象时,总是处在外在文化、主观情绪等主客观的成见之中的。这些成见往往左右着人们能否真正地认识对象,因此他主张终止判断,用加括号的方法将这些成见悬置起来。只有如此才能直达事情本身。海德格尔在他的《存在与时间》中也积极地响应了这一口号的一贯精神。海德格尔认为本体论所追问的是存在,这问题早在古希腊的巴门尼德那里就提出来了,但是研究存在就离不开存在者,哲学家们是通过存在者这种中介来探寻存在。西方哲学发展史向人们证明,由于人们在中介上所花的精力太多了以致竟然遗忘了真正的目标,而将中介作为了目标,所以"综观整个哲学史,柏拉图的思想以有所变化的形态始终起着决定作用。"哲学家们以存在者代替了存在,存在者这一中介整个地改变了哲学家的探寻路径而喧宾夺主地成了认识的对象。可见海德格尔的现象学就是不通过中介,而在生存过程中直面存在,这是面向事情本身具体而直接的运用。"面向事情本身"的"事情"指的是一种与人有关、进入人的实践活动领域内并成为人的活动对象的事情,这个事情是以人的主体性为存在基础的。存在能够得以展现,完全是由于有了人的主体性,有了人,存在的敞开与澄明才得以可能。只有被人意识到或成为人的活动对象的东西才存在,才是有意义的。

251 亲在具有优先地位

海德格尔在其《存在与时间》一书中提出并加以重点阐述的一个哲学命题。他首先从分析"存在"一词的意义入手,强调要把"存在"与"存在者"加以区分。他说,就意义而言,"存在"即是指某种活动及过程,也即人与万物的"在场"或"显现"。与此不同,"存在者"则是指已经存在着的东西,即我们所看到一切外界事物或"存在物"。那么,它们的关系又是如何呢?海德格尔说,在这二者的关系中,"存在"是最根本的,要优先于"存在者"。因为,"存在"作为一种活动或"在场",本是"存在者"的根源和基础,是"使存在者被规定为存在者"的根据。一切"存在者"的根源和基础,是"使存在者被规定为存在者"的根据。一切"存在者"都是"存在"这一活动的产物。而且,"存在者"只是回答一物"是什么",而唯有"存在"才能回答一物"为什么"为该物以及"如何是"该物。因此,无论从根源还是重要性上说,"存在"都要优先于"存在者"。

252 人不能两次踏进同一条河流

这是古希腊唯物主义哲学家赫拉克利特的名言。赫拉克利特强调世界的绝对运动,在强调绝对运动的同时并没有否认相对静止,是辩证法的观点。他把存在的东西比作一条河,声称人不能两次踏进同一条河。因为当人第二次进入这条河时,是新的水流而不是原来的水流在流淌。"一切皆流,无物常住。"当人第二次踏入那条河的时候,河不是原来的河,人也不是原来的人了。

赫拉克利特用非常简洁的语言概括了他关于运动变化的思想:"一切皆流,无物常住。"在他看来,宇宙万物没有什么是绝对静止的和不变化的,一切都在运动和变化。恩格斯高度评价了他的这个思想:"这个原始的、素朴的但实质上正确的世界观是古希腊哲学的世界观,而且是由赫拉克利特第一次明白地表述出的:一切都存在,同时又不存在,因为一切都在流动,都在不断地变化,不断地产生和消灭。"

赫拉克利特强调运动变化,并没有否定静止。在他的思想中,运动是绝对的,静止是相对的。可是,他的学生克拉底鲁进一步发展了他的变的哲学。老师说,人不能两次踏进同一条河流;学生进一步说,连一次也不能。这样,克拉底鲁就完全否定了静止的存在。如果没有相对静止,世界会变成什么样子呢?那时,世界上不会有确定性质的事物了,整个世界将成为混沌一团。我们既不能认识事物,也不能解说一个事物是什么了。因为,当我们还没有说完"这是一张桌子"时,桌子已经变成其他东西了。因此,克拉底鲁主张用动手指代替说话。十分明显,克拉底鲁把老师的正确辩证法思想变成极其错误的相对主义的诡辩论。这是理论思维一个十分深刻的教训。它告诉我们,正确的思想和任何事物一样,都有一个度。超出它的度,说过了头,正确的思想就会变成荒谬的东西。

253 人的本质即社会关系的总和

马克思的著名论题,其原话是"人的本质不是单个人所固有的抽象物,在其现实性上,它是一切社会关系的总和"。人是社会关系的承担者,这种社会关系决定了人的社会地位和社会角色。社会关系简单地说包括物质关系和思想关系,进一步说可以分为经济关系、政治关系和文化关系。再进一步,还可以分为若干方面,如家庭关系、地缘关系、生产关系、业缘关系、阶级关系、民族关系以及道德关系、宗教关系、法律关系,等等。要全面地了解一个人,就应该从多方面的社会关系入手。在社会关系的总和中有主次之分。经济关系即生产关系在社会关系中起着基础的支配的作用,它表现在许多方面,如人在生产活动、交换活动、分配活动以及消费活动中所处地位和相互关系。在阶级社会中,生产关系集中体现为阶级关系。在一定的生产关系中所处的不同地位的集团实际上就是不同的阶级。政治关系也是社会关系中重要的关系,它是经济关系的集中体现。人的社会地位不仅与人的经济地位有关,而且更与人的政治地位有关。在社会关系中,人际关系也占有比较重要的地位。但是,不能仅仅从人际关系角度来对"人的本质是一切社会关系总和"的科学结论作庸俗化的理解,不能把这个科学结论看做是一些人大搞"关系学"的根据。社会关系当然是人与人之间的关系,但这种关系不能归结为人们平常所理解的那种狭隘的"人际关系"。

254 人类的本质是理性、意志和心情

费尔巴哈经典哲学命题。在西方哲学史上,关于人的本质,有种种不同的观点。知识论哲学把思维与存在的关系当做哲学的基本问题。思维,或作"思想","意识","精神",以理性为最本质的特征。存在,则主要指人独有的存在和对人的这种存在而言的对象存在。由于人独有的存在是指人的理性存在,因此人的感性存在被认为从属于人的理性存在;同样,对象的存在也被分为满足人的理性存在的方面和满足人的其他存在的方面。在思维和存在之间存在复杂的关系,但思维与存在的同一性是所有这些哲学关注核心费尔巴哈认为,人不仅在思维方面是无限的,而且就人的整个存在来说,由于人的存在是"类"存在,所以也是无限的。人的理性存在的无限性实际上只是人的整体存在的无限性的一个方面。人的完整的本质就在于这种整体存在,同样,人的完整本质不仅应当包括理性,而且应当包括意志和心情。

255 人类社会的发展是一个自然历史过程

马克思主义哲学中经典命题,是历史唯物主义的一个基本原理。

马克思主义哲学上认为人有两重性,一是社会性,另外一个则是自然性,人类社会的发展是一个自然历史过程。唯心史观以这样或那样的方式否认社会发展的客观规律性。它们或者把社会的发展看做是杂乱无章的偶然事件的堆积;或者虽也承认社会发展是有规律的,但不是从历史本身揭示这种规律,而是从外部某种神秘力量那里把这种规律输入历史,归根到底仍把社会看作观念的产物。只有马克思的唯物史观才第一次既唯物又辩证地考察社会,把社会的发展看作是一个自然历史过程,揭示了社会生活的客观规律性。所谓"自然历史过程",是指社会的发展和自然界一样,都是合乎规律的客观过程。虽然社会区别于自然界的一个根本点是:社会不是自行发展的,而必须通过有意识的、有自觉意图的人的实践活动来实现。但社会的发展是不以人的意志为转移的。这是因为,人的意志不是主观自生的,而都有其客观根源;而且,社会发展中的人的意

志不是单一的，而是根源于不同的客观条件的无数意志相互作用而形成的一种合力，一种总的平均数。因此，人们的行动虽有自觉的意图、预期的目的，但行动的结果却往往不是预期的。社会的发展不是单个意志的产物，而是在总的经济运动支配下各种力的相互作用的结果，它服从于社会内部的客观规律。揭示人的意志、思想动机的物质根源是发现社会发展客观规律的唯一正确的途径。马克思研究社会生活的方法是：从社会生活各领域中划分出经济领域来，从一切社会关系中划分出生产关系来，把生产关系当作决定其余社会关系的基本的原始的关系，并把它归结于生产力的高度，从而指明生产力是全部历史的基础，揭示生产关系一定要适合生产力状况、上层建筑一定要适合经济基础发展要求等社会发展客观规律。历史唯物主义关于社会发展是自然历史过程的科学论断，为无产阶级和革命人民认识世界和改造世界提供客观依据。

256 人生而自由，却无往不在枷锁之中

"人是生而自由的，却无往不在枷锁之中。自以为是其他一切的主人的人，反而比其他一切更是奴隶。"这是卢梭的政治学著作《社会契约论》中的一句话，这句话高度体现了社会不平等发展过程是一个辩证过程的思想，也是卢梭对其所处社会时代人的生存状况作出的概括性论断。他一方面原则上肯定了自由与平等是人与生俱来的禀赋和权利，是人的本性；另一方面又指出现实中的人生活在不自由和不平等状态之中，饱受种种奴役。要获得自由和平等，人必须与套在人身上的种种枷锁和不平等相区分，作斗争。

卢梭的社会政治哲学所追求的最高目的是人的自由和平等。他在《论人类不平等的起源和基础》等著作中集中探讨了人类不平等的起源和基础，而在《社会契约论》中则讨论了如何实现社会平等的问题，提出了民主共和国的理想。

257 人是符号的动物

"人是符号的动物"是卡西尔符号形式哲学或文化哲学的最基本原理，也是卡西尔文学符号学或符号诗学的最基本的根据。

这一原理揭示了人的本质和人的本质力量,而在这一基础上来建构文学艺术本质论,确立文学符号学或符号诗学,就是把文学艺术的本质问题与人的本质问题不可分割地联系在一起,就是要在人文科学或文化科学的范围之内来探讨文学艺术的本质。这样就把文学艺术问题从自然科学的范围之内划分出去而归入人文科学范围之内,从而把文学艺术问题纳入了一个合适的研究范围和探究轨道。这应该是卡西尔对于哲学和美学的一大贡献,也是西方哲学和美学发展的必然结果。

258 人是环境的产物

"人是环境的产物"是罗伯特·欧文在《致拉纳克郡报告》中提出来的,旨在说明人与环境的关系。他认为人的性格不是由人本身形成的,而是由外力造成的。他在该报告中反复强调两点。其一:自然赋予人类天生具有的天赋品质;其二:社会环境对人的天赋品质进行好或坏的加工,最终形成人的性格。他指出,人们出生环境注定人们的思想、感情、观点、信仰。罗伯特·欧文提出的这个观点有其自身的历史意义。当时社会正处在革命的前夜,人们对自己的命运不满,但欧文找不到反抗的理论工具。罗伯特·欧文的话警醒人们:既然人是环境的产物,那么只有改变自己的生存环境——自然环境和社会环境,才能改变自己的生活境遇。但是,这句名言遭到前所未有的误解,很多人就是根据这句名言,把自己的命运托付给别人。

历史发展到了今天,却和人类开了一个玩笑,本来被人们一再误解过的这句名言,又重新得到了理解。当然,今天的理解不是指社会意义上的,而是指自然意义上的。人们越来越认识到自己对自然环境的依赖。臭氧层的破坏、空气污染等等已到了非治不可的地步,"善待自然"成为人们的共识。直到今天,人们才理解"人是环境的产物"的真实含义。

259 人是机器

"人是机器"是法国哲学家拉美特利的观点。作者因出版《心灵的自然史》一书被迫流亡荷兰时提出的。拉美特里根据大量医学、解剖学和生理学的科学材料，证明人的心灵状况决定于人的机体状况，特别着重证明思维是大脑的机能和道德源于机体的自我保存的要求。"人是机器"这一命题假定一切生物都具有所谓"运动的始基"，它是生物的运动，感觉以至思维和良知产生的根据。书中明确指出，运动的物质能够产生有生命的生物、有感觉的动物和有理性的人。公开表明唯物主义和无神论的立场，驳斥心灵为独立的精神实体的唯心主义观点，论证精神对物质的依赖关系。"人是机器"这一命题在自然观、认识论、社会历史观、无神论和伦理学等许多方面代表一系列后来为其他法国唯物主义者进一步发展了的思想。拉美特利还据其写了一本书《人是机器》，它是十八世纪法国第一部以公开的无神论形式出现的系统的机械唯物主义著作。

260 人是目的

"人是目的"是康德伦理学的一个重要命题，构成了整个伦理学系统的基础，是他的伦理学中最具进步性和现实性的成果之一。

人是唯一具有理性的动物，理性决定了人之为人和人的道德价值，因此人是最神圣的。理性以自身为目的，而人作为理性存在者，本身就构成了自身的目的。但是，康德并没有完全否定人作为手段的一方面，他用意志自律来达到了两者的统一。人的意志自律，也就是自由，自由是人的本质，人有了自由才使道德成为可能。

"人是目的"命题揭示出人因有理性而神圣。人作为感性血肉的动物，只具有相对价值，但是人的理性使其成为自在的道德主体，本身就是目的，也就具有绝对价值。理性不是为人所占有，而是人属于理性。人具有理性的特质，所以在任何时候，人绝不允许被随意摆布，人必须是被尊重的对象，不是达到目的的工具。理性使人同动物区分开来，获得了神圣的地位，成为世界万事万物最后的归宿。

"人是目的"命题还揭示出人自身就是目的，而不是供这个那个意志任意利用的工具。在康德看来，人的行为无论是对自己的或是对他人的，总应该把人当做第一位的目的，世界上的一切只对人才有价值，单纯的东西离开人就无所谓价值。人就其本性来说，是一个理性的存在，是具有绝对目的意义的存在。一切道德法则和义务要求之所以应该这样而不应该那样,不是基于其他任何目的,只是为了人本身,以人为"最高绝对目的"。

261 人是万物的尺度

普罗泰戈拉留传下来的最主要的哲学名言就是在《论真理》中说的:"人是万物的尺度,存在时万物存在,不存在时万物不存在。"

他这里说的人就是指人的感觉。事物是什么,要以人的感觉为标准。一个事物对你来说就是它呈现在你的感官面前的样子,对我来说,它就是呈现在我的感官面前的样子。一阵风吹来,你觉得冷,它就是冷的;我觉得热,它就是热的。风本身无所谓冷热。同样地,一个人的行为是好的还是坏的,也是以人的感觉为标准。你觉得好,它就是好的;我觉得坏,它就是坏的。行为本身无所谓好坏。

普罗泰戈拉的这句哲学名言在当时具有反传统的意义。在当时的希腊,传统观念是以神为万物的尺度;事物存在还是不存在,是好还是坏都是由神决定的。普罗泰戈拉在怀疑神的存在以后,让人取代神的地位,这在希腊哲学史上无疑具有重大的意义。但是,在我们今天看来,这句话是不正确的,因为客观事物的存在和性质并不以人是否感觉它们和感觉他们怎样而发生什么变化。他把事物的性质,如冷热,看成是主观感觉的产物,否定了事物性质的客观性,这就很容易陷入主观唯心主义之中。

262 人是文化的存在

德国当代文化人类学家兰德曼关于文化理论的主要论题之一。

这一命题有两层含义:一是我们是文化的创造者;二是我们同时又为文化所产生。这是一个"伟大的因果循环体系",我们决定文化,文化塑造我们。因此,人恰如同时站在开端和末尾一样,作为未来文化的创造者他是年轻的,作为传统文化的产物他又是年老的

兰德曼说:"文化如同生命内里的血管系统,而血管里流淌的是主观精神的血",这就是说,没有文化就没有做人的起码条件,没有文化就没有人的存在,同

样没有人去实现文化,也就没有文化的存在和发展。

263 人是一个能够向世界无限开放的 X

"人是一个能够向世界无限开放的 X"是舍勒提出并加以阐述的一个著名的哲学命题。他这个命题的核心是要阐明人类精神的能动性和开放性的性质。人的精神虽然没有实在性,只是一种思想、期望、意欲、领悟,一种意向性运动,一种倾向或观念,但它能够借助于人的生命冲动和实践活动去实现自身,进入现实。人借助精神的能动性和创造性,可以打破自然环境的束缚,突破自身感官、本能和其他生理或心理的局限,开启变革环境、创造历史以及自我发展的无限可能性。

此外,他特别强调人的精神的能动性和创造性,强调人能变革环境,改造世界,创造历史,不断完善自身。这些观点也都具有重要和积极的意义。

264 人是政治的动物

出自亚里士多德《政治学》第一卷:"人类自然是趋向于城邦生活的动物(人类在本性上,也正是一个政治动物)"。不管是作为概念的政治还是具体的政治制度,在亚里士多德看来都是和城邦有关系的,人对城邦有一定的趋向性,换而言之就是,人按其本性必须结合成共同体才能生存,国家或城邦就是由此而来。在亚里士多德看来,人不可能独立存在,人首先是活在家庭之中的,家庭就成为人类满足日常生活需要而建立的社会的基本形式。家庭联合起来组成村坊,若干村坊组合就是城市(城邦)。这是人存在的现实需要的结果,同时,也是人类的本性决定的。人之所以可以和愿意趋向于城邦是因为:"人类生来就有合群的性情,所以能不期而共趋于这样高级(政治)的组合。"

265 人天生都是平等的

"人天生都是平等"是法国空想共产主义者让·梅叶的观点。反抗中世纪封建制度与宗教神学的近代精神开始于文艺复兴运动，经过十六至十七世纪的发展，到十八世纪臻至顶峰。这是一个自由、理性的世纪，人们广泛地研究各种事物，并对解决自身问题充满信心，这也是一个行动的世纪，哲学家们不再满足于理论的思辨，而是开始走出书斋，运用人民的语言来教化人民，运用思想来直接指导人民的行动。人们把这一世纪称之为启蒙的世纪。在十八世纪的法国，由于政治与宗教压迫的异常残酷，这种启蒙也就表现得更为激烈，产生的影响也最大。十八世纪的法国哲人大部分都把自己的思想直接指向了对现存政治与宗教的严厉批判。梅叶在当时从流行的抽象人性论出发，强调人本性是平等的："人人天生都是平等的，他们同样有权在地上生活和立足，同样有权享受天赋的自由和他的一份世间福利，人人都应当从事有益的活动，以便取得生活中必需和有益的东西。"他认为，这种平等权利在人类最初的自然生活中得到最明显的表现。那个时代，没有私人财产，没有贫富差别，也没有奴役和统治，一切按自然的方式进行，人们生活得美好，道德与习俗无比高尚。这种"黄金时代"的原始共产主义的社会图景，梅叶称之为"神圣公社"

266 人为自然立法

"人为自然立法"是哲学家康德回应"休谟问题"时所说的一句名言。

在这里康德所说的自然界不是我们通常所说的自在的、外部的自然界，而是"自在之物"作用于我们的感官，在我们心灵中所引起的知觉和表象康德所说的"自然规律"则是这些知觉和表象在我们知性的意识中相互联结的形式。联结知觉和表象的形式不是来自于经验，而是来自于人的理智。因此自然界的法则和规律不是自在之物自身的规律，而是我们先天就有的形式与经验的综合。他认为自然界的法则即自然规律是由人确立的，没有这些思维形式就没有自然界的法则，这就否认了自然界本身的客观规律。康德的这一观点片面夸大了人类的能动作用,从而否认了规律的客观性。"人为自然立法"要表现的精神,看起来也是主观和客观兼顾的,不过这里的客观并非是像一般人以为的"一种完全脱离主观的纯粹意义上的客观",而是以人的经验为基础。好比我们要做一种社会性的立法,那么我们肯定离不开相关的详尽的社会调查和分析;如果全凭主观独断,那么这种立法只能是空中楼阁式的,缺乏意义的,或者是荒谬的。

267 认识你自己

"认识你自己",相传是刻在德尔斐的阿波罗神庙的三句箴言之一,也是其中最著名的一句。有学者认为这句话出自古希腊七贤之一、斯巴达的喀隆,也有人认为是说出自泰勒斯,或出自苏格拉底。传统上对这句话的阐释,是劝人要有自知,明白人只是人,并非诸神。

268 任何真正的哲学都是自己时代精神的精华

"任何真正的哲学都是自己时代精神的精华"是马克思关于哲学的一句经典名言,经常被学者们引用。时代精神是由社会实践发展的内在要求和社会经济关系运动的必然性所决定的历史发展趋势和潮流在社会意识中的反映。从反映时代精神的程度和层次来看,反映时代精神的形式有时代心理、时代观念和时代的理论体系。时代心理是人们对时代内容的一种感受、情绪体验和直觉等,往往带有自发性、偶然性和局部性,是人们反映时代精神的低层次形式,是一种感性反映形式。时代观念是人们对时代内容较为系统和较为全面的认知、情感和判断,其特点是有一定理性成分而多经验因素。而时代的理论体系则是对时代精神自觉的、系统的和理论化的反映。哲学与艺术、道德、政治、法律、宗教等都是反映时代精神的理论形式。但哲学与其他理论形式相比,对时代精神的把握又有其特殊性。哲学是通过归纳与演绎、分析与综合、历史与逻辑、抽象与具体的思维方法,把时代精神各个方面的内容概括和升华成一些最基本的范畴和原理,来一般地、深层次地、集中地反映时代精神,是对时代精神的最高的和最深层次的反映,它在反映时代精神的各种理论形式中居于特殊而又十分重要的位置。在同一时代中,反映时代精神的哲学可能存在许多种,而真正的哲学是反映时代本质和特征的理论体系,它从最普遍、最本质的意义上,表达了人们对世界的理论说明,集中了人民最精致、最珍贵的和看不见的精髓,是对那个时代所获得的具体科学成果的正确概括和总结,是人类的灵魂和最高智慧的结晶。因而真正的哲学是时代精神的精华,是"文明的活的灵魂"。

269 如无必要,勿增实体

自奥卡姆《箴言书注》中的一段理论转化而来,原文是"切勿浪费较多东西去做用较少的东西同样可以做好的事情"。这句话的意思是说,大自然不做任何多余的事。如果你有两个原理,它们都能解释观测到的事实,那么你应该使用简单的那个,直到发现更多的证据。对于现象最简单的解释往往比复杂的解释更正确。如果你有两个类似的解决方案,选择最简单的、需要最少假设的解释最有可能是正确的。

270 上帝乃人的本质的异化

"上帝乃人的本质的异化"是费尔巴哈在《基督教的本质》中提出的著名观点。

费尔巴哈明确指出:上帝的意识就是人的自我意识,上帝的认识就是人的自我认识。你从人的上帝认识人,反过来又从人认识上帝,这两者是一回事。人认为是上帝的,就是人的精神,人的灵魂;同样,是人的精神,人的灵魂,人的心情的,就是人的上帝。上帝就是人的显示出来的内心、宣说出来的自我;宗教是人的隐匿的宝藏的庄严的揭露,是人的内心深处的思想的自白,是人的爱的秘密的公开自承。

马克思在《〈黑格尔法哲学批判〉导言》中把它改造为:"宗教是还没有获得自身或已经再度丧失自身的人的自我意识和自我感觉。"并且进一步阐发说:"宗教是人的本质在幻想中的实现,因为人的本质不具有现实性。""宗教是被压迫生灵的叹息,是无情世界的心境,正像它是无制度活力的精神一样。"

271 上帝已死

"上帝已死"是德国哲学家尼采最常被误解的名言之一。它在尼采《快乐的科学》一书中出现了三次,后来又在其名作《查拉图斯特拉如是说》中出现,成为名句。

"上帝之死"并不能照字面所述而解释,尼采并不是说上帝在形而下的层面已死;相反的,尼采希望表达的是,上帝已经无法成为人类社会道德标准与终极目的。尼采明白到上帝已死代表现存道德标准的危机,因为"当一个人放弃基督信仰的时候,他就把基督教的一套道德观从自己脚底下抽出来。这种道德观完全不是不证自明的,……当对上帝的信心这种基督教的主要信念被打破时,整个信仰就崩溃了:人的手中可以什么都没有。"

上帝之死是说明人类再不能相信这种宇宙秩序的方法,因为他们已经无法识别这种秩序是否真正存在。尼采认为,上帝之死不单对人对宇宙或物质秩序失去信心,更令人否定绝对价值——不再相信一种客观而且普世地存在的道德法律,把每个个体都包括在内。这种绝对道德观的失去,就是虚无主义的开端。这种虚无主义令尼采尽其努力去找出重估人类基本价值的方法,因为他相信,人类没有了上帝,依然可以找到正面的可能性。放弃了对上帝的信仰为人类发展自己的创作能力开了第一道门户。基督教的神常有随意的命令和禁令,但他已经无法左右人类,所以人可以放弃向超自然的力量寻求协助,而去认识这个世界的新一套价值。承认"上帝已死"就像一块空的大帆布那样。这是成为新的,不一样的,更创新的东西的自由——这种自由并不包括接受过去的包袱。

272 神是人按照自己的形象造出来的

克塞诺芬尼的著名命题。克塞诺芬尼是南意大利的爱利亚学派的第一位代表人物。克塞诺芬尼不认为神和人具有相同的外貌,同时,他也不认为神和人具有同样的品性。在他看来,这个世界上只有一个神,他是全知全能的。这个神是不动的,仅凭他的思想就可以左右一切。他没有生成和死灭,是超出时间之外的纯粹的现实性。显然,在克塞诺芬尼看来,神既没有人的形象,也没有人的品格。他的神是一个很抽象的神。他认为,神是人制造出来的。他曾经说过:世人都认为神祇是和他们自己一样是诞生出来的,穿着与他们一样的衣服,并且有着同样的声音和形貌。

克塞诺芬尼关于神的观点直接影响到了他对于真理的看法。显然,全知全能的神肯定拥有全部的真理,而在我们这个变动不居的世界上,人类最多只能拥有某种形式的意见。所以,克塞诺芬尼强调指出,关于神灵和一切事物的确凿真理,现在没有人知道,将来也没有人知道。即使有人偶然说出了一些极正确的真理,但他自己也是不会知道它的。对此,普天之下除了猜测之外就没有什么别的东西。

273 生命超出生命

按照生命哲学家的理解,生命是世界的基础,是世界的本原,万事万物都是"生命冲动"的外化和体现。那么生命就是不断运动的、进化的、创造的、有活力的实在,而不是静止的、僵死的。基于这样一致的认识,德国著名的生命哲学家齐美尔用他非常精练的生命命题"生命超出生命"说明了这一点。生命的进化是多方向的、多路径的,我们无法预知其确切的方向。但是生命为了保持自身永远的活力,它在进化过程中就要不停创造,创造更多的生命来更新自己,否则生命就失去活力,就要衰亡。生命除了不断创造自身,不断以新的生命代替已故的生命以外,它又有提高的追求,它要创造更多生命之外的非生命的东西,实现超越自我。生命的不断创造,不断超越,多少让生命沾有一种神秘的色彩。在生命哲学家的眼中,生命的确有无与伦比的力量。可是我们怎样把握,体验到生生不息的生命呢?生命哲学家告诉我们,传统的理性分析靠外在的感觉,思维永远不能感觉,触摸到生机勃勃的生命,最好的办法是用非理性的直觉方式来体验。据此,我们很容易看出,在生命哲学家看来,理性分析法根本不能把握住那持续不断,生生不息的生命,而直觉方法恰能补理性方法之不足,使人置身于生命之内,直接把握生命。

274 实体即主体

黑格尔的"实体即主体"的思想是批判吸收德国古典哲学的先行者康德、费希特、谢林的哲学思想而形成的。由于把绝对理解为"活的实体",黑格尔复活了亚里士多德的"目的因"。他指责那种"否认外在自然中含有目的性"的哲学"误解了自然也错认了思维"。把目的性排除在外当然无法论证"思维与存在的同一"。黑格尔解释"实体即主体"的含义说:"我们认为,目的是直接的、静止的、不动的东西;不动的东西自身却能引起运动,所以它是主体。它引起运动的力量,抽象地说,就是自为存在或纯粹的否定性。"实现的了目的或具体存在着的现实就是运动,就是展开了的形成过程;但恰恰这个运动就是实体"自身",因此实体是作为结果而存在的。马克思在他的理论中曾对黑格尔的"实体即主体"做过精辟的解释:"在黑格尔的体系中有三个因素:斯宾诺莎的实体,费希特的自我意识以及前两个因素在黑格尔那里的必然的矛盾的统一,即绝对精神。第一个因素是形而上学地改了装的、脱离人的自然。第二个因素是形而上学地改了装的、脱离自然的精神。第三个因素是形而上学地改了装的以上两个因素的统一,即现实的人和现实的人类。"

275 世界是我的表象

出自叔本华《作为意志与表象的世界》。叔本华认为:世界的一切都为着主体而存在,世界与人的关系是表象和表象者的关系。而表象的世界是"现象"的世界,在它之外还有一个世界即被作为"自在之物"的意志。意志的客体化就是理念,而理念的显现就是现象。人的认识是生而为意志服务的,但人也可以作为纯粹认识主体摆脱认识为意志服务的桎梏,而进入无我(即失去了意志)的审美境界。

其实,"世界是我的表象"只是半个真理,表象的世界是"现象"的世界,在它之外还有一个世界即作为"自在之物"的意志,它无处不在,是这世界的内在本质。

276 世界是一团永恒的活火

出自古希腊早期著名哲学家赫拉克利特的名言:"这个世界,对于一切存在物都是一样的,它不是任何神创造的,也不是任何人创造的;它们过去、现在、未来永远是一团永恒的活火,在一定分寸上燃烧,在一定的分寸上熄灭"。是关于万物本原的命题。

在这段话中,赫拉克利特着重强调了宇宙万物的动和变,一切皆流,万物常住,而物质性的"活火"最能表达这种思想。因为火没有一刻是静止的,总在不断地燃烧和熄灭。所以世界的本原就是火,火形成世界万物,而不是神或者人创造了世界万物。火的创生即是它的毁灭,而它的毁灭也就是它的创生,一切都是火的转换。当然,火的变化和运动,火与万物的相互转化是有尺度和规律的,这种规律和尺度,他称之为"逻各斯"(中文译为"道")。

赫拉克利特提出的这个命题继承了米利都学派的唯物主义传统,但他对宇宙本原的理解更为深刻、更为辩证。

277 水是世界的本原

这是古希腊思想家泰勒司提出的命题。他的哲学观点用一句话来总结就是"水生万物,万物复归于水",即世界本原是水。

泰勒斯向埃及人学习观察洪水,很有心得。他仔细阅读了尼罗河每年涨退的记录,还亲自查看水退后的现象。他发现每次洪水退后,不但留下肥沃的淤泥,还在淤泥里留下无数微小的胚芽和幼虫。他把这一现象与埃及人原有的关于神造宇宙的神话结合起来,便得出万物由水生成的结论。

对泰勒斯来说,水是世界初始的基本元素。埃及的祭司宣称大地是从海底升上来的,泰勒斯则认为地球就漂在水上。泰勒斯用水来说明整个世界,这意味着,当他想给予这个世界以一个完整的解释时,不再到这个世界之外去寻找原因,宗教神话中创造这个世界的神被他直接排除到了视线之外。

278 同类相知与异类相知

"同类相知"来源于恩培多克勒的四根说。在他看来,把世界的本原归结为一种事物是过于简单化了,真正的本原不是一个而是四个,即火、气、土、水四大元素,或称之为四根。这四根像巴门尼德的存在一样,本身是永恒的,不被产生,也不消灭。四根之间在力量上是相等的,此一时一种元素占了上风,彼一时另一种元素取而代之。以此循环,各自统一时,却没有哪一种组合与解体。起初一切因为友爱的力量而彼此结合在一起,不分你我,混沌一片。

而"异类相知"是阿那克萨哥拉的著名命题,与恩培多克勒相反,阿那克萨哥拉不认为我们是通过自己的元素来认识外来的元素,而是由热而知冷,由咸而知淡,由苦而知甜等等。这说明我们的感官不仅是被动地接受感觉印象,还可以对感觉进行比较、甄别。此外,阿那克萨哥拉认为光有感官是不够的,认识真理还需要思维。

279 万物皆数

毕达哥拉斯学派认为,世界的本原是数。这是一个颇为有趣的命题,因为从表面上看,它把物质的世界归结为某种非物质的数字,看上去是违反人类的常识的。毕达哥拉斯学派很重视数学,企图用数来解释一切。宣称数是宇宙万物的本原,研究数学的目的并不在于使用而是为了探索自然的奥秘。他们从五个苹果、五个手指等事物中抽象出了五这个数。这在今天看来很平常的事,但在当时的哲学和实用数学界,这算是一个巨大的进步。在实用数学方面,它使得算术成为可能。在哲学方面,这个发现促使人们相信数是构成实物世界的基础。

280 惟其不可能,我才相信

这句话出现在拉丁教父德尔图良的《论基督肉身》中,并不是德尔图良亲口所言，而是后人从其相关的思想中提炼出来的。他在书中这样写道："上帝之子被钉在十字架上，我不感到羞耻，因为人必须为之羞耻。上帝之子死了，这是完全可信的，因为这是荒谬。他被埋葬又复活了，这一事实是确定的，因为它是不可能的。"德尔图良在这里强调的仍然是基督信仰与希腊理性的对立。他之所以敢背离哲学理性说出"满纸荒唐言"，是由他极力贬低理性的立场决定的。他坚信"世界来自上帝，而世俗之物来自魔鬼"。理性智慧既然产生于"俗人"，来自于"魔鬼"，理应不值得信赖。

281 我爱我师，但我更爱真理

这是亚里士多德的名言。亚里士多德的老师柏拉图认为人的理念才是最真实的存在，人们看见的事物是人们脑子里的想象的模仿。当时所有的学生都当作真理，没有人怀疑过他。亚里士多德向老师提出了疑问："一本实实在在存在的书，看得见、摸得着，怎么就不是真实的呢？"

别的同学都嘲笑他说："你怎么能怀疑老师的观点呢？要知道老师是绝对正确的，你这样做对老师非常的不尊敬！"亚里士多德摇了摇头，坚定地说："我爱我师，但我更爱真理"。

亚里士多德在十六世纪的时候被认为是历史上最了不起的人，连大学教授们都说世界上所有的科学问题都被亚里士多德解决了，因此当学生们提问的时候，老师总是挥挥手说："去看看伟大的亚里士多德的书，在那里有你要找的答案。"他的名气很大，哲学史上无人可比。他被马克思称为"古代最伟大的思想家"，被恩格斯称为"古代最博学的人"，他的哲学是古希腊文明皇冠上的一颗璀璨夺目的宝石。

282 我思故我在

笛卡尔的哲学命题，直译为"我思考，所以我存在"。

笛卡尔这一命题从问世以来在长时间内遭到了广泛的误解，他自己曾辨析说："正当我企图相信这一切都是虚假的同时，我发现：有些东西（对于我的怀疑)是必不可少的,这就是'那个正在思维的我'!由于'我思,故我在'这个事实超越了一切怀疑论者的怀疑,我将把它作为我所追求的哲学第一条原理。"这句话的正确意思是:"当我怀疑一切事物的存在时,我却不用怀疑我本身的思想,因为此时我唯一可以确定的事就是我自己思想的存在"。比较权威的解释是:"我无法否认自己的存在,因为当我否认、怀疑时,我就已经存在!"所以,否认自己的存在是自相矛盾的。而否认和怀疑是一种思考活动,所以他说,我思故我在。并非是平时所说的"我思考,故我存在!"

283 我正在说谎

"我正在说谎",这是由希腊哲学家欧布里德提出的著名哲学命题。

公元前六世纪希腊克里特岛的哲学家爱皮门尼德曾说"所有的克里特岛人都是说谎者",此即为"我正在说谎"这个命题的雏形。那么,"我正在说谎",说这句话的人是否在说谎?如果这句话是真的,则他在说谎;如果这句话为假的,那么他就在说真话,于是便形成了一个无法解决的矛盾怪圈——悖论。

说谎者悖论自提出以来,一直深受哲学家们的关注,并纷纷寻求破解之道,然而结果却并不让人满意。到二十世纪初,著名哲学家、逻辑学家罗素也尝试解决这一悖论,他指出说谎者悖论的症结在"自我指涉的恶循环"。人们的语言可分为两个大层次,对整体的描述和对部分的描述。整体和部分是两个不同的逻辑类型,对整体的描述不能附属于描述部分的,也不能作为整体自身的部分。推及到说谎者悖论上,"我在说谎"是一个数学集合,而我说我在说谎是对"我在说谎"这个集合的陈述,此陈述在集合外,集合里的任一假设都不能判断集合的真假。因此,罗素认为逻辑分层的方法可以消除类似的悖论。在罗素之后,又有不少逻辑学家提出了一些解决方案,但是至今没有形成一个公认的方法。

或许很多人仅仅把说谎者悖论视为文字游戏,甚至于把它当作诡辩,这是非常错误的看法。哲学家提出一个命题并非心血来潮,它蕴涵了人们对终极存在的探索以及对矛盾意义的反思。其实,说谎者悖论的思想实质乃是对"真、假"二元化思维模式的强烈挑战,一种在形式逻辑里无法存在的悖论,在辩证逻辑里却是很正常的存在,并且是非常重要的存在。

284 无物存在

高尔基亚的哲学观点。

高尔基亚一连提出了三个原则:第一无物存在;第二,如果有某物存在,人也无法认识它;第三,即便可以认识它,也无法把它告诉别人。关于无物存在这个论点,高尔基亚是这样论证的:如果有某物,它就或者是存在者,或者是不存在者,或者同时既是存在者又是不存在者。

存在者和不存在者都不存在。这是不难设想的。因为如果不存在者存在,存在者也存在,那么在存在者一点上,不存在者与存在者就是同一个东西。因此两者都不存在。因为我们已经同意不存在者不存在,并且指出了存在者与不存在者是同一个东西。所以存在者并不存在。然而,既然存在者与不存在者同一,那它就不能是这一个和那一个;因为如果它是这一个和那一个,那它就不是同一个,如果它是同一个,它就不是两个了;由此可知无物存在。因为,如果存在者并不是不存在者,也不是存在者和不存在者,而在这以外我们又无法设想任何东西,所以结论是无物存在。

应该以同样的方式指出:即便有某物存在,这个某物也是不可认识的。因为照高尔基亚说,如果我们所想的东西并不因此就存在,我们就思想不到存在。我们告诉别人时用的信号是语言,而语言并不是给予的东西和存在的东西;所以我们告诉别人的并不是存在的东西,而是语言,语言是异于给予的东西的。

285 物竞天择,适者生存

自然界通过万事万物的竞争来选择,适应的事物能够生存下来。达尔文看似简单两句话,道尽了生物界演化的基本规则。

根据达尔文的说法,动物与植物在它们的生活环境中适应性是"天择"的结果,各物种族群中的个体之间的差异,造成适应性的差异,由于生活环境的资源(如食物、空间)是有限,加上自然环境的不断变化,造成"物竞"。只有"适者"才能够"生存"及繁殖下一代,把优秀的品质及特性传给下一代,结果形成一代又

一代的微演化，而在长时间的累积下，渐渐造成了新的物种，而不能适应环境变异的便会受到淘汰。

在达尔文的理论中，进化能导致一个新物种的产生，这种违悖圣经的说法是不能被教会所接受，声讨达尔文的声浪在英国持续了将近二十年，并引起许多论战，幸运的是，达尔文并没有被绞死或关到铁窗里，而且在有生之年亲眼见到人们接受他的学说的盛况。

286 习惯乃人生的伟大指导

这句话是休谟说的，他的原意是在无法证明科学知识的普遍必然性的情况下，以习惯性联想来维系对科学的信仰，以生活本身来去除彻底的怀疑主义。同时，他也暗示了习惯在人类理智中的不可或缺，以及在人类生活中的重要作用。

287 现实源于潜能

古希腊哲学家亚里士多德用以说明世界生成变化的哲学范畴。

亚里士多德把形式和质料的学说同潜能与现实的理论结合起来，认为质料只是潜能的存在，形式才是现实的存在。现实原义是活动、工作，都有"正在做"意思。亚里士多德的"现实"范畴，意指潜能获得了形式，达到了目的，成为实际存在的东西。现实与"运动"这一哲学范畴不同，运动是指潜能转化为现实的过程，例如"正在走"、"正在建筑"等。为了区别运动、活动和现实，亚里士多德又用"隐德莱希"来表达"现实"的范畴。亚里士多德受了苏格拉底和柏拉图的目的论的思想影响，他认为现实在定义上（逻辑上）、时间上、本体上都先于潜能，正像形式先于质料一样。潜能与现实是"存在"的样式，事物生成变化的过程是从潜能转化为现实的过程，这一关于潜能与现实的论述包含着丰富的辩证法思想。

288 一切都是必然的

这是古希腊的原子论者留基波的著名命题。

按照留基波的说法,没有任何东西是任意的,一切都能说出理由,并遵循必然性。在这个命题里,留基波以及原子论学派同样关注着世界的本原是什么的问题。在他看来,世界的本原有两种:原子和虚空。可以说,原子论学派的说法是对前辈哲学家思想的一种总结或折中。因为,原子是存在,它绝对坚实,不可分割;而虚空是非存在,是绝对的空无。世界是在原子的永恒运动中产生的。

289 以正确的方式进入循环

"以正确的方式进入循环"是海德格尔在重新阐发传统解释学的"解释循环"问题时,向人们提出的如何理解和对待该循环的一种态度或要求。"解释循环"所涉及的绝不仅仅是文本自身,文本如果不与解释者的理解发生关系就只是一堆死的文字,不会产生意义。真正的"解释循环"应该从历史文化背景和语言传统的整体出发,由它首先赋予解释者一个"前理解"的基础,然后再由解释者凭借其"前理解"去一个部分一个部分地解读文本,最后达到对文本整体意义的理解。这本是一个由整体到部分再回到整体的理解过程,也是一个循环的过程。但海德格尔认为,这并不是一个恶的循环过程。看起来,解释者是在理解已被理解的东西,解释已有的解释,而实际上是理解的不断深化过程。而且,他还认为正是此种"解释循环"才真正揭示了理解的深层结构和解释得以进行的根本条件,阐明了理解和解释的可能性。所以,最关键的不是要走出这个循环,而是要"以正确的方式进入这个循环"。

290 有意识的生命活动把人和动物区别开来

这是伟大的哲学家马克思的思想,马克思说:"动物和自己的生命活动是直接同一的。动物不把自己同自己的生命活动区别开来，它就是自己的生命活动。人则使自己的生命活动本身变成自己意志的和自己意识的对象，他具有意识的生命活动。这不是人与之直接融为一体的那种规定性。有意识的生命活动把人同动物的生命活动直接区别开来。正是由于这一点，人才是类存在物。或者说，正因为人是类存在物，他才是有意识的存在物。也就是说，他自己的生活对他来说是对象。仅仅由于这一点，他的活动才是自由的活动。"也就是说，马克思认为自由自觉的生命活动使人区别于动物。

291 有用即真理

"有用即真理"是典型的实用主义真理观，它把真理的本源问题和真理的作用混为一谈，从而否定客观真理，主张主观真理。这句话的要害之处是它抹杀了真理的客观性，混淆了真理和谬误的界限，并会导致真理多元论。按照这种观点，谎言也可以成为真理，因为它对骗子是有用的；按照这种观点，公说公有理，婆说婆有理，因为不同的理论对于不同的人来说都是有用的；按照这种观点，某一理论今天对我们有用，今天它是真理，明天对我们无用或者有害，那它就是谬误。

真理的确是有用的，因为真理具有价值性，它能够满足人的需求。但是，价值性并不是真理的根本属性，真理的根本属性是客观性，真理的价值性是以真理的客观性为基础的。

292 宇宙是一条无穷因果关系的锁链

法国唯物主义哲学家霍尔巴赫认为，一切运动和变化都是必然的，宇宙是一个完全由必然性支配的体系。"宇宙本身不过是一条原因和结果的无穷的锁链"。宇宙中的一切结果都有其确定的原因，没有无原因的结果，也没有无结果的原因。一切现象都是注定这样的，宇宙中的每个存在物，在某些环境中根据其特定的性质，是不能以其他的方式注定的。我们所看到的一切，以及存在于我们视野以外的一些东西，都按照一定的法则而活动。宇宙间的一切事物的活动都服从一种确定的规律性。被一阵狂风所卷起的尘土漩涡中的每一粒沙土，暴风雨中的每一个水滴，它们之所以以当时的状态存在都有其充足的原因，它们没有一个不是严格地按照它应当如此的方式活动的。宇宙在某种大的发展趋势上都是有其确定性的，多数事物被一种因果锁链所规定或限制。因为任何事物都不能孤立地存在，它必然要同周围的环境发生物质和能量的交换。

293 原理不过是一种公约

昂利·彭加勒在其科学哲学著作《科学与假设》一书中写到："原理不过是一种公约。"如果将这句话放到具体的语境当中，可以作这样的理解：科学的理论，概念等只是一些经验符号，不是客观事物本身的反映，既不是先验综合判断，亦非经验事实，只是科学家相互约定的。为论证约定论的合理性，彭加勒以当时几何学出现的矛盾为例展开分析后进一步指出：约定是我们的精神自由活动的产物，作为约定的领域或原理不受实验检验，它们无所谓真假。他说："如果我们研究一下这个问题：欧氏几何学是真是假？那么我们就可看出，这个问题是毫无意义。这好比是问：米制是否为真，旧制是否为假；笛卡尔坐标是否为真，极坐标是否为假。一种几何学并不比另一种几何学更真实，它只是更加方便而已。"

294 哲学的唯一任务就是逻辑分析

德国哲学家弗雷格被认为是"第一位现代哲学家"，由他开始了一个可以与"笛卡尔的时代"相提并论的哲学时代。弗雷格提出哲学首先必须是一种逻辑，一种对思维的逻辑表达，而对逻辑的探讨首先是对语言意义的探讨。因而，哲学研究的主要任务是对语言的意义进行分析。弗雷格第一次对哲学中的逻辑分析方法做了完整阐述，这直接影响了现代分析哲学的两位创造人罗素和维特根斯坦。罗素认为逻辑是哲学的本质，哲学的任务是对科学的语言进行逻辑分析。而被誉为"二十世纪哲学路标"的哲学家维特根斯坦则首次明确表达了反形而上学的思想，认为形而上学企图"说不可说的东西"，结果只能提出一些"毫无意义的问题和命题"，这直接导致现代西方以实证主义为代表的哲学学派对传统形而上学的拒斥。

295 真理是具体的

列宁指出:"没有抽象的真理,真理总是具体的。"真理的具体性的概念和真理的客观性的概念一样,都是从不同角度揭示真理的本质特征。搞清这个问题,对于端正思想路线,深化关于真理标准问题的讨论,是很有意义的。

真理所以是具体的,首先因为它反映的对象是具体的。世界上万事万物,无一不是具体的事物,因而作为客观事物正确反映的真理,也必然是具体的。马克思曾经指出:"具体之所以具体,因为它是许多规定的综合,因而是多样性的统一"。这是对真理的具体性特征的十分深刻的揭示。

296 真理是时间的女儿,不是权威的女儿

这是英国经验主义创造人弗朗西斯·培根提出的真理观,旨在告诉人们时间和科学实验才是检验真理的标准。欧洲中世纪是教父哲学和经院哲学由兴起到衰亡的时期,史称欧洲黑暗时期。在宗教教会的操纵下,学术失去生机,理性被信仰弃置一边,科学成为神学的婢女。面对如此黯淡无光的社会现实,欧洲各国的人文主义者纷纷把矛头指向了经院哲学和宗教神学,他们极力要求人的自由解放,肯定了人的价值和尊严,推崇理性,重视发展科学文化知识。尽管如此,至十六世纪培根生活的时代,经院哲学和宗教神学仍挟昔日余威阻碍着科学文化知识的发展和传播。为倡导科学精神,树立科学权威,培根勇敢地扛起了科学大旗。在"知识就是力量"口号的指引下,培根告诉我们一个事实,人们要依靠科学知识的伟大力量去认识自然,支配自然,为人类谋福利。由此他就提出了这样的真理观。

297 正义就是强者的利益

在《理想国》中苏格拉底与特拉西玛库讨论什么是正义时,特拉西玛库说:

"正义就是强者的利益。"他说:"难道不是谁强谁统治吗?每一种统治者都制定对自己有利的法律,平民政府制定民主法律,独裁政府制定独裁法律,以此类推。他们制定了法律明告大家:凡是对政府有利的对百姓就是正义的,谁不遵守,他就有违法之罪,又有不义之名。因此,我的意思是,在任何国家里,所谓正义就是当时政府的利益。政府当然有权,所以唯一合理的结论应该说:不管在什么地方,正义就是强者的利益。"上述观点现在被表述为"强权即公理"。

无疑地,虽然特拉西玛库被苏格拉底最终驳倒,但他的观点包含了很多合理因素,甚至时隔两千多年后仍然在某种程度上是站得住脚的。

首先,法律的制定者,或任何国家的立法者必先掌握国家政权。不掌握国家政权而立法是没有意义的,因为它不能得到大家的认可。无论是自愿的还是强迫的认可,而不被认可的法律就没有人遵守,等于一纸空文。

其次,要看国家政权是掌握在什么人手里,是一个人统治国家的君主专制,还是某个集团,还是占人口绝大多数的人民大众,亦即特拉西玛库所说的平民政府或独裁政府等等。

再次,无论是一个人,一部分人,还是绝大多数人掌权,他们制定法律必然要首先考虑到法律要保障如下问题:1、国家权力掌握在立法者手中。2、立法者自身的利益。3、在上述两个条件满足的基础上,为了政权的稳定,适当照顾到其他被统治者的利益。

第四,法律在保障统治者利益的时候必然要引起利益分配的问题,即对一部分人利益的保障很可能要损害到其他利益集团的利益,而此时,法律所以为法律就要强制性地使这种利益的不平衡确定下来,让大家接受,谁若不同意,就以违法之名强迫他同意。

298 知识即回忆

柏拉图从其唯心主义理念论出发,认为认识的对象不是变幻不定、不完全真实的现实世界,而是永恒不易,绝对真实的理念世界。因此,学习不是对现实世界和知觉,而是对理念世界的回忆——即把灵魂中早已存在的而出世时暂时忘记了的理念知识回忆起来。在回忆先验知识的过程中,感觉只是一种诱因而

不是认识的最初阶段。柏拉图把超感觉的独立存在的理念世界当作认识的对象，并割裂感性认识与理性认识的关系，这不仅是唯心的，也是形而上学的。

299 智慧是哲学的女王

此为希腊教父克莱门特提出的命题。克莱门特认为众善的源头是神，但有些善直接来自神的启示，如旧约和新约；有些善间接来自神，如希腊哲学。《圣经》与理性都是认识神之源泉。哲学是从纯粹的权威信仰进到知识，从孩童的智慧进到成人的智慧的阶梯，分享着上帝的逻各斯的种子，人的最高目的是借助于真正的知识上升到神。哲学是上帝给希腊人的恩赐，让他们为接受真正的福音作准备，因而是外帮人的"旧约"。哲学如同"教师"一样把希腊人带到信仰之中，正如律法把希伯来人带到基督面前一样。然而，尽管他还认为希腊哲学显示了"上帝的智慧和力量"，但却认为它所揭示的天启"只有如同普罗米修斯窃取的火种那样微弱的光芒"。东方的智慧和基督教被其称为"智慧"，而哲学只是掌管知识的"主妇"，智慧高于理性，"智慧是哲学的女王"。

300 自然从来不飞跃

这是德国哲学家莱布尼茨的观点。自然不飞跃或者说连续性规律表现的是以上帝为终极因的精神统一性原则。在此，上帝按不同程度的表象强度把自己的精神内容赋予每个单子及它们所组成的事物。这不仅包括精神世界也包括物质世界。莱布尼茨最终把实体定义为精神性的单子。这种单子的特性是：它没有部分，彼此间没有量的区别，只是由于质的不同而互相区别。莱布尼茨在单子论上的本质特色就在于把精神性的原则运用于对一切事物的解释。他还认为，连续性规律又是宇宙间的一条基本规律，是决不能否定的，任何事物都不是一下完成的，正如运动不可能从静止中直接产生，也不可能马上回到静止一样。

301 自我设定自我和非我

这是德国哲学家费希特的一个观点。他认为,"自我"就是理智,就是人的认识能力。它是一切经验的根据,而它本身不需要任何别的东西为根据,因而它是最高的绝对的存在;"自我"依赖于人类的主观精神。"自我"并非某个人的个体,也不是某个人的精神,而是一种"大我",即人类的意识;"自我"又是一种具有能动性的精神,是创造世界的最高本原。费希特的"自我"实际上源于康德。不过,费希特的"自我"又不完全等同于康德的"自我"。费希特的"自我"是一种能动的主体,它既是意志又是行动,具有无所不能的创造力,处于至高无上的本原地位。

由"自我"出发,费希特构造了一个以"自我"为核心的主观唯心主义体系。这个体系由三个基本公式构成:第一个是正题,"自我设定自我",就是说,"自我"是一切知识的绝对最先的,无条件的根据,它不依赖于任何事物而独立存在;第二个是"自我设定非我",在这个阶段,被创造物是"非我",即自然界或外部客观世界;第三个公式是"自我设定自我和非我","自我"克服,扬弃自己的对立面"非我"而回复到自身,在"自我"的范围内达到"自我"和"非我"的统一。

302 自由是对必然的正确认识和运用

马克思主义哲学关于自由或自由与必然之间关系的科学论断。"必然"即事物发展的规律,是事物内在的本质之间的联系和关系,它决定着事物发展的客观的、确定的趋势。"自由"指人的自觉的能动性,是通过对必然的正确认识和改造客观的实践而获得的。当没有认识客观必然性之前,人只能是必然性的奴隶,人的行动和活动只是停留于必然王国之中,是盲目的,没有自由可言。当人们认识了必然,并拿了这种对必然的认识指导实践,去实现对客观世界的改造,这样便获得了自由,就会从必然王国中解放出来,进入自由王国。由此可见,自由和必然是不可分的,不受必然制约的绝对自由是不存在的。人们对客观世界的规律性即必然性认识愈深刻、精确,他的改造世界的实践就愈自觉、主动,因而也就愈自由。在自由问题上,亦即在自由和必然关系的问题上,必须反对两种错误

观点:一种是片面地夸大人的能动性,认为人可以脱离规律性、必然性,随心所欲地行动,这样必然导致抽象的自由观,把自由绝对化;另一种是夸大必然,认为只存在必然,无所谓自由,完全抹杀人的能动性,这样必然导致形而上学的机械论和宿命论。

303 自由是做法律所许可的一切事情的权利

自由是一个相对的概念。资产阶级思想家孟德斯鸠在《法意》一书中早就指出:"自由是做法律所许可的一切事情的权利。如果一个公民去做法律所禁止的事情,他就不再有自由了。"毛泽东也指出:"民主是对集中而言,自由是对纪律而言的"。任何自由都是一种有限制、有条件的自由,绝对的自由是没有的,自由应当遵循法律和道德的要求。法律的自由观强调的是以某种道义为由去做什么的自由,而维护个体感觉偏好的自由坚信所强调的自由是不受他人强制的行为和思想的自由。超越法律和社会道德准则的"权利"是不可能得到法律的认可和保护的。若个人自由与社会全体利益冲突,为维护后者,应该对前者予以相当程度的限制,尤其是在个人行为致使社会蒙受积极损害的,那么法律对前者的限制更为严格。

304 最高的善就是不作任何判断

这是怀疑主义者皮罗的观点。皮罗认为"没有任何事物是美的或丑的,正当的或不正当的","生与死之间并无分别"。如果我们想要做一个"诚实的人",那么我们就必须记住,"最高的善就是不作任何判断"。皮罗的怀疑主义否认人的认识能力,否认知识可能性的目的,也就是要达到伦理上的"不动心"和"灵魂的安宁"。只有搁置判断,保留"疑惑",放弃争论,才能避免心灵的困境,求得"灵魂"的安宁。

第五章　中外著名哲学流派

305 阿拉伯亚里士多德学派

　　阿拉伯亚里士多德学派是九——十二世纪阿拉伯伊斯兰国家一些具有自由思想的哲学家兼自然科学家,汲取以亚里士多德为代表的古希腊哲学和自然科学观,用哲学解释自然界,以理性阐述伊斯兰教教义所形成的使哲学独立于宗教神学的新学派。东方支派以巴格达为中心,于九——十二世纪最为活跃,代表人物有肯迪、法拉比、伊本·西那和拉齐等;西方支派以科尔多瓦为中心,活跃于十一世纪以后,以伊本·巴哲、伊本·图菲利、伊本·路世德和伊本·赫勒敦为代表。

306 永嘉学派

永嘉学派,又称"事功学派"、"功利学派"等,是南宋时期在浙东永嘉(今温州)地区形成的、提倡事功之学的一个儒家学派,是南宋浙东学派中的一个重要分支学派。因其代表人物多为浙江永嘉人,故名。在哲学思想上,认为充盈宇宙者是"物",而道存在于事物本身(物之所在,道则在焉);提倡功利之学,反对虚谈性命。永嘉学派曾与理学派、心学派鼎足而立。

307 瑜伽行派

"瑜伽行"一名来自《瑜伽师地论》(世传为初地菩萨无著撰,亦说为弥勒撰),意谓从事瑜伽禅定修习者。瑜伽行派是大乘佛教两大思想流派之一。传说瑜伽行派的祖师是弥勒,但弥勒是否实有其人,学术界一直有争论。一般认为,在瑜伽行派兴起时,大乘佛教中曾有弥勒论师,该派假托弥勒菩萨所说作了种种论著。该派理论的奠基人是无著和世亲。世亲的继承者有亲胜和火辨两家。较亲胜稍后并发挥亲胜学说的有德慧和安慧等,史家称为前期瑜伽行派或无相唯识派;世亲的另一继承者是陈那,他特别注意用因明的方法阐发瑜伽学说,是后期瑜伽行派或有相唯识派的先驱,陈那的后继者有无性、护法、戒贤、法称等。迨七—八世纪密教兴起后,大乘佛教中的两派开始接近起来,逐渐融合为瑜伽行中观派或称中观瑜伽行派。

308 爱利亚学派

爱利亚学派是早期希腊哲学中最重要的哲学流派,产生于公元前六世纪意大利南部爱利亚城邦。一般认为,爱利亚学派有四位代表人物。克塞诺芬尼是他们的先驱,巴门尼德是爱利亚学派的奠基人和领袖,芝诺和麦里棱则起着捍卫、修正和发展巴门尼德的理论的作用。该学派前后延续了一个世纪,在西方哲学史上具有重要地位。克塞诺芬尼提出"神"是不动的"一",巴门尼德则由此概括出"存在"是不动的"一",认为具体的事物是虚伪的,唯有抽象的"存在"才是真实的。芝诺提出一系列论证来维护巴门尼德的观点。麦里梭修正和发展巴门尼德的某些观点,认为"存在"是无限的和不能创造的。

309 安定学派

安定学派,又称"苏湖学"、"湖学",是北宋庆历(1041~1048)前后理学开始正式崛起时期出现的一个学派。安定学派中最著名的弟子,当推后来成为"洛学"创始人之一的"小程子"程颐。皇祐年间(1049~1054),程颐在太学师从胡瑗,胡瑗以"颜子所好何学"为题试诸生,程颐之文深得胡瑗好评,随即延见并授以学职。黄百家在《宋元学案》中特别强调了胡瑗与程颐的关系,谓其:"知契独深,伊川之敬礼先生亦至。于濂溪(周敦颐)虽尝从学,往往字之曰'茂叔',于先生非安定先生不称也。"程颐曾先生师事周敦颐和胡瑗,但在代表其主要思想的《程氏易传》中,不取周敦颐之"图说"而取胡瑗之"义理",这足以说明两者在经学上的师承关系。

310 百科全书派

百科全书派是十八世纪法国启蒙思想家在编纂《百科全书》(全称为《百科全书,或科学、艺术和手工艺分类字典》)的过程中形成的派别。在法国的启蒙运动中,百科全书派是一面色彩鲜艳的旗帜。百科全书派就其政治倾向而言,比较保守,接近自由派贵族,主张开明君主制。可是他们的行动,却表明了他们是否定旧制度的宣传者,是工商业资产阶级的代言人。《百科全书》的出版,为法兰西民族建造了一座精神文明的纪念碑。

311 柏拉图主义

柏拉图主义是古希腊柏拉图的学说体系。柏拉图学派以理念论为中心,包括宇宙论方面的宇宙生成说,认识论方面的回忆说,伦理观与社会政治观方面的四主德与理想国的学说,美学方面的"摹本"说,探求理念体系的概念辩证法以及教育学说等。是欧洲哲学史上第一个庞大的客观唯心主义体系,对后世西方哲学的影响极大。

312 毕达哥拉斯学派

毕达哥拉斯学派亦称"南意大利学派",是一个集政治、学术、宗教三位于一体的组织。古希腊哲学家毕达哥拉斯所创立。产生于公元前六世纪末,公元前五世纪被迫解散,其成员大多是数学家、天文学家、音乐家。它是西方美学史上最早探讨美的本质的学派。毕达哥拉斯学派的美学观点是客观唯心主义的,对柏拉图、新柏拉图主义及文艺复兴时期的艺术家产生了深远影响。

313 辩证唯物主义

辩证唯物主义(即现代唯物主义)是马克思主义的一种哲学理论,是把唯物主义和辩证法有机地统一起来的科学世界观,产生于十九世纪四十年代。"辩证唯物主义"这一术语最早出在狄慈根在1886年出版的《一个社会主义者在哲学领域中的漫游》一书中,狄慈根用这一概念表述马克思主义世界观。

314 兵家

春秋战国时代,诸侯之间不断爆发战争,从事军事的智谋有识之士,总结军事方面的经验教训,研究制胜的规律,这一类学者,古称之为兵家。代表人物有孙武、司马穰苴、吴起、尉缭、公孙鞅等。兵家著作中含有丰富的朴素唯物论和辩证法思想。

315 程朱学派

程朱学派是中国以宋代程颢、程颐、朱熹为代表的哲学学派,是理学中最大的学派。程颢、程颐早年受业于周敦颐,接受其道德性命之学的观点。他们以理为最高范畴,建立自己的哲学体系。朱熹不仅继承、发展了二程思想,而且集诸儒之大成,对北宋以来的理学思潮进行了一次全面总结,建立了一个庞大的理学体系。他继承发展了周敦颐的《太极图说》,把太极之理作为哲学的最高范畴,并发挥了"理一分殊"说;他批判地吸收和改造了张载关于世界统一于气的思想,系统地论述了理气的关系;他在二程思想的基础上,提出了系统的格物致知说和知行学说,建立起完整的人性学说和有关修养方法的学说。由于他的学说以二程思想,特别是以程颐思想为基础,以理为最高范畴,后来的学者把他和二程联系起来,统称为程朱学派。程朱学派是中国封建社会后期最大的哲学学派。从南宋后期起,它逐渐受到封建统治者的重视,历经元、明、清三代,一直居于思想界的统治地位,对中国封建社会后期的政治、经济、文化发生过巨大的影响。

316 存在主义

存在主义又称生存主义,当代西方哲学主要流派之一。这一名词最早由法国有神论的存在主义者马塞尔提出。存在主义是一个很广泛的哲学流派,主要包括有神论的存在主义、无神论的存在主义和存在主义的马克思主义三大类,它可以指任何以孤立个人的非理性意识活动当作最真实存在的人本主义学说。存在主义以人为中心、尊重人的个性和自由,认为人是在无意义的宇宙中生活,人的存在本身也没有意义,但人可以在存在的基础上自我造就,活得精彩。

317 道家

道家是先秦时期的一个思想派别,以老子、庄子为主要代表。道家的思想

崇尚自然,有辩证法的因素和无神论的倾向,同时主张清静无为,反对斗争。道家思想的核心是"道",认为"道"是宇宙的本源,也是统治宇宙中一切运动的法则。

318 德国古典哲学

十八世纪末至十九世纪上半叶的德国资产阶级哲学。创始人为康德,黑格尔为集大成者,费尔巴哈为最后的代表。德国古典哲学的主要成就是黑格尔辩证法中的"合理内核"与费尔巴哈唯物主义的"基本内核"。德国古典哲学是工业革命时期欧洲哲学舞台上的主角。它提出了包括认识论、本体论、伦理学、美学、法哲学、历史哲学以及政治哲学等领域的各种重大问题和范畴,标志着近代西方哲学向现代西方哲学的过渡。

319 东林学派

东林学派是中国明代末年思想学术领域出现的一个以讲学与议政相结合的著名学术流派,因该学派的创始人顾宪成、高攀龙等学者在地处江苏无锡城东隅弓河畔的东林书院聚众讲学和读书而得名。东林学派在讽议朝政、裁量人物的同时从事学术研究,且十分重视学术研究的方法,提倡讲、习结合,常常是志同道合的朋友聚在一起探讨学习心得,"或细绎往古,或参酌来今,或研究典故,或询访人物",将学术交流与社会现实政治结合在一起。他们在学术上也都攻击王阳明的学说,拥护程朱理学。他们各自的学术见解并不一致,与程朱学说也有种种区别。东林学者敢于突破理学束缚而崇尚"有用之学",正是东林学派有别于宋明理学的重要学术特征。

320 法家

法家是先秦诸子中对法律最为重视的一派。他们以主张"以法治国"的"法治"而闻名,而且提出了一整套的理论和方法。这为后来建立的中央集权的秦朝制定各项政策提供了有效的理论依据,后来的汉朝继承了秦朝的集权体制以及法律体制,这就是我国古代封建社会的政治与法制主体。法家在法理学方面作出了贡献,对于法律的起源、本质、作用以及法律同社会经济、时代要求、国家政权、伦理道德、风俗习惯、自然环境以及人口、人性的关系等基本的问题都做了探讨,而且卓有成效。

321 法兰克福学派

法兰克福学派由法兰克福社会研究所的领导成员在二十世纪三十到四十年代初发展起来,是当代西方的一种社会哲学流派。在西方社会科学界,法兰克福学派被视为"新马克思主义"的典型,并以从理论上和方法论上反实证主义而著称。它继承了青年黑格尔派施蒂纳等人的传统,受叔本华、尼采和狄尔泰的非理性思想影响,并受新康德主义、韦伯的"文化批判"和社会学的启迪,借用马克思早期著作中的异化概念和卢卡奇的"物化"思想,提出和建构了一套独特的批判理论,旨在对资产阶级的意识形态进行"彻底批判"。在法兰克福学派的理论家们看来,批判理论超越一切哲学之上,并与每一种哲学对立;这种批判否定一切事物,同时又把关于一切事物的真理包含在自身之中。

322 泛神论

泛神论是把神和整个宇宙或自然视为同一的哲学理论。最早提出并使用"泛神论"一词的是十七世纪英国哲学家托兰德。该理论认为整个宇宙本身具有神性,万物存在于神内,神是万物的内因。这个神不同于基督教信奉的人格神,也不同于自然神论者所主张的第一因的神,它没有类似人的属性,不是凌驾于世界之上,而是存在于世界之内。欧洲哲学史上的泛神论大体上可归结为两类:一类是具有自然主义倾向的泛神论,它把神融化于自然之中;另一类是具有宗教神秘主义倾向的泛神论,它把自然消解于神中。这两类泛神论在反对正统神学的斗争中曾起过一定的积极作用。

323 分析哲学

分析哲学是对二十世纪主要在英语世界中出现各种哲学的通用名称。分析哲学的基本思想最初见于十九世纪末德国哲学家、逻辑学家弗雷格的著作中，正式形成于二十世纪初的英国。它继承了休谟的唯心主义经验论和孔德、马赫等人的实证主义传统，是在当时兴起的数理逻辑的基础上发展起来的。

324 斯多葛学派

斯多葛学派是塞浦路斯岛人芝诺（约公元前336~约前264年）于公元前三百年左右在雅典创立的学派，因在雅典集会广场的廊苑(Stoa)聚众讲学而得名。斯多葛学派把宇宙看做是美好的，有秩序的，完善的整体，由原始的神圣的火种演变而来，并趋向一个目的。人则是宇宙体系中的一部分，是一个小火花。因此，人应该协调自身，与宇宙的大方向相协调，最终实现这个大目的。

325 符号学

符号学广义上是研究符号传意的人文科学，当中涵盖所有涉及文字、讯号、密码、古文明记号、手语的科学。可是，由于涵盖的范围过于广阔，在西方世界的人文科学中并未得到重视，直至结构主义在二十世纪下半期兴起，以《TelQuel》杂志为号召的哲学家，为了反对让·保罗·萨特的存在主义，则大量引用俄罗斯在共产革命前的一系列有关符号在文化上的再现过程的研究，故此，正式出现当今所指的符号学，要算到二十世纪六十年代。

现代符号学另一个强大的源头是世纪初瑞士语言学泰斗索绪尔的教学讲稿——《普通语言学教程》，索绪尔将符号分成意符和意指两个互不从属的部分之后，真正确立了符号学的基本理论，影响了后来李维史陀和罗兰·巴特等法国结构主义的学者，被誉为现代语言学之父。

326 感觉主义

又称"感觉论",是用感觉或感觉经验解释心理过程的理论。认为感觉是心理的唯一来源和基础,肯定感觉的绝对可靠性,甚至把各种心理现象均视为感觉的堆积、压缩和变形。其思想来源有二:一是十七世纪法国笛卡尔的机械唯物论;二是英国洛克的经验主义。十八世纪在法国发展成为感觉主义心理学。感觉主义反对灵魂论和唯心主义,重视心理活动的生理基础和环境作用,重视教育的影响,肯定感觉的客观性和其作为心理的基本成分,具有积极意义。但它夸大感觉的作用,抹杀思维或理性的价值,必然陷入狭隘的经验主义和外因论。

327 哥本哈根学派

哥布哈根学派是二十世纪二十年代初期形成的。1921年,在著名量子物理学家玻尔的倡议下成立了哥本哈根大学理论物理学研究所,由此建立了哥本哈根学派。该学派在创始人尼尔斯·亨利克·大卫·玻尔的玻尔带领下对量子物理学有着深入广泛的研究。其中玻恩、海森伯、泡利以及狄拉克等都是这个学派的主要成员。哥本哈根学派对量子力学的创立和发展作出了杰出贡献,并且它对量子力学的解释被称为量子力学的"正统解释"。玻尔本人不仅对早期量子论的发展起过重大作用,而且他的认识论和方法论对量子力学的创建起了推动和指导作用,他提出的著名的"互补原理"是哥本哈根学派的重要支柱。

328 龟山学派

龟山学派,是由二程著名弟子杨时创立的一个理学学派,因杨时号"龟山",所以得名。又由于他从学程颢后南归时,程颢目送之曰:"吾道南矣!"故其所传学人又称之为"道南学派"。杨时的政治地位与学术地位都相当高,因此其学术思想在当时产生了很大影响,史称"东南学者惟杨时为程氏正宗"。南宋"东南三贤"的朱熹、吕祖谦、张栻，与龟山学派都有师承关系，其中尤以从罗从彦、李侗到朱熹一系为最有影响，杨时的"龟山学派"也就成为从二程到朱熹"理学"之最重要的中间环节。

329 过程哲学

一种主张世界即是过程，要求以机体概念取代物质概念的唯心主义哲学学说。又称活动过程哲学或有机体哲学。过程哲学主要研讨变化、持续、永恒客体、机体、价值和混合五个概念，它涉及自然科学、社会科学、美学、伦理学和宗教学等领域，并由此构成对宇宙的总看法，因而它又被称为宇宙形而上学或哲学的宇宙论。过程哲学的创始人是英国数学家、逻辑学家怀特海，其后的主要代表是哈特肖恩。二十世纪六十年代以来，过程哲学在美国有些影响，它与基督教有密切联系，同时又力图以系统论等新学科的成就来为过程哲学作论证。

330 后结构主义

二十世纪七十年代在法国兴起的改造结构主义的政治思潮。其代表人物大多数是原来的结构主义者。如法国的巴尔特、福柯、拉康、和利奥塔德、索勒斯、德里达等。后结构主义主要批判结构主义对形而上学传统的依附，反对传统结构主义把研究的重点放在对客观性和理性问题上，企图恢复非理性倾向。追求从逻辑出发而得出非逻辑的结果，揭示语言的规律。解构理论有时也称为后结构主义，因为它采用费迪南·索绪尔提出的概念以及以其理论为主要基础的结构主义符号学的因果关系，旨在削弱索绪尔体系和结构主义本身的基础。

331 后现代主义

后现代主义产生于二十世纪七十年代，八十年代达到鼎盛，是西方学术界的热点和主流。它是对西方现代社会的批判与反思，也是对西方近现代哲学的批判和继承,是在批判和反省西方社会、哲学、科技和理性中形成的一股文化思潮。后现代主义是一个从理论上难以精准下定论的一种概念,因为后现代主要理论家,均反对以各种约定成俗的形式,来界定或者规范其主义。而现在成了一切都是凌乱的,没有中心。一些人认为后现代主义是基督教世界的终结。

332 华沙学派

二十世纪二十到三十年代起源于洛文并以华沙为中心的哲学学派,由一批具有实证哲学倾向的哲学家组成,代表人物有塔尔斯、卢克西维兹等。主要研究科学哲学、逻辑和语言哲学。主张以现代符号逻辑作为哲学分析的工具批判传统哲学,但不要求取消哲学,只是要对传统哲学语言进行彻底改造。华沙学派是波兰哲学和世界哲学有影响的派别。

333 怀疑论

怀疑论是希腊哲学的一个流派,大约创立在公元前三世纪初,一直延续到公元三世纪。怀疑论是与独断论相对而言的。独断论相信人能够发现真理,怀疑论则对人能否发现真理既不加以肯定,也不加以否定,持一种怀疑的态度。所以怀疑论是对客观世界和客观真理是否存在、能否认识表示怀疑的学说。随历史条件的变化,所怀疑的具体对象各有不同。古希腊怀疑论的创立者皮浪认为,事物是不可认识的,因为每一事物都有两种相互排斥的意见,不能确定。欧洲文艺复兴时期的怀疑论者则对各种宗教教条表示怀疑。十八世纪英国哲学家休谟怀疑知觉是由外物引起的。德国哲学家康德怀疑人能够认识物自体。现代西方的怀疑论者承袭休谟和康德的思想,拒绝研究感觉之外的实在。

334 黄老学派

黄老学派产生于战国中期,是齐国稷下学宫的一个学派。黄老学派的代表作是《老子》，学说的核心是"无为而治"、与民休息。西汉王朝总结秦朝骤亡的教训，主张黄老学派的学说作为治国的指导思想，将它运用到政治和法制实践中，并取得显著的成效。

335 八桂学派

广西简称为桂，别称八桂。八桂学派指由长期生活和工作在"八桂"这一地域的以壮学为研究对象的学术群体形成的一个地域性学派。八桂学派这一名称由陈吉生教授于2008年首次提出。八桂学派虽然是一个地域性学派，但它同时兼有一定程度的问题性学派（即以"壮学"为研究对象）和师承性学派的特征。师承性特征在八桂学派的开创支派黄派的壮学研究中表现尤为明显。

336 剑桥柏拉图派

十七世纪由英国剑桥大学内一批反对加尔文主义的神学家组成，其中心主要在基督学院和以马内利学院。该派立场摇摆于清洁派和圣公会高教会派之间，试图通过寻求哲学和神学之间的关系将柏拉图，特别是新柏拉图主义的理想主义应用于宗教研究。代表人物有本杰明·惠科特、拉夫·卡德沃思、亨利·莫尔等。

337 教父哲学

教父哲学是公元二—五世纪由护教者根据圣经，利用古希腊罗马哲学特别是新柏拉图学派斯多阿学派的学说建立起来的为其教义辩护的一种宗教唯心主义思想体系。教父哲学是新柏拉图主义哲学和基督教神学合二为一的宗教信仰主义理论，本质上是宣扬以神为出发点和终结点的宗教唯心主义世界观和人生观。在基督教的理论发展史上，教父哲学是基督教哲学的最初形态。经院哲学是在它的基础上发展起来的。中世纪托马斯主义和现代新托马斯主义同教父哲学有着密切的联系。

338 结构主义

结构主义是法国人类学家列维·斯特劳斯在文化人类学中开创的一个学派,这个学派把各种文化视为系统,并认为可以按照其成分之间的结构关系加以分析。二十世纪后半期最常使用来分析语言、文化与社会的研究方法之一。结构主义可被看做是一种具有许多不同变化的概括研究方法。广泛来说,结构主义企图探索一个文化意义是透过什么样的相互关系(也就是结构)被表达出来。根据结构理论,一个文化意义的产生与再造是透过作为表意系统的各种实践、现象与活动。一个结构主义者研究对象的差异会大到如食物的准备与上餐礼仪、宗教仪式、游戏、文学与非文学类的文本,以及其他形式的娱乐,来找出一个文化中意义是如何被制造与再制造的深层结构。

339 解释学

解释学又称诠释学,广义指对于文本之意义的理解和解释的理论或哲学。涉及哲学、语言学、文学、文献学、历史学、宗教、艺术、神话学、人类学、文化学、社会学、法学等问题,反映出当代人文科学研究领域的各门学科之间相互交流、渗透和融合的趋势。既是一门边缘学科和一种新的研究方法,又是一种哲学思潮。狭义指局部解释学、一般解释学、哲学解释学等分支、学派。局部解释学泛指任何文本注释(包括古往今来的法律、《圣经》、文学、梦和其他形式的本文解释)的规则和方法的理论体系。

340 今文经学

今文学派指的是两汉学者以儒家经典之研究而成立的一个学术传统。今文经学是汉代的儒学学统,是对儒家经书作研究而成立的学术传统。但严格地说来，它研究的典籍虽是儒经，而表达的观念却是汉代的思潮，是一个融合了先秦各家学说，而以儒家面貌表现的汉代儒学。今文学派所依据的儒学经典，是经儒生口授相传而以汉代通行的隶书体写作之书，这就预留了当以先秦古文字写作之儒经被发觉后，将出现新旧不同观点的争辩空间。今文学派在解经时的理论性格极富创造性，且充满了宗教神学的意味，这是基于两汉之际的学术风气而有的表现。例如董仲舒的公羊春秋学及孟喜、京房等的易学，就是最能体现两汉自然科技知识、及宗教神学迷信发达的理论性格。

341 金华学派

金华学派属于浙东学派之一，肇始于北宋范浚，成形于南宋乾道（1165~1173）、淳熙（1174~1189）期间，其代表人物为吕祖谦和唐仲友，也称吕学。金华学派的学术观点，对当时全国的思想界、学术界曾产生了深刻影响，在我国学术文化史上占有光辉的一页。

342 禁欲主义

禁欲主义源于古代人忍受现世生活困苦的宗教教义和苦行仪式，公元前六世纪后，通过东西方的宗教教义和道德哲学的概括逐渐形成为一种要求人们严酷节制肉体欲望的道德理论。它认为，人的肉体欲望是低贱的、自私的、有害的，是罪恶之源，因而强调节制肉体欲望和享乐，甚至要求弃绝一切欲望，如此才能实现道德的自我完善。西方中世纪的基督教，东方的佛教，特别是中国封建社会的宋明理学的道德说教，将禁欲主义推向极端，使禁欲主义成为一种宗教式的生活方式。

343 经院哲学

经院哲学从九到十七世纪，经历了漫长的发展时期，是与宗教神学相结合的唯心主义哲学,属于欧洲中世纪特有的哲学形态,是天主教教会用来训练神职人员,在其所设经院中教授的理论,故名经院哲学。它的研究只允许在基督教教义的范围内自由思维,为信仰找合理的根据。它反对离开教义而依靠理性和实践去认识和研究现实。因而其结论也不受经验和实践的检验。经院哲学往往争论一些荒唐的问题,如"天堂里的玫瑰花有没有刺?""上帝能否制造出自己举不起来的石头?""天使吃什么?""一根针尖上能站多少天使?"等等,都是一些脱离实际、烦琐空洞的抽象议论。随着近代自然科学的发展,欧洲的社会生产力以前所未有的速度向前发展和德国古典哲学的兴起,最后直接导致长期统治欧洲中世纪的经院哲学彻底瓦解。

344 精神分析学

精神分析学又称"精神动力学",属于心理动力学理论,奥地利精神科医生弗洛伊德于十九世纪末二十世纪初创立。精神分析理论是现代心理学的奠基石,它的影响远不是局限于临床心理学领域,对于整个心理科学乃至西方人文科学的各个领域均有深远的影响,它的影响可与达尔文的进化论相提并论。

345 科学哲学

科学哲学是从哲学角度考察科学的一门学科,它以科学活动和科学理论为研究对象,主要探讨科学的本质、科学知识的获得和检验、科学的逻辑结构等有关科学认识论和科学方法论方面的基本问题。现代科学哲学的形成可以溯源到赫尔1833年出版的《自然哲学研究序论》,早期的重要人物有休厄尔、密尔等人,十九世纪末二十世纪初的马赫、毕尔生、彭加莱、杜恒等都在各自的著作中阐述了科学哲学的观点,二十世纪二十到三十年代罗索和维特根斯坦等人所开创的逻辑实证主义运动,促进了科学哲学的蓬勃兴起。二十世纪四十年代以后,科学哲学在反对和批评逻辑经验主义的过程中得到进一步发展,使有关科学活动的研究获得了惊人的发展。

346 理学

理学是宋元明清时期的哲学思潮,又称道学,产生于北宋,盛行于南宋与元、明时代,清中期以后逐渐衰落,但其影响一直延续到近代。广义的理学,泛指以讨论天道性命问题为中心的整个哲学思潮,包括各种不同学派;狭义的理学,专指程颢、程颐、朱熹为代表的、以理为最高范畴的学说,即程朱理学。理学是北宋以后社会经济政治发展的理论表现,是中国古代哲学长期发展的结果,特别是批判佛、道哲学的直接产物。理学在中国哲学史上占有特别重要的地位,它持续时间很长,社会影响很大,讨论的问题也十分广泛。

347 历史主义

历史主义是以研究与解释个别人类历史发展(如部落史、国王史)为基础去理解个别的社会与政治,认为了解历史发展的趋势便能掌握未来发展,知道什么趋势将会容易成功。黑格尔是较早有系统地理解整体人类历史发展的过程,为历史主义建立基础元素。这些元素在十九世纪兴起,包括马克思认为共产主义是人类发展的最终目标。历史主义有时会与还原论相比较:还原论主张人类发展可以还原为基础法则。例如,有些人类历史发展是由经济法则所决定的(经济决定论)。历史主义者则以解释个别人类历史发展,建立他相信的基础法则。

348 陆王学派

中国宋明时期以陆九渊、王守仁为代表的唯心主义哲学流派。南宋时,陆九渊倡言心即理,针对朱熹等人的"理"在人心之外、"即物"才可"穷理"的理论,提出"发明本心"、"收其放心"的"简易"、"直捷"主张。他还同朱熹辩论过"无极"、"太极"等问题,成为与朱熹一派理学相持对立的一家,被称为"心学"。宋代以后,由于程朱理学成为官方统治思想,陆学影响不如朱学大。到明代中期,主观唯心主义哲学家王守仁更是集心学之大成，并提出"心外无物"、"心外无理""心即是理"的命题。在认识论上推行"致良知"的方法，认为"良知"就是"天理"，"致良知"就是"明明德"。同时，提出"知行合一"的革命性观点，反对宋儒知先行后的说法或知而不行的做法。明代后期，王学大盛，出现了众多流派。

349 伦理学

伦理学又称道德学、道德哲学。古希腊哲学家亚里士多德最先赋予其伦理和德行的含义，所著《尼各马可伦理学》一书为西方最早的伦理学专著。伦理学以道德现象为研究对象，不仅包括道德意识现象，而且包括道德活动现象以及道德规范现象等。伦理学将道德现象从人类活动中区分开来，探讨道德的本质、起源和发展，道德水平同物质生活水平之间的关系，道德的最高原则和道德评价的标准，道德规范体系，道德的教育和修养，人生的意义、人的价值和生活态度等问题。

350 逻辑实证主义

逻辑实证主义是一个哲学流派，其核心是维也纳学派，也叫经验主义或逻辑经验主义，产生于十九世纪三十年代到五十年代之间。逻辑实证主义以维也纳学派为首，一般还包括德国哲学家赖兴巴赫为首的柏林学派，以波兰的塔尔斯基为首的华沙学派，以及英国的艾耶尔等人的观点和理论。逻辑实证主义以经验为根据，以逻辑为工具，进行推理，用概率论来修正结论。它认为，科学的方法是研究人类行为的唯一正确的方法，因此，它虽然以感性的经验为依据，但却否认了感性认识的积极作用，是不折不扣的理性主义。许多研究者们从经验角度认为外部客观世界是可以被认识、被量化的。

351 逻辑原子主义

逻辑原子主义是分析哲学的一个重要组成部分，一般认为主要是被英国哲学家罗素所提出。罗素认为，世界的逻辑结构与语言的逻辑结构是相一致的，所以可以通过语言和逻辑的分析达到对世界的了解。罗素之所以称自己的哲学为逻辑原子主义，是因为它们不是小粒的物质，而是原子事实，是各种不能再分的事实及逻辑单元。

352 洛学

北宋洛阳以程颢、程颐兄弟为首的学派。二程同受业于周敦颐，他们提出了"理"的哲学范畴，认为理存在于天地万物之中，"一草一木皆有理"。还认为理是"天理"，乃人类社会永恒的最高准则，并以此阐释封建伦理道德，把三纲五常视为"天下之定理"。洛学以儒学为核心，并将佛、道渗透于其中，旨在从哲学上论证"天理"与"人欲"之间的关系，规范人的行为，维护封建秩序。二程洛学是保守的和唯心的，但也包含有辩证法因素。他们提出"万物莫不有对"，"动静相因，物极必反"，承认事物是相互制约、发展变化的。洛学奠定了宋明理学的基础，在中国哲学史上有重要地位。

353 马堡学派

马堡学派，新康德主义的主要派别之一。1875年朗格逝世后，柯亨成了马堡大学哲学教授的领导者，在他周围团聚了一批哲学家。他们企图利用和发挥康德认识论中的某些思想，建立一种以认识论和方法论问题为中心的哲学。由于他们把认识论和方法论问题归结为先验逻辑问题，因此被称为先验逻辑学派；又由于他们以马堡大学为活动中心，因而称为马堡学派。

354 马赫主义

又称"经验批判主义"。十九世纪七十年代至二十世纪初产生并流行于德国、奥地利以及欧洲大陆其他国家的唯心主义哲学流派。以其创始人马赫而得名。另一位创始人为阿芬那留斯,其代表作为《纯粹经验批判》,因此马赫主义又被称为经验批判主义。马赫主义强调经验的重要性,把感觉经验看做是认识的界限和世界的基础,认为作为世界第一性的东西既不是物质也不是精神,而是感觉经验。从这一立场出发,强调一切科学理论都不过是作业假说,它们只有方便与否之分,没有正确与错误之别。马赫主义曾吸引了不少哲学家和科学家,其思想直接影响了实用主义、逻辑实证主义,并在当时的工人运动中有一定的反映。

355 麦加拉学派

麦加拉学派是在苏格拉底和爱利亚学派的影响下形成的,古希腊小苏格拉底派之一。创立者为麦加拉人欧几里得,代表人物还有欧布里得、斯底尔波等。该派深受苏格拉底和麦利亚学派的影响,认为善是唯一的存在,是永恒不变的"一",除此之外都是非存在。"善"就是美德。该派长于辩论,提出了三个悖论:"说谎者"、"秃头"、"谷堆",从中揭示了事物内在的矛盾性,触及事物由量到质的变化等问题,对逻辑学的发展有一定贡献。

356 美学

美学一词由德国哲学家亚历山大·戈特利布·鲍姆加通首次使用,他的《美学》一书的出版标志了美学作为一门独立学科的产生。直到十九世纪,美学在传统古典艺术的概念中通常都被定义为研究"美"的学说。现代哲学将美学定义为认识艺术,科学,设计和哲学中认知感觉的理论和哲学。一个客体的美学价值并不是简单的被定义为"美"和"丑",而是去认识客体的类型和本质。

357 米利都学派

大约在公元前六世纪,泰勒斯、阿纳克西曼德和阿纳克西美尼,创立了米利都学派,它是前苏格拉底哲学的一个学派,被誉为是西方哲学的开创者。米利都

学派的观点是朴素的唯物主义,米利都学派开创了理性思维,试图用观测到的事实而不是用古代的希腊神话来解释世界。这或许与米利都是一个工商业发达的城邦、人们都比较务实有关。他们的思想观点排除了当时神造世界万物的迷信,激起了人们探索世界本源的强烈兴趣。

358 闽学

南宋时期,理学家朱熹在武夷山创办书院,讲解经书,宣传理学,培养了大批弟子,并由此创立"闽学"学派。朱熹是理学的集大成者,他的思想代表了理学发展的最高水平。朱熹在宋明理学家中最重视知识训练,并把知识的培养与道德的修炼结合起来,这些思想为明中叶以后中国自然科学的发展提供了精神资源。朱熹总结了北宋以来理学的成就,为理学之集大成者。在朱学思想体系中,不仅熔铸了传统的儒家思想,而且还吸取了佛、道思辨哲学的营养,更富于理论思维色彩。

359 名家

名家主要活跃在先秦的春秋战国时期,以善于辩论,善于语言分析而著称于世。作为一个学派,名家并没有共同的主张,仅限于研究对象的相同,而各说差异很大。主要有"合同异"和"离坚白"两派。合同异强调事物的统一性,离坚白强调事物的差异性。战国末期,后期墨家对二者的片面性有所纠正,提出了"坚白相盈"的观点,荀子亦强调"制名以指实"。

360 墨家

墨家是中国古代主要哲学派别之一,约产生于战国时期。创始人为墨翟。墨家是一个纪律严密的学术团体,其首领称"钜子",其成员到各国为官必须推行墨家主张,所得俸禄亦须向团体奉献。墨家学派有前后期之分,前期思想主要涉及社会政治、伦理及认识论问题；后期墨家在逻辑学方面有重要贡献。

361 批判理性主义

逻辑实证主义在二十世纪五十年代逐渐衰落，受其影响的一些学者对它的基本原则提出批判，从而形成批判理性主义，后来研究者又将其称为"证伪主义"。它与自然科学的结合更为紧密，在五十至六十年代盛极一时，对哲学界和自然学界都产生了重大的影响。奥裔英国哲学家、社会学家卡尔·波普是批判理性主义的创始人。他提出了"科学发现的逻辑"，主张对理性应该采取批判的态度，认为普遍有效的科学理论并不来自经验归纳，科学理论是通过不断的证伪、否定、批判而向前发展的

362 乾嘉学派

乾嘉学派是清代乾隆、嘉庆时期思想学术领域逐渐发展成熟的以考据为主要治学方式的学术流派。因为此一时期的学术研究采用了汉代儒生训诂、考订的治学方法，与着重于理气心性抽象议论的宋明理学有所不同，所以有"汉学"之称。又因此学派的文风朴实简洁，重证据罗列而少理论发挥，而有"朴学"、"考据学"之称。乾嘉学派的学风要求立义必凭证据、援据以古为尚、孤证不为定说、隐匿或曲解证据为不德、剿袭旧说为不德、文体贵朴实简洁、辩诘不避本师、不出本题以及词旨务笃实温厚等。

363 犬儒学派

"犬儒学派"这个名字的由来有两种解释，或说该学派创始人安提西尼曾经在一个称为"快犬"的运动场演讲，或说该学派的人生活俭朴，像狗一样地存在，被当时其他学派的人称为"犬"。犬儒学派的主要教条是，人要摆脱世俗的利益而追求唯一值得拥有的善。犬儒学者相信，真正的幸福并不是建立在稍纵即逝

的外部环境的优势。每人都可以获得幸福，而且一旦拥有，就绝对不会再失去。人无须担心自己的健康，也不必担心别人的痛苦。犬儒学派对之后的斯多葛学派产生了深远的影响。

364 人本主义

人本主义通常指人本学唯物主义，是一种把人生物化的形而上学唯物主义学说。以十九世纪德国的费尔巴哈及之后俄国的车尔尼雪夫斯基为代表。费尔巴哈与车尔尼雪夫斯基都反对把灵魂和肉体分割为两个独立的实体，反对把灵魂看作第一性的唯心主义观点。但他们所了解的人，只是生物学意义上的自然人，只是抽象的、一般的人，而不是社会的人。他们不是联系具体历史、联系社会实践来考察人，因而看不到人的社会性。

365 人生哲学

人生哲学是关于人生问题的哲学学说，是人生观的理论形式。主要探讨人生的目的、价值、思想、意义、态度等。历史上产生过不同派别的人生哲学。现代西方哲学流派中有的把自己的哲学体系称为人生哲学，如存在主义。

366 人文主义

人文主义是指社会价值取向倾向于对人的个性的关怀；注重强调维护人性尊严，提倡宽容，反对暴力，主张自由平等和自我价值体现的一种哲学思潮与世界观。人文主义是文艺复兴核心思想，是新兴资产阶级反封建的社会思潮，也是资产阶级人道主义的最初形式。它肯定人性和人的价值，要求享受人世的欢乐，要求人的个性解放和自由平等，推崇人的感性经验和理性思维。而作为历史概念的人文主义，则指在欧洲历史和哲学史中主要被用来描述十四到十六世纪间较中世纪比较先进的思想。一般来说今天历史学家将这段时间里文化和社会上的变化称为文艺复兴,而将教育上的变化运动称为人文主义。

367 儒家

儒家思想,又称儒学,也有人认为它是一种宗教而称之为儒教。儒家思想奉孔子为宗师,所以又称为孔子学说,对中国以及远东文明发生过重大影响并持续至今。儒家经典形成于孔子时代,但是不同时代对儒家经典的解读有很大的不同,因此很难对儒家思想下一个面面俱到的定义。从十四世纪下半叶起,明清两代朝廷将宋代形成的程朱理学定为官学,形成流传至今的儒家主流。儒家思想对中国、东亚、东南亚乃至全世界都产生过深远的影响。儒家思想依然是中国社会一般民众核心价值观,同时也是东亚地区的基本文化信仰。

368 神秘主义

"神秘主义"一词是从拉丁文 occultism(意为"隐藏或隐蔽")派生而来的,其基本含义是指能够使人们获得更高的精神或心灵之力的各种教义和宗教仪式。神秘主义包括诸多理论和实践,例如玄想、唯灵论、"魔杖"探寻、数灵论、瑜伽、自然魔术、自由手工匠共济会纲领、巫术、星占学和炼金术等。这许许多多的神秘主义对西方文明已经产生影响,而且还在继续产生影响。神秘主义的基本信条就是世上存在着秘密的或隐藏的自然力。能够理解并操作神秘的自然力的人,必须接受过神秘知识的教育。这里,神秘的知识被认为是来自于原始古老的智慧,神秘的自然力被认为可以用来控制环境和预言未来。

369 生命哲学

生命哲学是广泛传播于西方各国,并贯穿于二十世纪的哲学流派。一种试图用生命的发生和发展来解释宇宙,甚至解释知识,或经验基础的唯心主义学说或思潮。十九世纪末至二十世纪初流行于德、法等国。生命哲学是对十九世纪中期的黑格尔主义和自然主义或唯物主义的一种反抗。生命哲学家不满意黑格尔所主张的严酷的理性，不满意自然主义或唯物主义所依据的因果决定论，认为这些思想是对个性、人格和自由的否定。他们要从"生命"出发去讲宇宙人生，用意志、情感和所谓"实践"或"活动"充实理性的作用。他们声明自己并不反对自然科学和理性，只说这些经验或知识不完全，必须提高意志、情感的地位，才能穷尽"生命"的本质。但他们夸大生命现象的意义，把生命解释为某种神秘的心理体验，从而使这种观点带有浓厚的主观唯心主义特色。

唯物主义的生命哲学是从十九世纪达尔文《物种起源》所提出的"进化论"开始的，是对生命发生和发展的一系列自然规律的提炼与升华，是理性而客观的哲学。唯物主义生命哲学的核心思想是"竞争"，即进化论描述的"自然选择"和"优胜劣汰"。竞争是生命的发生和发展动力。从一个精子挑战亿万个情敌，拼死夺得与卵子结合的机会而诞生生命，到物种建立自己的势力和家族而繁衍后代的现象；从一个种群以其优势存活，到遍布世界，到因其劣势而灭亡的发展过程——这些生命科学现象，是生命哲学依赖的科学基础。

370 实用主义

实用主义是产生于十九世纪七十年代的现代哲学派别，在二十世纪的美国成为一种主流思潮。对法律、政治、教育、社会、宗教和艺术的研究产生了很大的影响。实用主义认为，当代哲学划分为两种主要分歧，一种是经验主义者，是唯心的、柔性重感情的、凭感觉的、乐观的、有宗教信仰和相信意志自由的；另一种是理性主义者，是唯物的、刚性不动感情的、理智的、悲观的、无宗教信仰和相信因果关系的。实用主义则是要在上述两者之间找出一条中间道路来，是"经验主义思想方法与人类的比较具有宗教性需要的适当的调和者。"实用主义者忠于事实，但没有反对神学的观点，如果神学的某些观念证明对具体的生活确有价值，就承认它是真实的。将哲学从抽象的辩论上，降格到更个性主义的地方，但仍然可以保留宗教信仰。承认达尔文，又承认宗教，也不承认是二元论的，即既唯物，又唯心，而是认为自己是多元论的。

371 实在论

实在论又称唯实论,中世纪经院哲学派系之一。实在论认为万物是独立于表达它们的语言以及人类的意念存在的,它宣称物质的存在和其本身特性是独立于人的概念的。道德实在论认为行为的道德特性(例如在道德上的好、坏、不好不坏或伦理上的正确、错误或义务等)是属于行为本身而不应该只是作为在思考上接受或摒弃它们的头脑的产物来解释。与约定主义相反,实在论认为科学理论因其与独立存在的现实相符(或不相符)而客观地正确(或错误)。

372 实证主义

实证主义又称实证论,其中心论点是:事实必须是透过观察或感觉经验,去认识每个人身处的客观环境和外在事物。实证论者认为,虽然每个人接受的教育不同,但他们用来验证感觉经验的原则,并无太大差异。实证主义的目的,在希望建立知识的客观性。实证主义将哲学的任务归结为现象研究,以现象论观点为出发点,拒绝通过理性把握感觉材料,认为通过对现象的归纳就可以得到科学定律。它把处理哲学与科学的关系作为其理论的中心问题,并力图将哲学溶解于科学之中。实证主义不仅对哲学而且对整个社会科学均发生了深刻影响,孔德所创立的实证主义社会学,在其后的一个半世纪是西方社会学的主流。

373 斯多阿学派

古代希腊和罗马时期的一个哲学学派。约于公元前 300 年由基底恩的芝诺创立于雅典城内的斯多阿画廊,故称斯多阿学派。这个学派主要是宣扬服从命运并带有浓厚宗教色彩的泛神论思想,其中既有唯物主义倾向又有唯心主义思想。斯多阿学派把哲学主要定义为操练德性,因此他们的哲学以伦理学为中心,逻辑学和物理学只是为伦理学提供基础。斯多阿学派哲学的基本思想是理性统治世界。到公元三世纪,斯多阿学派已不存在,但其影响广泛而深远,罗马的法学,基督教的神学和伦理学,近代自然权利和人类平等的学说,以及布鲁诺、笛卡尔、斯宾诺莎的哲学等,各自在不同的方面受了斯多阿学派的影响。

374 苏菲派

苏菲派是伊斯兰教的一个神秘主义教团,表现为脱离伊斯兰教正统,追求个人更加与安拉合一。苏菲一词源于阿拉伯语"苏夫(suf),"意为羊毛,因为早期鼓吹苏菲主义的宣讲师身穿羊毛织的长袍而得名。苏菲派信徒的目标是:通过经常不断地齐可尔(就是指吟诵阿拉)而达到神人合一。

375 教父学

教父学也称神学,是早期基督教的理论基础,是以后的经院哲学的前身。教父学把信仰凌驾于科学之上,贬低理性,反对探索自然规律,钳制思想自由,不仅使古希腊和古罗马的自然科学知识遭受冷落,后继乏人,更严重地阻碍了自然科学和思想文化的发展,使人们陷入了盲目信仰的深渊。

376 泰山学派

泰山学派,是北宋庆历(1041~1048)前后理学开始崛起初期出现的一个学派,对理学的形成具有重大的影响。泰山学派的创始人是孙复与石介。石介是孙复的弟子,所以泰山学派以孙复为主。孙复是晋州平阳(今山西临汾)人,曾长期客居泰山讲学,学者称其为泰山先生,其学派由此得名。泰山学派对北宋理学的兴起起到了很大的作用。

377 唯名论

唯名论是中世纪经院哲学派别之一。唯名论否认共相具有客观实在性,认为共相后于事物,只有个别的感性事物才是真实的存在。以罗瑟林、培根、司各特、奥康的威廉为代表的唯名论者,反对共相具有客观实在性,否认共相为独立存在的精神实体。主张唯有个别事物才具有客观实在性,认为共相后于事物,共相只是个别事物的"名称"或人们语言中的"声息"。这种论断称之为极端的唯名论。以阿贝拉尔为代表的唯名论者,除了否认共相的客观实在性和主张唯有个别事物具有客观实在性之外,又认为共相表现个别事物的相似性和共同性,因而共相只存在于人们的思想之中。这种论点称为概念论,属于温和的唯名论。

378 唯意志论

唯意志论是荷籍德国哲学家叔本华所创立的以"世界的本质是意志"为核心思想的一个哲学流派。叔本华研究过印度哲学,受印度佛学影响较大,认为科学和哲学在意志领域达到了极限,只有依靠神秘的洞察力才能领悟到意志的本性。因此人的最高目的是以禁欲为起点,尔后忘我,最后忘掉一切,进入到空幻境界,这样才能超脱生存意志及其一切烦恼。

379 维也纳学派

维也纳学派是十九世纪 90 年代末受新艺术运动的影响在奥地利的维也纳形成的以瓦格纳为代表人物的建筑家集团。他们主张建筑形式应是对材料、结构与功能的合乎逻辑的表述,反对历史样式在建筑上的重演。代表作品是瓦格纳设计的维也纳邮政储蓄银行。维也纳学派是二十世纪影响最广泛、持续最长久的哲学流派之一,它代表了自然科学对哲学的挑战。它的唯科学主义观点已成为现代哲学摆脱不掉的"幽灵"。

380 昔勒尼学派

昔勒尼学派是古希腊小苏格拉底学派之一。由北非昔勒尼的阿里斯提普斯创立。代表人物还有小阿里斯提普斯、赫格西亚斯等。在伦理上主张善就是快乐,快乐是人生追求的目标,但人们当主宰它,而不能受它支配。在哲学上,强调个人的感觉和情感在认识中的作用,将知识限制于感觉的范围。

381 现象学

现象学是二十世纪在西方流行的一种哲学思潮。狭义的现象学指二十世纪西方哲学中德国犹太人哲学家胡塞尔创立的哲学流派或重要学派。其学说主要由胡塞尔本人及其早期追随者的哲学理论所构成。广义的现象学首先指这种哲学思潮,其内容除胡塞尔哲学外,还包括直接和间接受其影响而产生的种种哲学理论以及二十世纪西方人文学科中所运用的现象学原则和方法的体系。现象学不是一套内容固定的学说,而是一种通过"直接的认识"描述现象的研究方法。它所说的现象既不是客观事物的表象,亦非客观存在的经验事实或马赫主义的"感觉材料",而是一种不同于任何心理经验的"纯粹意识内的存在"。

382 逍遥学派

逍遥学派是古希腊哲学家亚里士多德创立,又称亚里士多德学派。公元前335年亚里士多德在雅典的吕克昂建立了一所学院,该处有一小树林和许多可供散步的林荫道,亚里士多德喜欢在这林荫道上和学生散步、讲课和讨论学问,所以被称为逍遥学派。亚里士多德死后,该派由他的弟子继承下来。公元前287年以前领导该派的是泰奥弗拉斯多。他继续老师的所有研究领域,尤其致力于生物学的研究,在植物学和逻辑方面作出了贡献。在哲学上,他提出了物质自己运动的观点,反对在自然界中寻找目的因。公元前287~前269年,该派由斯特拉图(公元前4世纪?~前269年)领导。他致力于自然科学研究,并作出了贡献;在哲学上他反对灵魂不朽。继斯特拉图之后领导该派的是吕康(约公元前299~前225),但从这时起,该派已失去其重要地位。

383 小苏格拉底学派

苏格拉底死后,在他的学生中形成了三个学派,即犬儒学派(又译昔尼克学派)、快乐学派(又译昔勒尼学派)和麦加拉学派,这些学派和苏格拉底一样,都非常关注伦理或道德问题,因此史称小苏格拉底学派。犬儒学派的首创者安提斯泰尼斯和著名代表人物西诺布斯的第欧根尼认为,美德就是关于如何控制自己的欲望的知识,能够自制者就是善,就有德性。昔勒尼学派的创始人是阿里斯提普斯,主要代表人物有提奥多罗斯和赫格西亚斯,他们主张快乐是人生最本质的东西,是唯一目的。快乐即是善,痛苦即为恶。麦加拉学派的代表人物是欧几里得和欧布里德,他们认为善即存在,善是永恒不变的东西,而恶则是运动变化的东西,是非存在、不真实的。

384 心学

心学即阳明学,通常又称作王学,是由明代大儒王阳明发展的儒家理学。元代以及明初以来流行的程颐朱熹一派的理学强调格物以穷理,王阳明则继承宋代陆九渊强调"心即是理",即最高的道理不需外求,而从自己心里即可得到。王阳明的主张为其学生们继承并发扬光大,并以讲会的形式传播到民间,其中又以泰州学派(又被称作左派王学)将其说法推向一个极端,认为由于理存在于心中,因此"人人可以成尧舜",即使不是读书人的平民百姓,也可以成为圣人。王学这种"心即理"看法的发展,也影响了明朝晚期思想中对于情欲的正面主张和看法,由于心即理,因此人欲与天理,不再如朱熹所认为的那样对立,因此是可以被正面接受的,这种主张的代表人物就是李贽。

385 新柏拉图学派

新柏拉图学派是公元三至六世纪流行于古罗马的唯心主义哲学流派,开创者是亚历山大里亚的阿蒙尼阿·萨卡(约175~约242),著名代表是普罗提诺。这个学派在理论上以柏拉图哲学为基础,吸取了毕达哥拉学派、亚里士多德派、斯多阿学派和东方宗教哲学的部分内容,具有浓厚的宗教神秘主义成分。新柏拉图学派在整理、编纂、翻译、注释柏拉图和亚里士多德等希腊哲学家的著作方面以及在撰写哲学家传记方面作出了贡献。该派是古希腊罗马哲学史上最后一个有影响的学派,它的唯心主义和宗教神秘主义体现了奴隶制社会瓦解时期奴隶主阶级的腐朽和没落。

386 新黑格尔主义

现代西方唯心主义的哲学流派之一,是十九世纪下半叶以来从右的方面复活黑格尔哲学的各种思潮的总称。它最早在英、美产生并流行。二十世纪上半叶,在德、意等国曾发生巨大影响,在西方其他各国也有其代表。新黑格尔主义在不同国家、不同时期的表现形式往往有很大差别。英、美的新黑格尔主义与一些哲学家在"复兴黑格尔"的旗号下对黑格尔的研究往往密切相关,由于他们把从黑格尔那里继承来并加以重新解释的绝对概念当作其基本概念,他们的理论又叫做绝对唯心主义。德、意等国的一些新黑格尔主义者并不专门研究和解释黑格尔哲学,他们往往是以别的唯心主义哲学作为出发点,但在基本思想倾向上仍与黑格尔的唯心主义哲学密切相关。

387 新康德主义

新康德主义是一场针对在古典唯心主义浪潮消退后科学领域泛滥的唯物主义思潮的反对运动。其发源地为德国,是多个不同学术中心流派的总称。这一运动要求重新返归康德,并创造出一种能够适应现代科学要求的哲学。对人文科学的效用理论以及政治科学的哲学理论建构的兴趣是新康德主义的特点。新康德主义的马堡学派为伯恩施坦修正主义提供了理论基础。在二十世纪初的俄国哲学中新康德主义也起到了重要作用,它成为沟通东正教神秘玄学与唯物主义无神论的桥梁。

388 新实用主义

以当代美国最有影响力的哲学家、思想家理查德·罗蒂为主要代表的哲学流派之一。罗蒂在他1982年出版的《实用主义的后果》一书中,提出了新实用主义主张,即在某种程度上对反本质主义、相对主义和历史主义的某种认同。对这种新实用主义及其后果的进一步发展,就是出版于1989年的《偶然、反讽与团结》。在批判西方传统的超越历史观和普遍人性观的同时,罗蒂主张一方面坚持自由民主社会的基本价值观和信念,另一方面又承认所坚持的信仰、价值以及用以描绘自我和世界的终极词汇都是历史和环境的偶然产物。

389 新实在论

新实在论是二十世纪一种主张具体事物和脱离具体事物的共相都具有实在性的折衷主义哲学流派,主要流行于奥地利、英国和美国,尤其在美国影响最大。主要代表人物有迈农、英国的摩尔、罗素、怀特海、亚历山大、美国的佩里、蒙塔古、霍尔特等人。新实在论在反对唯心主义、特别是反对新黑格尔主义的论战中形成和发展起来的,它承认外部世界和人的客观实在性,但都往往把感觉、观念也看做是客观实在的,从而混淆了物质和意识的区别。

390 新托马斯主义

新托马斯主义是二十世纪天主教的神学思潮,因为他们以复兴中世纪基督教思想为宗旨,所以又被称为新经院主义神学。新托马斯主义者们认为,作为一种教义载体,托马斯主义的真理是永恒的,独立于时间的流变之外;另一方面,作为这种教义在人类历史过程中的表述,托马斯主义又需要适应不断变化的条件。因此新托马斯主义的任务就是将托马斯主义的遗产用新的方法使之适用于新的时代。在现代基督教思潮的各种流派中,只有新托马斯主义得到了教廷当局的广泛支持,大量天主教大学成了托马斯主义的研究中心,有几十家杂志专门研究经院神学与哲学。最主要的代表有法国哲学家兼神学家马里坦和日尔松,英国哲学家兼神学家科普尔斯顿、法雷尔和马斯科尔等。新托马斯主义伦理学标榜自己是"理性主义",宣称信仰与理性一致、宗教与科学一致,并在此基础上建立起道德理论体系。

391 玄学

玄学产生于魏晋,是对《老子》、《庄子》和《周易》的研究和解说,是道家和儒家融合而出现的一种哲学、文化思潮。玄学就其哲学范畴来讲,可称其为形而上学,"形而上"简单来说即是抽象出来的意思,玄学也便是对一些抽象内容以生动的方式方法进行解说和发展。有一句话可以概括玄学的特色:隋唐精神,魏晋风骨。这两方面原因加在一起,注定玄学,既带有神秘深奥的一面同时也有着满足精神世界慰藉心灵的作用,同时对中华文化产生了深远影响,是中国先秦之后又一次思想碰撞融合。

392 学园派

学园派是以古希腊柏拉图所创办的学园为中心而形成的唯心主义哲学学派。学园派最初由学园的第二任主持者——柏拉图的外甥斯彪西波为主要代表人物,基本上继承柏拉图的学说,但特别重视柏拉图学说中的毕达哥拉斯主义因素,并重视伦理学研究。约前247~约前81年,学园第六任主持者阿尔克西劳将皮浪派的怀疑论引入学园,这一时期被称为中期学园派。约前81年~529年,以普鲁塔克、普罗克洛为主要代表,提倡新柏拉图主义的这一阶段被称为新学园派。也有学者将中期学园派与新学园派合在一起,统称为中期学园派或者新学园派。

393 亚里士多德学派

亚里士多德创立的学派,又称逍遥学派。公元前三世纪中叶,逍遥学派逐渐失去了影响,直到公元前一世纪,该派继承者安德罗尼科才重新开始了对亚里士多德学说的研究,但他主要是对亚里士多德著作进行校勘、整理、编纂和注释。该派由此活跃起来,持续数世纪。二世纪,亚弗洛弟西亚的亚历山大对亚里士多德的主要论著作重要的评注,使注释工作达到了高峰。亚里士多德学派主要是对亚里士多德著作的保存、流传和研究作出了重要贡献。六世纪初,拜占庭皇帝尤斯底年下令禁止亚里士多德学说的传播,该派因而瓦解。

394 颜李学派

颜李学派,是清代初期思想领域颇具影响的一个学术流派,因该派的创始人为清初北方著名学者颜元与李塨而得名。颜李学派标帜"实学",主张"实文、实行、实体、实用",与清初官方提倡的宋明理学相对立,在社会上产生过相当大的影响,被称为"颜李之学数十年,海内之士靡然成风。"清代乾嘉之际,考据学兴起,汉学研究成为学界的主流,颜李之学已不为学者所注目,他们的著作大都散佚。直到清同治八年(1869),浙江德清学者戴望首次汇辑《颜氏学记》,公开表彰颜李学派,颜李学派的学术思想也再度成为近代学界的热点。

395 阳明学派

阳明学派,是指明代中后期思想学术领域中以王阳明哲学思想为宗旨的一个著名流派。因创始人王阳明(见王守仁)为浙江余姚人,故又称姚江学派(姚江在余姚境内)。阳明学派以致良知为学术宗旨。王阳明主张良知为圣愚所同,不囿于见闻;即知即行,即体即用。提倡返求诸心,自我作主,不受教条束缚。"阳明学派"在当时并未得到重用,而是流传到了日本等其他国家。"阳明学派"传入日本以后便被他们加以融合,成了有日本特色的阳明学了。日本的阳明学派由中江藤树开创,主张阳明学的良知说。

396 伊壁鸠鲁学派

古希腊唯物主义者和无神论哲学家伊壁鸠鲁创立的哲学派别。伊壁鸠鲁继承和发展了德谟克里特的原子论,既承认必然性又承认偶然性。伊壁鸠鲁派宣扬无神论,认为人死魂灭,这是人类思想史上的一大进步,同时提倡寻求快乐和幸福。但他们所主张的快乐决非肉欲物质享受之乐,而是排除情感困扰后的心灵宁静之乐。伊壁鸠鲁派生活俭朴而又节制,目的就是要抵制奢侈生活对一个人身心的侵袭。伊壁鸠鲁就曾发誓要放弃政治生活,但这并不意味着要对现实世界漠然置之。他认为最大的快乐是友谊,而个人的幸福就在友谊和社会之中。伊壁鸠鲁学派把神还归自然,公开攻击古代的宗教,从而奠定了古代无神论哲学的基础。

397 易家

易家又称易学家,是中国对历代专门从事《周易》研究者的统称。早在先秦时,人们对《周易》的研究已经蔚然成风,千百年来,易家辈出,学派林立,著述浩瀚,学说繁多,形成了一种专门的学问——易学。自先秦开始,无论是儒、道、释抑或其他学派,无论是两汉经学、魏晋玄学、隋唐佛学还是宋明理学等,历代哲学家、经学家及思想家大多精通易学,都程度不同地受到易学的滋养。尤其是具有划时代意义的哲学家,更是直接通过对《周易》的创造性诠释,来阐发其哲学观、人生观、政治观及伦理观等。如魏晋玄学鼻祖王弼以《老》释《易》,令玄学之风盛炽数百年;唐初儒学领袖孔颖达首次折中汉易与玄易,构筑了汉学玄学走向宋明理学之桥梁;道学"北宋五子"周敦颐、邵雍、二程及张载同开以易言理之先河;南宋理学集大成者朱熹,重象数倡义理,使以易言理之学风盛行至清初;明末清初杰出的唯物主义哲学家王夫之立足于易学的哲学创新,标志着宋明道学的终结。总之,易学对中国文化的核心——中国哲学的发展,起到了举足轻重的作用。

398 永康学派

永康学派是中国南宋时期以陈亮为代表的学派。因陈亮为婺州永康(今属浙江)人,故有此称。陈亮学术思想无一定师承关系,言论亦多与传统观点不同,此学派哲学上承认客观规律之实在,强调道存在于实事实物之中。反对道学家空谈义理,以为道义不能脱离功利。与永嘉学派观点比较一致。

399 原子论学派

古希腊公元前五世纪至公元前四世纪活跃于色雷斯地区的学派。古希腊哲学家德谟克利特提出古典原子论,认为物质由极小的称为"原子"的微粒构成,物质只能分割到原子为止。德谟克利特肯定了人们的感觉和思想是客观世界的反映,这是唯物论的反映论。但是,他把感性认识和理性认识看成是两种不同的影像作用于不同的认识器官的结果,因此认识似乎是一次完成的;这就把感性认识与理性认识割裂开来,否定了前者到后者的飞跃。

400 杂家

杂家,中国战国末至汉初的哲学学派,"杂家"并不是一门有意识、有传承的学派,所以他们也并不自命为"杂家"的流派。自从《汉书·艺文志》第一次把《吕氏春秋》归入"杂家"之后,这个学派才正式被定名。春秋战国时代,百家争鸣,各家都有自己的对策与治国主张。为了打败其他流派,各学派或多或少的吸收其他流派的学说,或以攻诘对方,或以补自己学说的缺陷。然而,任何一个流派也都有其特色与长处,而"杂家"便是充分的利用这个特点,博采众议,成为一套在思想上兼容并蓄,却又切实可行的治国方针。杂家以博采各家之说见长,以"兼儒墨,合名法"为特点,"于百家之道无不贯通"。杂家的出现是统一的封建国家

建立过程中思想文化融合的结果。杂家著作以秦代《吕氏春秋》、西汉《淮南子》为代表,分别为秦相吕不韦和汉淮南王刘安招集门客所集,对诸子百家兼收并蓄,但略嫌庞杂。又因杂家著作含有道家思想,故有人认为杂家实为新道家学派。

401 折衷主义

在西方哲学史上,第一个明确把自己的哲学称作折衷主义的是亚历山大里亚人波大谟。十九世纪法国哲学家库桑也称自己的哲学体系为折衷主义,声称一切哲学上的真理已为过去的哲学家们阐明了,不可能再发现新的真理了,哲学的任务只在于从过去的体系中批判地选择真理。折衷主义又写为折中主义,它把各种不同的观点无原则地拼凑在一起的做法及有关理论,其特征和表现是:把矛盾双方等同起来,不分主次;把对立双方调和起来,混淆是非;把一事物的许多属性不加区别地东抽一点,西抽一点,作完全偶然的机械的拼凑;在原则问题上模棱两可。没有自己独立的见解和固定的立场,只把各种不同的思潮、理论,无原则地、机械地拼凑在一起,是形而上学思维方式的一种表现形式。

402 浙东学派

浙东学派为宋时与程朱理学派对立的学派。广义浙东学派包括金华学派、永嘉学派和永康学派,清初以黄宗羲、万斯同、全祖望、章学诚、邵晋涵等为代表的史学派别。他们一般主张治学先穷经而求证于史,倡导注重研究史料和通经致用的风气。而狭义浙东学派指今绍兴、宁波、台州一带学者所发展的学术,盛于明清,源头可追溯至两宋。因学人籍贯及活动范围多在宁绍(今宁波绍兴)地区,地处浙江之东部(古以钱塘江为界),故名。阳明学派及浙东史学或包含其中。在清代浙东学派博大闳富的学术思想中,史学的成就为最著,但文学思想也占有重要地位。无论是该学派的开创者和奠基者黄宗羲,还是被称为该学派"殿军"的章学诚,均对文学颇为关注,并提出过一系列独到而深刻的见解。

403 天台宗

中国佛教宗派之一。实际创始人是陈隋之际的智𫖯(531~597)。因常住浙江天台山,故名。天台宗以《法华经》为主要教义根据。智𫖯注有《法华玄义》、《摩诃止观》、《法华文句》,被奉为天台三大部。其判教,主张"五时八教",把自己信奉的《法华经》列为佛的最高最后的说法。其教义主张一切事物都是法性真如的显现,以中、假、空三谛圆融的观点解释世界。

404 唯识宗

唯识宗,又作慈恩宗、瑜伽宗、应理圆实宗、普为乘教宗、唯识中道宗、唯识宗、有相宗、相宗、五性宗。广义而言,泛指俱舍宗、唯识宗等以分别判决诸法性相为教义要旨之宗派,然一般多指唯识宗,或以之为唯识宗之代称。为中国佛教十三宗之一,日本八宗之一。即以唐代玄奘为宗祖,依五位百法,判别有为、无为之诸法,主张一切唯识之旨之宗派。

405 华严宗

华严宗,又称贤首宗、法界宗、圆明具德宗。为中国十三宗之一,日本八宗之一。本宗依《大方广佛华严经》立法界缘起、事事无碍的妙旨,以隋代杜顺和尚(即法顺 557~640,)为初祖。本宗依《华严经》立名,故称华严宗。

406 禅宗

禅宗,又称宗门,汉传佛教宗派之一,始于菩提达摩,盛于六祖惠能,中晚唐之后成为汉传佛教的主流,也是汉传佛教最主要的象征之一。

汉传佛教宗派多来自于印度,但唯独天台宗、华严宗与禅宗,是由中国独立发展出的三个本土佛教宗派。其中又以禅宗最具独特的性格。禅宗祖师会运用各种教学方法,以求达到这种境界,这又称开悟。其核心思想为"不立文字,教外别传;直指人心,见性成佛",意指透过自身实践,从日常生活中直接掌握真理,最后达到真正认识自我。

第六章 不可不知的中外哲学人物

407 老子

李耳(约前571~前471),字伯阳,又称老聃,是我国古代最伟大的哲学家和思想家之一,是道家学派创始人,世界文化名人。后人称其为"老子"(古时"老"字的读音和"李"字相同),楚国苦县(今河南省鹿邑县太清宫镇,一说安徽亳州涡阳)人。老子的思想主张是"无为",老子的理想政治境界是"邻国相望,鸡犬之声相闻,民至老死不相往来"。老子哲学与古希腊哲学一起构成了人类哲学的两个源头,老子也因其深邃的哲学思想而被尊为"中国哲学之父"。老子的思想被庄子所传承,并与儒家和后来的佛家思想一起构成了中国传统思想文化的内核。老子所著《道德经》国外版本有一千多种,是被翻译语言最多的中国书籍。

408 孔子

孔丘(前551~前479),字仲尼,春秋时期鲁国人。孔子是我国古代伟大的思想家和教育家,儒家学派创始人,世界最著名的文化名人之一。他编撰了我国第一部编年体史书《春秋》。孔子所处的春秋时代,西周社会以血缘氏族为基础的政治制度崩溃瓦解,而基于文化认同的"诸夏"民族共同体正在形成。这是中国人的文化自觉最初发生的年代,古典成为时尚,一些人开始思考天道、人生和世界秩序等方面的问题,原先由贵族所垄断的文化教育也正逐渐流入民间。孔子正是这时代精神的代表人物与集大成者,遂开战国诸子百家之先河。孔子的言行思想主要载于语录体散文集《论语》及先秦和秦汉保存下的《史记·孔子世家》。

409 孙武

孙武,字长卿,生卒年不可考,春秋时期齐国乐安(今山东省广饶县)人。是中国古代著名军事家,曾率领吴国军队大破楚国军队,占领了楚的国都郢城,几乎灭亡楚国。后人尊称其为孙子、孙武子、兵圣、百世兵家之师、东方兵学的鼻祖。孙武所著《孙子兵法》十三篇是我国最早的兵法,被誉为"兵学圣典",置于《武经七书》之首。被译为英文、法文、德文、日文,成为国际间最著名的兵学典范之书。

410 孟子

孟子(前372~前289),名轲,字子舆,战国时期鲁国人,生于邹城(今山东省邹城市)。中国古代著名思想家,教育家,政治家,战国时期儒家代表人物。孟子继承和发展了孔子的德治思想,发展为仁政学说,成为其政治思想的核心。他把

"亲亲"、"长长"的原则运用于政治,以缓和阶级矛盾,维护封建统治阶级的长远利益。孟子的思想以"性善论"为主体。孟子是仅次于孔子的一代儒家宗师,有"亚圣"之称,与孔子合称为"孔孟"。有作品《孟子》流传后世。

411 庄子

庄子(约前369~前286),名周,字子休(一说子沐),战国时期宋国蒙(今安徽蒙城县)人。庄子是我国先秦时期伟大的思想家、哲学家、和文学家,是道家学说的主要创始人,与道家始祖老子并称为"老庄",他们的哲学思想体系,被思想学术界尊为"老庄哲学"。代表作为寓言《庄子》,道家尊称为《南华经》,并被尊崇者演绎出多种版本,名篇有《逍遥游》、《齐物论》等,庄子主张"天人合一"和"清静无为"。庄子的思想包含着朴素辩证法因素,主要思想是"天道无为",认为一切事物都在变化,他认为"道"是"先天生地"的,从"道未始有封"(即"道"是无界限差别的),属主观唯心主义体系。

412 荀子

荀子(约前313~前238),名况,字卿,为避西汉宣帝刘询讳,因"荀"与"孙"二字古音相通,故汉以后又称孙卿。周朝战国末期赵国猗氏(今山西安泽)人。著名思想家、文学家、政治家,儒家代表人物之一,时人尊称"荀卿"。曾三次出任齐国稷下学宫的祭酒,后为楚兰陵(今山东兰陵)令。荀子对儒家思想有所发展,提倡性恶论,常被与孟子的性善论比较。对重整儒家典籍也有相当的贡献。

413 墨子

墨子(约前468~前376),名翟(dí),战国时期鲁国人。墨子是我国战国时期著名的思想家、教育家、科学家、军事家、社会活动家。墨子创立了墨家学说,并有《墨子》一书传世。主要内容有兼爱、非攻、尚贤、尚同、节用、节葬、非乐、天志、明鬼、非命等项，以兼爱为核心，以节用、尚贤为支点。墨学在当时影响很大，与儒家并称"显学"。墨子死后，墨家分为相里氏之墨，相夫氏之墨，邓陵氏之墨三个学派。

414 程颢

程颢（1032~1085），字伯淳，人称明道先生，原籍河南府（今河南洛阳），生于湖北黄陂县。宋代大儒，理学家、教育家，封"先贤"，奉祀孔庙东庑第三十八位。与程颐为同胞兄弟，世称"二程"。"二程"早年受学于理学创始人周敦颐，宋神宗赵顼时，建立起自己的理学体系。二程的著作有后人编成的《河南程氏遗书》、《河南程氏外书》、《明道先生文集》、《伊川先生文集》、《二程粹言》、《经说》等，程颐另著有《周易传》。二程的学说后来由南宋朱熹等理学家继承发展，成为"程朱"学派。

415 谢良佐

谢良佐（1050~1103），北宋学者。字显道，蔡州上蔡（河南上蔡）人。人称上蔡先生或"谢上蔡"。谢良佐不仅将二程的思想发扬光大，而且是把二程之说传于南方的重要人物，并且最终形成以朱熹学术为主体的新儒学，开启儒学史上的新篇章。谢良佐是心学的奠基人。谢良佐提出"心为天之理"的命题，提出"心与天地同流"，认为心、仁、理是一体的。谢良佐的思想已经具备心学的雏形和基本模样，开陆九渊心学之先河，被认为是心学先驱。

416 陆九渊

陆九渊（1139~1192），号象山，字子静。南宋著名哲学家、教育家。抚州金溪（今属江西）人。与当时著名的理学家朱熹齐名，史称"朱陆"。陆九渊是中国"心学"的创始人。明代王阳明发展其学说，成为中国哲学史上著名的"陆王学派"，对近代中国理学产生深远影响。被后人称为"陆子"。

417 杨简

杨简(1141~1226),宋明州慈溪县城(今属浙江江北区慈城镇)人,字敬仲,世称慈湖先生,南宋哲学家。杨简是陆九渊的得意弟子,他致力于发展心学,主张"毋意"、"无念"、"无思无虑是谓道心",认为"天地我之天地,变化我之变化,非他物也",把宇宙的变化说成是心的变化,并宣扬"人心自明,人心自灵"的观点。

418 王守仁

王守仁(1472~1529)浙江余姚人。字伯安,号阳明子,世称阳明先生,故又称王阳明。中国明代最著名的思想家、哲学家、文学家和军事家。陆王心学之集大成者,非但精通儒家、佛家、道家,而且能够统军征战,是中国历史上罕见的全能大儒。他的学说以"反传统"的姿态出现,在明代中期以后,形成了阳明学派,影响很大。门徒众多,遍及各地。他死后,"王学"虽分成几个流派,但同出一宗,各见其长。他的哲学思想,远播海外,特别对日本学术界有很大的影响。

419 朱熹

朱熹(1130~1200),字元晦,一字仲晦,号晦庵、晦翁、考亭先生、云谷老人、沧州病叟、逆翁。南宋徽州婺源(今属江西省婺源县)人。南宋著名的理学家,思想家,哲学家,教育家,诗人,闽学派的代表人物,世称朱子,是孔子、孟子以来最杰出的弘扬儒学的大师。朱熹的主要哲学著作有《四书章句集注》、《四书或问》、《太极图说解》、《通书解》、《西铭解》、《周易本义》、《易学启蒙》等。此外有《朱子语类》,是他与弟子们的问答录。

420 王夫之

王夫之(1619~1692),字而农,号㵒斋,别号一壶道人,湖南衡阳人。晚年居衡阳之石船山,世称"船山先生"。明末清初杰出的思想家,哲学家,与方以智,顾炎武,黄宗羲同称明末四大学者。王夫之学问渊博,对天文、历法、数学、地理学等均有研究,尤精于经学、史学、文学。主要著作有《周易外传》《周易内传》《尚书引义》《张子正蒙注》等。王夫之的政治思想的主旨是"循天下之公"。在这个主旨下,他猛烈抨击"孤秦""陋宋",深刻揭露了秦始皇及历代帝王把天下当作私产的做法。

421 严复

严复(1854~1921),原名宗光,字又陵,后改名复,字几道,福建侯官人,是清末很有影响的资产阶级启蒙思想家,翻译家和教育家,是中国近代史上向西方国家寻找真理的"先进的中国人"之一。严复出生在一个医生家庭里。1866年,严复考入了家乡的福州船政学堂,学习英文及近代自然科学知识,五年后以优等成绩毕业。1877年到1879年,严复等被公派到英国留学,先入普茨茅斯大学,后转到格林威治海军学院。留学期间,严复对英国的社会政治发生兴趣,涉猎了大量资产阶级政治学术理论,并且尤为赞赏达尔文的进化论观点。

422 梁启超

梁启超(1873~1929),字卓如,号任公,又号饮冰室主人、饮冰子、哀时客、中国之新民、自由斋主人等。广东新会人。中国近代维新派领袖,学者。中国近代史上著名的政治活动家、启蒙思想家、资产阶级宣传家、教育家、史学家和文学家。戊戌变法(百日维新)领袖之一。梁启超在文学理论上引进了西方文化及文学新观念,首倡近代各种文体的革新。文学创作上亦有多方面成就,散文、诗歌、小说、戏曲及翻译文学方面均有作品行世,尤以散文影响最大。

423 冯友兰

　　冯友兰(1895~1990),字芝生,河南南阳唐河人,1952年后一直为北京大学哲学系教授。二十世纪五六十年代是冯友兰学术思想的转型期。新中国成立后,冯友兰放弃其新理学体系,接受马克思主义,开始以马克思主义为指导研究中国哲学史。冯友兰一生勤勉,著述宏富。毕生以复兴中华传统文化、宏扬儒家哲学思想为己任。如果说,冯氏前期(抗战以前)的治学旨趣在于整理研究中国传统哲学,而直可称其为哲学史家的话,那么,他后期(抗战爆发后,尤其是抗战期间)的为学之路则重在以"六经注我"的精神,运用西方新实在论哲学重新诠释、阐发儒家思想,以作为复兴中华民族之理论基础。这一时期写成的以《新理学》为核心的"贞元六书"构成了一套完整的新儒家哲学思想体系。它既是冯氏哲学思想成熟的标志,也是他一生治学的最高成就,并因此而奠定了他作为"现代新儒家"的地位,成为一位继往开来,具有国际声誉的一代哲人。著有《中国哲学史新编》(第一、二册)、《中国哲学史论文集》、《中国哲学史论文二集》、《中国哲学史史料学初稿》、《四十年的回顾》和七卷本的《中国哲学史新编》等书。

424 蔡元培

　　蔡元培(1868~1940),字鹤卿,又字仲申、民友、孑民,乳名阿培,并曾化名蔡振、周子余,浙江绍兴山阴县(今绍兴县)人,革命家、教育家、政治家。"中华民国"首任教育总长,1916年至1927年任北京大学校长,革新北大,开"学术"与"自由"之风;1920年至1930年,蔡元培同时兼任中法大学校长。蔡元培数度赴德国和法国留学、考察,研究哲学、文学、美学、心理学和文化史,为他致力于改革封建教育奠定思想理论基础。曾任教育总长、北京大学校长、大学院院长(1927年,"国民政府"改教育部为大学院,翌年复旧)等职。他为发展中国新文化教育事业,建立中国资产阶级民主制度做出了重大贡献,堪称"学界泰斗、人世

楷模"。他提出了"五育"(军国民教育、实利主义教育、公民道德教育、世界观教育、美感教育)并举的教育方针和"尚自然""展个性"的儿童教育主张。他试图通过贫儿院的试验和推广,逐步以学前儿童公共教育替代当时的家庭教育,最终实现学前儿童公育的理想。他是中国近现代美育的倡导者,主张从家庭教育、学校教育、社会教育三方面实施美育,设想通过胎教院、育婴院、幼稚园三级机构实施学前儿童美育;把胎教作为美育的起点;让婴儿及其母亲生活在由自然美和艺术美构成的环境之中;认为幼稚园的美育一方面通过舞蹈、唱歌、手工等"美育的专题"进行,另一方面则要充分利用其他课内涵的美育因素,如"计算、说话,也要从排列上、音调上迎合它们的美感,不可枯燥的算法与语法。"其七十四年的人生历程,先后经历了清政府时代、南京临时政府时代、北洋政府时代和国民政府时代,一路经历风雨,始终信守爱国和民主的政治理念,致力于废除封建主义的教育制度,奠定了我国新式教育制度的基础,为我国教育、文化、科学事业的发展作出了富有开创性的贡献。教育论著有《蔡元培教育文选》《蔡元培教育论著选》等。

425 毛泽东

毛泽东(1893~1976),字润之,笔名子任,湖南湘潭人。伟大的马克思主义者,无产阶级革命家、战略家和理论家,中国共产党、中国人民解放军和中华人民共和国的主要缔造者和领导人,诗人,书法家。在对外政策方面,他提出"三个世界"划分的战略和中国永远不称霸的重要思想,并且开始打开对外工作的新局面,为中国进行现代化建设创造了有利的国际条件。毛泽东毕生坚持反对帝国主义、霸权主义,维护民族的独立和国家的主权,维护世界和平。1981年6月,中共中央十一届六中全会通过的《关于建国以来党的若干历史问题的决议》,对毛泽东的历史地位作出全面、公正、实事求是的科学结论。毛泽东思想作为马克思主义在中国的发展,仍然是中国共产党的指导思想,是中国人民宝贵的精神财富。其主要著作收入《毛泽东选集》,其他已公开发行的著作有《毛泽东书信选集》、《毛泽东农村调查文集》、《毛泽东新闻工作文选》和《毛泽东诗词选》等。

426 康有为

康有为(1858~1927),又名祖诒,字广厦,号长素,又号长素、明夷、更甡、西樵山人、游存叟、天游化人,晚年别署天游化人,广东南海人,人称"康南海",清光绪年间进士,官授工部主事。出生于仕宦家庭,乃广东望族,世代为儒,以理学传家。近代著名政治家、思想家、社会改革家、书法家和学者,他信奉孔子的儒家学说,并致力于将儒家学说改造为可以适应现代社会的国教,曾担任孔教会会长。主要著作有《康子篇》、《新学伪经考》。

427 吴学谋

吴学谋,男,1935年1月生,广西壮族自治区柳州市人。大学学历。教授,研究员。首批国家级有突出贡献中青年科学家并入传入册了中国大百科全书、国际系统科学大辞典、东方之子、中华骄子、科学中国人、中华百年、中华英模、国魂、软科学手册等五十多种国内外大型辞典,是泛系理论、数学逼近转化论、电磁介质动力学等价论等理论创建人,对哲学、数学、系统科学、美学诗学创一家之言。主要论著有:《逼近转化论与数学中的泛系概念》、《泛系方法论》、《从泛系观看世界》、《泛系理论与数学方法》、《泛系:不合上帝模子的哲学》、《泛系:万悖疾梦(一种形而泛学:哲学与非哲学的创生)》等。

428 赫拉克里特斯

赫拉克里特斯(约前540~前480),古希腊哲学家。生于贵族家庭,生性高傲,自恃多才,轻视一般平民和学人,甚至包括颇负盛名的荷马。他的思想和论证对后世及往后的西方哲学史带来深厚影响力和冲击,其中最重要的概念要属"Logos"(音译逻各斯,义为"理性")和"万物流转"思想。赫拉克里特斯在大自然不断地变迁与对比的现象中看出了一个"一致性"。他认为这就是万物之源,他称之为"上帝"或"理性"。

429 恩培多克勒

恩培多克勒(约前492~前432),古希腊哲学家,生于西西里阿克拉噶斯(今阿格里琴托)。恩培多克勒是哲学家,但他在青年时代曾毫不犹豫地投身于政治。他是阿克拉噶斯推翻暴君的斗争的策动者,公民出于对他的感激,愿把君主的王位留给他以示报答,但恩培多克勒以当时希腊人中罕有的自我克制加以拒绝了。他宁可把时间花在哲学研究上。恩培多克勒在很大程度上受到毕达哥拉斯教导的影响。这体现在他教义中强烈的神秘主义。恩培多克勒的创造性,除了科学以外,就在于四原素的学说以及用爱和斗争两个原则来解释变化。他抛弃了一元论,并把自然过程看做是被偶然与必然所规定的,而不是被目的所规定的。

430 苏格拉底

苏格拉底(前469~前399),古希腊著名的哲学家,出生于雅典。他被后人广泛认为是西方哲学的奠基者。苏格拉底建立了一种知识即道德的伦理思想体系,其中心是探讨人生的目的和善德。他强调人们应该认识社会生活的普遍法则和"认识自己",认为人们在现实生活中获得的各种有益的或有害的目的和道德规范都是相对的,只有探求普遍的、绝对的善的概念,把握概念的真知识,才是人们最高的生活目的和至善的美德。苏格拉底认为,一个人要有道德就必须有道德的知识,一切不道德的行为都是无知的结果。苏格拉底强调知识的重要性,认为伦理道德要由理智来决定,这种理性主义的思想,在以后西方哲学思想的发展中,起了积极作用。苏格拉底本人没有写过什么著作。他的行为和学说,主要是通过他的学生柏拉图和色诺芬著作中的记载流传下来。关于苏格拉底的生平和学说,由于从古代以来就有各种不同的记载和说法,一直是学术界讨论最多的一个问题。

431 阿那克萨哥拉

阿那克萨哥拉(约前500~前428),古希腊哲学家、原子唯物论的思想先驱。克拉左美尼人。他是著名的自然科学家,认为太阳是一团炽热的物质,月亮和地球一样也有山谷和居民,陨石是从太阳掉下来的石头,雷由云彩的撞击而产生,闪电是云与云之间摩擦的结果。由于这些违反传统宗教和神话的主张,被人攻击为宣传邪说,以"不敬神"的罪名被驱逐出雅典。后来他回到伊奥尼亚,隐居于朗普萨柯。阿那克萨戈拉的"种子说"克服了恩培多克勒"四根说"的局限性,使朴素唯物主义前进了一步,为原子唯物论的产生作了准备。但是,他在以"奴斯"解释万物的动因时,也陷入了"外因论"。他的"奴斯"一词被后来的苏格拉底、柏拉图,一直到黑格尔说成是精神的实体,使"奴斯"变成了唯心主义的术语。

432 德谟克里特

德谟克利特(约前460~前370),古希腊的属地阿布德拉人,古希腊伟大的唯物主义哲学家,原子唯物论学说的创始人之一,古希腊伟大哲学家留基伯是他的导师。德谟克利特一生勤奋钻研学问,知识渊博,他在哲学、逻辑学、物理、数学、天文、动植物、医学、心理学、伦理学、教育学、修辞学、军事、艺术等方面都有所建树。他认为,万物的本原是原子和虚空。原子是不可再分的物质微粒,虚空是原子运动的场所。人们的认识是从事物中流射出来的原子形成的"影像"作用于人们的感官与心灵而产生的。在伦理观上,他强调幸福论,主张道德的标准就是快乐和幸福。著有《小宇宙秩序》、《论自然》、《论人生》等,但仅有残篇传世。

433 普罗泰戈拉

普罗泰戈拉,公元前五世纪希腊哲学家,智者派的主要代表人物。普罗泰戈拉约生于公元前490~前480年之间，大约活了七十岁。他出生在阿布德拉城，多次来到当时希腊奴隶主民主制的中心雅典，与民主派政治家伯里克利结为挚友，曾为意大利南部的雅典殖民地图里城制定过法典。一生旅居各地，收徒传授修辞和论辩知识，是当时最受人尊敬的"智者"。据说晚年因"不敬神灵"被控，著作《论神》被焚，本人被逐出雅典，在渡海去西西里的途中逝世。普罗泰戈拉的著作除少数片断外，均已失传，他的思想，只能从柏拉图的对话《泰阿泰德篇》、《普罗泰戈拉篇》中见到。

434 柏拉图与色诺芬

柏拉图(约前427~前347)，古希腊伟大的哲学家，也是全部西方哲学乃至整个西方文化最伟大的哲学家和思想家之一，他和老师苏格拉底，学生亚里士多德并称为古希腊三大哲学家。他一生著述颇丰，其教学思想主要集中在《理想国》(TheRepublic)和《法律篇》中。

色诺芬(约前430~354)，古希腊历史学家、作家，雅典人。苏格拉底的弟子。公元前401年参加希腊雇佣军助小居鲁士争夺波斯王位，未遂，次年率军而返。前396年投身斯巴达，被母邦判处终身放逐。著有《远征记》、《希腊史》以及《回忆苏格拉底》等。

柏拉图的"对话"中所描述的有关苏格拉底的事件、会话和言论不是历史的、精确的记载。柏拉图的创作是以现实为基础的，这一现实是这位无与伦比的神秘思想家的事实；所展开的各个部分的描述是对事实的理想化。色诺芬的简单描述与这种美化有着天壤之别，可在本质上并无抵触。色诺芬看到的是细枝末节和无系统的概念，他公开寻找苏格拉底的优缺点，可在缺点方面一无所获。柏拉图探索了苏格拉底思想的真正的本质，但是这种思想的本质只能作形而上学的阐明；柏拉图和色诺芬都把苏格拉底看成人，而不是奉为神。所不同的是：色诺芬认为虽然苏格拉底本人并非完全正确，但他有理性、讲道德，人们可以全面了解他、完全理解他；而柏拉图则认为苏格拉底的话高深莫测，他来世时莫名其妙，去世时令人费解。

435 亚里士多德

亚里士多德(前384~前322),古希腊斯吉塔拉人,世界古代史上最伟大的哲学家、科学家和教育家之一。是柏拉图的学生,亚历山大的老师。公元前335年,他在雅典办了一所叫吕克昂的学校,被称为逍遥学派。亚里士多德创立了形式逻辑学,丰富和发展了哲学的各个分支学科,对科学作出了巨大的贡献。马克思曾称亚里士多德是古希腊哲学家中最博学的人物,恩格斯称他是古代的黑格尔。主要论著有《工具论》、《形而上学》、《物理学》、《伦理学》、《政治学》、《诗学》等。

436 牛顿

艾萨克·牛顿(1643~1727),英国伟大的数学家、物理学家、天文学家和自然哲学家,其研究领域包括了物理学、数学、天文学、神学、自然哲学和炼金术。牛顿的主要贡献有发明了微积分,发现了万有引力定律和经典力学,设计并实际制造了第一架反射式望远镜等等,被誉为人类历史上最伟大,最有影响力的科学家。为了纪念牛顿在经典力学方面的杰出成就,"牛顿"后来成为计量力的大小的物理单位。

437 穆罕默德

穆罕默德(约570~约632),伊斯兰教的创复兴者,也是伊斯兰教徒(穆斯林)公认的伊斯兰教先知。中国的穆斯林普遍尊称之为"穆圣",也被称作"马圣人"。伊斯兰教的观点是:穆罕默德不是伊斯兰教的创始人,而是正道的复兴者,他只是接受真主的启示而传播伊斯兰教。伊斯兰一词是阿拉伯语的音译,原词来自赛拉目,是和平和顺从的意思。

438 泰勒斯

泰勒斯(约前 624~约前 546),古希腊时期的思想家、科学家、哲学家,希腊最早的哲学学派——米利都学派(也称爱奥尼亚学派)的创始人。希腊七贤之一,西方思想史上第一个有记载有名字留下来的思想家。"科学和哲学之祖",泰勒斯是古希腊及西方第一个自然科学家和哲学家。泰勒斯无论在天文学,数学,哲学等方面都有着巨大的建树。他所提出的理论,定理一直沿用至今。对后世的科学的发展奠定了基础。泰勒斯的学生有阿那克西曼德、阿那克西美尼等。

439 普罗提诺

普罗提诺(205~270)又叫普罗汀,罗马帝国时代的希腊哲学家。新柏拉图主义奠基人。生于埃及。233 年拜亚历山大城的安漠尼乌斯为师学习哲学,曾参加罗马远征军,其目的是研习东方哲学。此后从事教学与写作。其学说融汇了毕达哥拉斯和柏拉图的思想以及东方神秘主义的流溢说,视太一为万物之源,人生的最高目的就是复返太一,与之合一。其思想对中世纪神学及哲学有很大影响。大部分关于普罗提诺的记载都来自他的学生波菲利(232~304)所编纂的普罗提诺的《六部九章集》的序言中。

440 圣安布洛斯

圣安布洛斯(340~397),是米兰的主教,欧洲中世纪基督教神学、教父哲学的重要代表人物。他出生贵族世家,有非凡的政治才干,智勇兼备。但他不肯把这份才干用以稳定风雨飘摇的帝国政府,却毅然出家去扶持尚处幼年期羽翼未丰的教会。圣安布洛斯大大拔高了教会在与国家关系中的相对地位。他与当时的皇帝狄奥多修斯有数次冲突,凭着他的机智和才干,每次他都使教会稳占上风,而使皇帝狼狈铩羽。圣安布洛斯因此巩固了教会的权力。

441 圣奥古斯丁

奥古斯丁(354~430),古罗马帝国时期基督教思想家,欧洲中世纪基督教神学、教父哲学的重要代表人物。在罗马天主教系统,他被封为圣人和圣师,并且是奥斯定会的发起人。对于新教教会,特别是加尔文主义,他的理论是宗教改革的救赎和恩典思想的源头。美学思想主要体现在他的神学著作和《忏悔录》中。

442 约翰·穆勒

约翰·穆勒(1806~1873),英国心理学家、哲学家和经济学家。约翰·穆勒认为心理学应该是一门独立的科学,它的任务是发现各种心理状态间的规律。同时他还指出心理学应从心理现象自身出发进行研究,不必借助于生理学。这种言论从其实质来说,是反对从唯物论出发研究心理的生理基础。约翰·穆勒为了补救他父亲的心理力学中机械性的缺陷,提出了"化学心理学"这一思想,认为有些观念的联合好像氢和氧化合成水一样,水具有新的性质,这种性质无论在氢或氧中都是没有的,它是由氢和氧的化合物形成的新品质。他还认为由观念的联合而形成的新品质不能由原先观念的性质来预知,而必须通过实际经验才可以认识到。他从"心理混合"改为"心理化合",用心理化学代替心理力学,这种看法似乎比较符合于心理事实。

443 拉美特利

拉美特利(1709~1751),法国启蒙思想家、哲学家。拉美特利从物质具有运动力和创造力的基本观点出发,批判地继承了笛卡尔的"动物是机器"的思想,进一步得出"人是机器"的结论。他运用当时医学、生理学和解剖学的大量科学材料,论证人的心灵对人的机体组织特别是对人脑的依赖关系。拉美特利还承认机体组织的不同决定人的智力的不平等,认为天才人物和他们对其他人的教育决定社会历史的发展。此外,他还发展了享乐主义学说,断言享乐是生活和目的,所有动机都是自私的。主要著作有《心灵的自然史》、《人是机器》、《伊壁鸠鲁的体系》等。

444 马基雅弗利

马基雅弗利(1461~1527),意大利著名的政治思想家、外交家和历史学家。被西方人誉为"政治学之父",他是一位深受文艺复兴影响的法学思想家,他主张建立统一的意大利国家,摆脱外国侵略,结束教权与君权的长期争论,在他看来,君主国是最理想的。政治法律手段和军事措施是他关注的唯一中心议题,而且他将这种统治手段和措施同宗教、道德和社会影响完全区别开来,除非它们直接影响到政治决策。一项决策是否过于残忍、失信或不合法,在他看来是无足轻重的。马基雅弗利不仅将宗教与政治法律分开,而且将伦理道德与政治法律分开。他的政治法律思想全部建筑在现实的人性之上。他主张人性侧重于恶,即"性恶论",还说人性是丑恶的,而明智的统治者正是以此作为制定政策的出发点。其名著《君主论》是政治学必读书,也是文艺复兴的代表作之一。

445 埃拉斯摩

埃拉斯摩(1466~1536),"北方文艺复兴"核心人物,生在鹿特丹。埃拉斯摩是当时北欧最具代表性的人文学者,他的思想不仅标志着北欧宗教传统和意大利人文主义的结合,而且其影响超越了民族文化的框架。埃拉斯摩幼年受教于"同生兄弟会"开办的学校,深受基督教思想熏陶,比较重视精神修养而非单纯追求学术成就。从他离开修道院而移居巴黎之时起,他便开始学习希腊语,而且信奉这样的理想:要用自己的学问更好地理解基督的福音。埃拉斯摩尽管对教会的弊端予以辛辣的嘲讽,如著名的《愚人颂》,但他的一生却致力于使基督哲学得到"再生"。为此,他曾根据较为精确的希腊原文编纂过一部《新约》,同时还编纂了许多教会先哲的著作。

446 托马斯·莫尔

托马斯·莫尔(1478~1535),文艺复兴时期英国空想社会主义者,欧洲空想社会主义的创始人,以其名著《乌托邦》而名垂史册,作为一个献身于自己的宗教和原则的殉道士而被后人所铭记,被誉为英伦三岛有史以来最有德行的人。他的《乌托邦》作为乌托邦文学流派的先行者,其中详细介绍了理想的社会和完善的城市。虽然乌托邦是一个文艺复兴运动的产物,但其结合了柏拉图古典完美社会的概念和亚里士多德的古罗马修辞策略它的影响一直持续到欧洲的启蒙运动。

447 弗兰西斯·培根

弗兰西斯·培根(1561~1626)是英国哲学家、思想家、作家和科学家。被马克思称为"英国唯物主义和整个现代实验科学的真正始祖"。他在逻辑学、美学、教育学方面也提出许多思想。著有《新工具》《论说随笔文集》等。他竭力倡导"读史使人明智;读诗使人灵秀;数学使人精密;哲理使人深刻;伦理学使人有修养;逻辑修辞之学使人善辩。"培根一生在学问上成就很大,然而作为政客他饱尝了仕途之艰辛。做女王掌玺大臣的父亲去世后,他一直未得到女王的重用。直到詹姆斯一世当政,他才逐渐得到升迁,先后担任过法院院长、检察长、掌玺大臣等,还被封男爵、子爵等贵族尊号。然而,后来他又被免除了一切官职。成为平民之后,培根将全部的精力投入到学问研究中,他最终成为中世纪英国著名的唯物主义哲学创始者。

448 托马斯·霍布士

托马斯·霍布士(1588~1679),英国哲学家。霍布士认为哲学的任务就是运用数学推理演绎的方法去研究物体和它的运动,寻求事物之间的因果关系。在

《论人性》中，霍布士集中探讨了认识论问题，他反对天赋观念，主张唯物主义的反映论。在美学方面，霍布士的贡献在于他系统深入地讨论了人类的心理活动，可以说是英国经验派心理学的始祖。他奠定了经验主义哲学的基本原则即一切人类思想都起源于感觉，并初步建立了经验派美学用来解释想象和虚构乃至一般审美活动的观念联想律。霍布士在《利维坦》中认为宗教也要服从世俗政权，这一观点招致了教会的仇恨。他对教会神权和中世纪经院派哲学的攻击，他的朴素唯物主义，以及他的关于社会契约的学说在当时都带有进步的意义，对法国启蒙运动的领袖们发生过显著的影响。

449 勒奈·笛卡尔

勒奈·笛卡尔(1596~1650)，法国伟大的哲学家、物理学家、数学家、生理学家。解析几何的创始人。笛卡尔是欧洲近代资产阶级哲学的奠基人之一，黑格尔称他为"现代哲学之父"。他自成体系，熔唯物主义与唯心主义于一炉，在哲学史上产生了深远的影响。同时，他又是一位勇于探索的科学家，他所建立的解析几何在数学史上具有划时代的意义。笛卡尔的哲学与数学思想对历史的影响是深远。人们在他的墓碑上刻下了这样一句话："笛卡尔，欧洲文艺复兴以来，第一个为人类争取并保证理性权利的人。"笛卡尔堪称十七世纪的欧洲哲学界和科学界最有影响的巨匠之一，被誉为"近代科学的始祖"。

450 莱布尼茨

戈特弗里德·威廉·凡·莱布尼茨(1646~1716)，德国最重要的自然科学家、数学家、物理学家、历史学家和哲学家，一位举世罕见的科学天才，和牛顿同为微积分的创建人。他博览群书，涉猎百科，对丰富人类的科学知识宝库做出了不可磨灭的贡献。莱布尼茨对中国的科学、文化和哲学思想十分关注，他是最早研究中国文化和中国哲学的德国人。他向耶稣会来华传教士格里马尔迪了解到了许多有关中国的情况，包括养蚕纺织、造纸印染、冶金矿产、天文地理、数学文字等等,并将这些资料编辑成册出版。他认为中西相互之间应建立一种交流认识的新型关系。莱布尼茨为促进中西文化交流做出了毕生的努力,产生了广泛而深远的影响。他的虚心好学、对中国文化平等相待,不含"欧洲中心论"偏见的精神尤为难能可贵,值得后世永远敬仰、效仿。

451 约翰·洛克

约翰·洛克(1632~1704),英国哲学家、经验主义的开创人,同时也是第一个全面阐述宪政民主思想的人。洛克对于哲学和政治哲学界产生极大影响,尤其是自由主义的发展。现代的自由意志主义者也将洛克视为其理论的奠基者之一。洛克对于伏尔泰有极大影响,而他在自由和社会契约上的理论也影响了后来的亚历山大·汉密尔顿、詹姆斯·麦迪逊、托马斯·杰斐逊,以及其他许多的美国开国元勋。洛克的理论激励了后来的美国革命与法国大革命。洛克在知识论上也有极大贡献,他提出了"主观性"——或称之为"自我"的定义,部分历史学家认为洛克的《人类理解论》一书是现代哲学中有关自我的概念的奠基者。

452 贝克莱

贝克莱(1685~1753),英国主观唯心主义哲学家、主教。贝克莱对于心理学的贡献,主要是他的《视觉新论》,断定经验来自视觉、肤觉的客体、方位、大小和形状。贝克莱认为由空间知觉来判断距离的远近和物体的大小,全凭人们的知觉经验。物体投射到眼睛网膜的视像受方位、空气透视和相对大小的影响,这已是人所共知的常识。还提出眼的辐合作用,眼的投射域和眼的调节作用(紧张度)。1734年,贝克莱以"渺小的哲学家"之名出版了一本标题很长的书《分析学家;或一篇致一位不信神数学家的论文,其中审查一下近代分析学的对象、原则及论断是不是比宗教的神秘、信仰的要点有更清晰的表达,或更明显的推理》。在这本书中,贝克莱嘲笑无穷小量是"已死量的幽灵"(因为无穷小量在牛顿的理论中一会儿说是零,一会儿又说不是零),他的攻击虽以维护神学为目的,但却真正抓住了牛顿理论中的缺陷。数学史上把贝克莱的问题称之为"贝克莱悖论",这一问题的提出在当时的数学界引起了一定的混乱,由此导致了第二次数学危机的产生。

453 休谟

休谟(1711~1776),十八世纪英国哲学家,历史学家,经济学家,他被视为是苏格兰启蒙运动以及西方哲学历史中最重要的人物之一。虽然现代对于休谟的著作研究聚焦于其哲学思想上,他最先是以历史学家的身分成名,他所著的《英格兰史》一书在当时成为英格兰历史学界的基础著作长达六七十年。休谟的哲学受到经验主义者约翰·洛克和乔治·贝克莱的深刻影响,也受到一些法国作家的影响,他也吸收了各种英格兰知识分子如艾萨克·牛顿、弗朗西斯·哈奇森、亚当·斯密等人的理论。休谟的哲学是近代欧洲哲学史上第一个不可知论的哲学体系。休谟和康德一样,在哲学的发展上起过很重要的作用。休谟的怀疑论为十九世纪英国非宗教的哲学思想提供了理论。休谟的不可知论观点为实证主义者、马赫主义者和新实证主义者所继承,对现代西方资产阶级哲学产生了广泛的影响。

454 卢梭

让·雅克·卢梭(1712~1778)是法国著名启蒙思想家、哲学家、教育家、文学家,是十八世纪法国大革命的思想先驱,启蒙运动最卓越的代表人物之一。他是《百科全书》的撰稿人之一。在政治上,他提出了著名的人民主权思想,认为一切权利属于人民,人民有权对政府和官吏委任和撤换,直至消灭奴役压迫人民的统治者。在哲学上,卢梭主张感觉是认识的来源,坚持"自然神论"的观点;强调人性本善,信仰高于理性。在社会观上,卢梭坚持社会契约论,主张建立资产阶级的"理性王国";主张自由平等,反对大私有制及其压迫;提出"天赋人权说",反对专制、暴政。在教育上,他主张教育目的在培养自然人;反对封建教育戕害、

轻视儿童,要求提高儿童在教育中的地位;主张改革教育内容和方法,顺应儿童的本性,让他们的身心自由发展,反映了资产阶级和广大劳动人民从封建专制主义下解放出来的要求。

455 康德

伊曼努尔·康德(1724~1804),德国哲学家、天文学家、星云说的创立者之一、德国古典哲学的创始人,唯心主义,不可知论者,德国古典美学的奠定者。康德的"三大批判"构成了他的伟大哲学体系,它们是:"纯粹理性批判"、"实践理性批判"和"判断力批判"。康德的《论永久和平》是一部有深远影响的著作,书中提出了世界公民、世界联邦、不干涉内政的主权国家原则等至今仍有现实意义的构想。1754年,康德在其论文《论地球自转是否变化和地球是否要衰老中对"宇宙不变论"大胆提出怀疑。1755年,康德在其《自然通史和天体论》一书中首先提出太阳系起源星云说,由于当时形而上学自然观的排斥,此理论并没有引起人们的注意,长期被埋没,直到1796年,法国著名数学和天文学家拉普拉斯在他的《宇宙体系论》一书中,独立地提出了另一种太阳系起源的星云假说,人们才想起四十一年前康德已提出此理论,因而后人把此学说称为康德–拉普拉斯学说。整个十九世纪,这种学说在天文学中一直占有统治的地位。

456 黑格尔

格奥尔格·威廉·弗里德里希·黑格尔(1770~1831),德国哲学家,德国古典唯心主义的集大成者。曾任家庭教师,纽伦堡文科中学校长,海德堡大学、柏林大学教授。1830年任柏林大学校长。黑格尔创立了欧洲哲学史上最庞大的客观唯心主义体系,并极大地发展了辩证法。他的哲学的基本的出发点是唯心主义的思维与存在同一论(亦称"思有同一说"),精神运动的辩证法以及发展过程的正反合三段式。认为思维和存在统一于绝对精神,绝对精神是一独立主体,是万事万物的本原与基础,它的辩证发展经历了逻辑、自然、精神三个阶段。他的哲学是对三个阶段的描述，因而相应地由逻辑学、自然哲学和精神哲学三个部分组成。逻辑学是"研究观念（理念）自在自为的科学"，将质量互变、对立统一、否定之否定当做思维的规律加以阐明，在概念的辩证法中，他猜测到了客观事物本身的辩证法。自然哲学是"研究观念他在或外在化的科学"，他以幻想代替事实，发表了一些错误理论，但他也提出了合理的思想。精神哲学是"研究观念由他在回复到自身的科学"，他提出了社会政治、伦理、历史、美学等方面的观点和主张，并试图找出贯穿在历史各方面的发展线索。在美学上，提出"美就是理念的感性显现"；强调艺术与人生重大问题的密切联系以及理性的内容对艺术的重要意义。黑格尔哲学是马克思主义哲学的来源之一。

457 拜伦

乔治·戈登·拜伦（1788~1824），是英国浪漫主义文学的杰出代表。拜伦天生跛一足，并对此很敏感。十岁时，拜伦家族的世袭爵位及产业落到他身上，成为拜伦第六世勋爵。哈罗公学毕业后，1805~1808年在剑桥大学学文学及历史，他是个不刻苦的学生，很少听课，却广泛阅读了欧洲和英国的文学、哲学和历史著作，同时也从事射击、赌博、饮酒、打猎、游泳、拳击等各种活动。1809年3月，他作为世袭贵族进入了贵族院，他出席议院和发言的次数不多，但这些发言都鲜明地表示了拜伦的自由主义的进步立场。拜伦一生为民主、自由、民族解放的理想而斗争，而且努力创作，他的作品具有重大的历史进步意义和艺术价值，他未完成的长篇诗体小说《唐璜》，是一部气势宏伟，意境开阔，见解高超，艺术卓越的叙事长诗，在英国以至欧洲的文学史上都是罕见的。拜伦不仅是一位伟大的诗人，还是一个为理想战斗一生的勇士，是贵族叛逆者的典型代表。

458 叔本华

阿图尔·叔本华（1788~1860），德国哲学家。他继承了康德对于现象和物自体之间的区分。不同于他同代的费希特、谢林、黑格尔等取消物自体的做法，他坚持物自体，并认为它可以通过直观而被认识，将其确定为意志。意志独立于时间、空间，所有理性、知识都从属于它。人们只有在审美的沉思时逃离其中。叔本华将它著名的极端悲观主义和此学说联系在一起，认为意志的支配最终只能导致虚无和痛苦。他对心灵屈从于器官、欲望和冲动的压抑、扭曲的理解预言了精神分析学和心理学。他文笔流畅，思路清晰，后期的散文式论述对后来哲学著作的诗意化产生了较大影响。叔本华是维特根斯坦阅读并欣赏的少数哲学家之一。影响了尼采、萨特等诸多哲学家，开启了非理性主义哲学，尼采十分欣赏他的作品，曾作《作为教育家的叔本华》来纪念他。瓦格纳把歌剧《尼伯龙根的指环》献给叔本华。莫泊桑称他为"人类历史上最伟大的梦想破坏者"。国学大师王国维的思想亦深受叔本华的影响，在其著作《人间词话》中以叔本华的理论评宋词；还曾借助其理论发展了红学，成就颇高。

459 祁克果

祁克果(1813~1855)，丹麦著名神学家、哲学家，被公认为是存在主义最早的先驱。祁克果把信仰归为人的内在禀赋和意念——所谓的"主观性"。换言之，在祁克果看来，对宗教教义的接受或者拒斥教义上错误的东西，这些是理智的活动，与信仰无关。祁克果打破了黑格尔将"存在"归于逻辑范畴的观点，将其定义为一个只能适用与于个人的概念。"存在"即一个人自己的生活过程，包括自我参与、自由选择和实现自我三个环节。在这一点上，祁克果以其非理性，人本地定义了"存在"这个哲学中的重要主题。祁克果的思想没有任何的本体论，他的焦点始终是人，人的存在和人的自由选择。他的"自我参与"意即积极地、主动地参与人生的全过程；"自己选择"即感性地，在结果不确定的情况下做出完全自主的选择，而这种选择在祁克果看来，总是朝向一个目标的飞跃而非偏离目标的堕落；祁克果反对黑格尔的国家主义理论，他的"自我实现"是个体的实现，是个体越来越脱离社会而存在的过程，他对群体、集体、整体深恶痛绝。

460 尼采

弗里德里希·威廉·尼采(1844~1900),德国著名哲学家。西方现代哲学的开创者,同时也是卓越的诗人和散文家。他最早开始批判西方现代社会,然而他的学说在他的时代却没有引起人们重视,直到二十世纪,才激起深远的调门各异的回声。后来的生命哲学,存在主义,弗洛伊德主义,后现代主义,都以各自的形式回应尼采的哲学思想。尼采的唯意志论哲学价值具有两重性,一方面,尼采继承了启蒙运动的精髓,反映了现代意识的觉醒。对人生价值的积极肯定,引发了人们对人生意义人生价值的思考,重新定位人生;对工具理性和工业文明的否定性批判,开启了现代非理性主义思潮。另一方面,对理性的批判,对传统的否定也存在着片面性,这正是后现代主义欣赏的一面。他的伦理思想反映了正在形成的垄断资产阶级的利益。

461 马克思与恩格斯

马克思(1818~1883),德国人。全世界无产阶级的伟大导师、科学共产主义的创始人。伟大的政治家、哲学家、经济学家、革命理论家。主要著作有《资本论》、《共产党宣言》等。

恩格斯(1820~1895),德国社会主义理论家及作家,哲学家,马克思主义的创始人之一,马克思的亲密战友,国际无产阶级运动的领袖。

马克思主义是马克思、恩格斯在十九世纪工人运动实践基础上而创立的理论体系。马克思主义主要以唯物主义角度所编写而成。马克思主义理论体系包括三部分,即马克思主义哲学、马克思主义政治经济学、科学社会主义,分别是马克思、恩格斯受德国古典哲学、英国古典政治经济学、法国空想社会主义影响,并在此基础上创立的。

462 弗洛伊德

西格蒙德·弗洛伊德(1856~1939)，犹太人，奥地利精神病医生及精神分析学家。精神分析学派的创始人。他认为被压抑的欲望绝大部分是属于性的，性的扰乱是精神病的根本原因。弗洛伊德终生从事著作和临床治疗。他的思想极为深刻，探讨问题中，往往引述历代文学、历史、医学、哲学、宗教等材料。他思考敏锐、分析精细、推断循回递进、构思步步趋入，揭示出人们心灵的底层，这就是精神分析的内容极其丰富的根源。

463 皮亚杰

让·皮亚杰(1896~1980)，瑞士心理学家，发生认识论创始人。皮亚杰于1921年任日内瓦大学卢梭学院实验室主任，1924年起任日内瓦大学教授。先后当选为瑞士心理学会、法语国家心理科学联合会主席，1954年任第十四届国际心理科学联合会主席。此外，皮亚杰还长期担任联合国教科文组织领导下的国际教育局局长和联合国教科文组织助理干事之职。皮亚杰还是多国著名大学的名誉博士或名誉教授。为了致力于研究发生认识论，皮亚杰于1955年在日内瓦创建了"国际发生认识论中心"并任主任，集合各国著名哲学家、心理学家、教育家、逻辑学家、数学家、语言学家和控制论学者研究发生认识论，对于儿童各类概念以及知识形成的过程和发展进行多学科的深入研究。

464 马斯洛

马斯洛(1908~1970)是美国著名心理学家，第三代心理学的开创者，提出了融合精神分析心理学和行为主义心理学的人本主义心理学，于其中融合了其美学思想。他是智商高达194的天才，伟大的先知。他没有美学专著，其美学思想却融合在其心理学理论中。马斯洛的人本主义心理学为其美学理论提供了心理

学基础。其心理学理论核心是人通过"自我实现",满足多层次的需要系统,达到"高峰体验",重新找回被技术排斥的人的价值,实现完美人格。他认为人作为一个有机整体,具有多种动机和需要,包括生理需要、安全需要、社交需要(包含爱与被爱,归属与领导)、自尊需要和自我实现需要。其中自我实现的需要是超越性的,追求真、善、美,将最终导向完美人格的塑造,高峰体验代表了人的这种最佳状态。

465 柏格森

亨利·柏格森(1859~1941),法国哲学家。第一次世界大战期间,他以学者身分步入政界,历任驻西班牙和美国大使。1919年任法国政府文教最高会议委员,1922年担任国际联盟文化合作委员会第一任主席。柏格森倡导的生命哲学是对现代科学主义文化思潮的反拨。他提倡直觉,贬低理性,认为科学和理性只能把握相对的运动和实在的表皮,不能把握绝对的运动和实在本身,只有通过直觉才能体验和把握到生命存在的"绵延",那唯一真正本体性的存在。"它使人置身于实在之内,也不是从外部的观点来观察实在,它借助于直觉,而非进行分析。"这种体认、领悟实在的方法,在哲学史上叫做直觉主义。在《创造的进化》中,他还提出和论证了生命的冲动。"生命冲动"即是主观的非理性的心理体验,又是创造万物的宇宙意志。"生命冲动"的本能的向上喷发,产生精神性的事物,如人的自由意志、灵魂等;而"生命冲动"的向下坠落则产生无机界、惰性的物理的事物。柏格森的生命哲学具有强烈的唯心主义和神秘主义的色彩,但它对种种理性主义认识形式的批判和冲击,对于人类精神解放确有重要意义,因而不仅成为现代派文学艺术的重要哲学基础,而且对现代科学和哲学也影响很大。

466 狄尔泰

狄尔泰(1833~1911),德国哲学家,生命哲学的奠基人。曾先后在巴塞尔大学、基尔大学、布雷斯劳大学和柏林大学任哲学教授。狄尔泰的哲学思想是新康德主义的发展。他严格区分了自然科学与精神科学,并以生命或生活作为哲学的出发点,认为哲学不仅仅是对个人生命的说明,它更强调人类的生命,指出人类生命的特点必定表现在时代精神上,但他却把生命解释为某种神秘的心理体验。著作有《精神科学序论》、《哲学的本质》等。

467 皮尔士

皮尔士(1839~1914),美国哲学家,逻辑学家,自然科学家。实用主义的创始人。曾于哈佛大学就读,在美国海洋和大地测量观察所任职。一生不得志。1887年以前一直未能在大学谋到一正式教席。在哲学上,提出作为实用主义核心的意义理论,把观念的意义和实际的效果联系起来,断言一个观念的定义是该观念的可感觉的效果。后来,将实用主义易名为"实效主义"。在逻辑学方面有两大贡献,一是改进了希尔代数,一是发展了关系逻辑,即引入新的概念和符号,把关系逻辑组成为一个关系演算。在自然科学方面,先于迈克尔逊以光波波长作为测量单位。

468 詹姆士

詹姆士(1842~1910),美国心理学家,哲学家。曾任哈佛大学生理学、哲学和心理学教授。为美国心理学会和宗教心理学的创始人之一。他从科学和实验意义上来重新认识、理解心理学,推崇实用主义思想方法与心理学实验研究的结合,曾对人的意识、意志、本能、情绪、习惯和自我体验等展开深入探讨,其理论对美国机能心理学、科学心理学和行为主义思想体系的发展都产生过直接影响。他支持并直接参与了美国的宗教心理实验研究,成为其经验学派的主要人物之一。他曾从个人信仰经验和宗教意识这一角度来展开对个体宗教经验的研究,其关于宗教经验的著述成为西方宗教心理学的经典著作,并把这一研究领域推向了一个全新的发展阶段。詹姆士对宗教神秘经验和信仰意志的研究、其关涉潜意识和宗教经验之关系的假设,以及他所采用的医学和药物实验方法等曾为美国宗教心理学体系的创立奠定了重要基础，对整个西方现代心理学的发展亦产生了广远影响。

469 杜威

杜威(1859~1952)，近代美国教育思想家、实用主义哲学家。杜威对美国及世界教育思想与实施，有着深远的影响与无与伦比的贡献。在美国国内，杜威也是一位积极推动社会改革，倡言民主政治理想的所谓自由主义派人士，同时也是一位致力于民本主义教育思想的实践者。他的思想形成了美国继实用主义之后而起的实验主义哲学体系，同时间接影响到新教育的理论形成与实施。杜威在哲学见解上，早期虽然承袭了黑格尔的部分思想，但是舍弃了其中的绝对主义。在杜威的哲学思想中，他并不赞成观念完全是一个固定不变的静态的说法，认为观念自身并不是绝对的。他把观念视为可易的、动态的、具有工具性的指导效能，而使人更能适应外在的环境。杜威是一个比较倾向于自由派的教育家，不希望向权威低头。在他的鼓励下，美国大学教师于1914年组织了全美大学教授联合会，四年之后又在纽约组织了纽约教师联合会，作为维护教师权益的一个有力组织，不仅消极地维护了教师的权利，而且积极地争取教育专业化的实现。

470 庞加莱

亨利·庞加莱(1854~1912)，法国数学家、哲学家。庞加莱的研究涉及数论、代数学、几何学、拓扑学等许多领域，最重要的工作是在分析学方面。庞加莱对现代数学最重要的影响是创立组合拓扑学。他还引进贝蒂数、挠系数和基本群等重要概念，创造流形的三角剖分、单纯复合形、重心重分、对偶复合形、复合形的关联系数矩阵等工具，借助它们推广欧拉多面体定理成为欧拉·庞加莱公式，并证明流形的同调对偶定理。庞加莱的哲学著作《科学与假设》、《科学的价值》、《科学与方法》也有着重大的影响。他是约定主义的代表人物，认为科学公理是方便的定义或约定，可以在一切可能的约定中进行选择，但须以实验事实为依据,避开一切矛盾。在数学上,他不同意罗素、希尔伯特的观点,反对无穷集合的概念,赞成潜在的无穷,认为数学最基本的直观概念是自然数,反对把自然数归结为集合论。这使他成为直觉主义的先驱者之一。

471 弗雷格

弗雷格(1848~1925),德国数学家、逻辑学家和哲学家,是数理逻辑和分析哲学的奠基人。弗雷格的工作没有在有生之年得到广泛的赞誉,但是受到伯特兰·罗素和路德维希·维特根斯坦和卡尔纳普的称赞,认为他注定会产生重大的影响。二战后他的工作才在英语世界广为人知,部分原因是一些哲学家和逻辑学家移居到了美国——例如卡尔纳普,塔尔斯基,和哥德尔——那些了解尊敬弗雷格工作并将他的主要著作翻译成英文的人。弗雷格的工作对分析哲学产生了巨大的影响。

472 罗素

罗素(1872~1970),英国哲学家、数学家、逻辑学家。罗素在1950年获诺贝尔文学奖。罗素哲学思想中比较重要的,是他的"中立一元论",大意是构成世界的材料既不是纯粹的心,又不是纯粹的物,也不是心物的二元对立,而是一种非心非物、对于心物都取中立态度的东西。这种中立的事物有时指事件,有时又指感官和材料,这种"世界材料"是构成心物最原始的东西。这些观点都体现在他1921年完成的《物的分析》和《心的分析》两部著作中。在数学上以他命名的"罗素悖论"曾对二十世纪的数学基础发生过重大影响,其与怀特海的巨著《数学原理》中提出的逻辑类型论成功地解决了包括罗素悖论在内的不少悖论,并且成为人类数学和数理逻辑历史上里程碑式的著作,正是这本巨著使罗素获得了崇高的声誉。在教育上,罗素主张自由教育,认为教育的基本目的应该是培养"活力、勇气、敏感、智慧"四种品质。在政治上,他反对侵略战争,倡导和平主义。

473 索绪尔

费尔迪南·德·索绪尔(1857~1913),瑞典人,哲学家,现代语言学的重要奠基者,也是结构主义的开创者之一。索绪尔被后人称为现代语言学之父,结构主义的鼻祖。《普通语言学教程》是他的代表性著作,集中体现了他的基本语言学思想,对二十世纪的现代语言学研究产生了深远的影响。同时,由于其研究视角和方法论所具有的一般性和深刻性,书中的思想成为二十世纪重要的哲学流派结构主义的重要思想来源。

474 马赫

恩斯特·马赫(1838~1916),奥地利物理学家、生物学家、心理学家、哲学家。马赫是一位具有批判精神的理论物理学家,一生主要致力于实验物理学和哲学的研究。他研究物体在气体中高速运动时,发现了激波。确定了以物速与声速的比值(即马赫数)为标准,来描述物体的超声速运动。马赫效应、马赫波、马赫角等这些以马赫命名的术语,在空气动力学中广泛使用,这是马赫在力学上的历史性贡献。马赫首先用仪器演示声学多普勒效应,提出过 N 维原子理论等。他通过对科学的历史考察和科学方法论的分析,写过几本富有浓厚认识论色彩和历史观点的著作,其中以 1883 年《力学及其发展的批判历史概论》(简称《力学史评》)这部著作影响最大,对物理学的发展产生了深刻的影响。他在书中对牛顿的绝对时间、绝对空间的批判以及对惯性的理解,对爱因斯坦建立广义相对论起过积极的作用,成为后者写出引力场方程的依据。后来爱因斯坦把他的这一思想称为马赫原理。马赫在哲学上是唯心主义的逻辑实证论者。

475 阿诺尔德·约瑟·汤因比

阿诺尔德·约瑟·汤因比(1889~1975)是英国著名历史学家。汤因比史学的一个卓越贡献就是对人类历史发展的客观进程作出了整体性与综合性的考察。作为"新斯宾格勒派",汤因比的"文化形态学说"在相当大的程度上,可以视为斯宾格勒创立的文化形态理论的一种继承与发展。在对文明起源的解释上,汤因比注意到了人和环境的相互关系,注意到了社会发展过程中主体的能动作用,提出了挑战与应战的理论。汤因比看到科学发展给人类带来的问题,注重道德的进步和人类自身的完善,有其一定的合理性,但又夸大了宗教在历史上的重要性。在晚年,汤因比承认了自己的错误,指出仅用一个西欧模式并不能说明一切问题,还应再加一个中国模式或犹太模式,并对中国的未来寄予了很大的希望。汤因比认为人的理智和良心是高于一切的。在对西方前途的解释上,汤因比认为,西方将来的命运,取决于西方人能否面对挑战进行成功的应战,能否解决那些事关西方文明生存的各种问题。这种比较乐观和现实的态度,反映了第二次世界大战以后时代和西方社会所发生的巨大变化。

476 库恩

库恩(1922~1996),美国科学史家,科学哲学家。库恩1949年获哲学博士学位。1952年开始讲授科学史,先后任教于普林斯顿大学和马塞诸塞理工学院。他是西方科学哲学中历史-社会学派最主要的代表,提出了一种新颖的科学观,即把科学看作一定的科学共同体按照一套共有的"范式"所进行的专业活动,并描绘了一种常规时期和革命时期相互交替的科学发展模式。他系统论述了科学作为一种人的社会活动及其历史发展过程这个侧面,把科学从认识论范畴扩大到社会历史范畴,从而补充了科学哲学中传统逻辑主义的不足。二十世纪八十年代以后,他主要致力于科学语言的研究,力图摆脱其割裂科学的历史与逻辑所造成的困境。

477 波普

卡尔·波普(1902~1994)是当代西方最有影响的哲学家之一。1902年6月

28日出生于奥地利维也纳。父母都是犹太人。第二次世界大战期间,他为逃避纳粹迫害移居英国,入了英国籍。波普研究的范围甚广,涉及科学方法论、科学哲学、社会哲学、逻辑学等。他1934年完成的《科学研究的逻辑》一书标志着西方科学哲学最重要的学派——批判理性主义的形成。他的另一部著作《开放社会及其敌人》是其社会哲学方面的代表作,出版后轰动了西方哲学界和政治学界。波普的对待科学证伪主义态度,使得他在科学哲学史上具有重要地位。而他的"三个世界"理论在多个学科得到新的诠释。波普的"第一世界"是指包括地球在内的全部宇宙自然界,"第二世界"是指人的精神世界,包括所有人的心理活动、心理状态等,"第三世界"又称为"客观知识世界",包括人类所创造的语言、文艺作品、宗教、科学、技术等。他认为"第一世界"最先存在,而"第二世界"在新的层次上出现,"第三世界"又出现在更高的层次上。

478 卡尔纳普

卡尔纳普(1891~1970),美国哲学家,逻辑实证主义的主要代表。卡尔纳普原籍是德国隆斯多夫,1941年加入美国籍。卡尔纳普认为一切关于世界的概念和知识最终来源于直接经验。在他的研究领域中,哲学问题被归结为语言问题,哲学方法就在于对科学语言进行逻辑分析。他认为归纳推理可以而且应当像演绎推理一样予以规则化和精确化,归纳逻辑提供据以评价人的合理信念和合理行为的标准。著作有《世界的逻辑结构》等。

479 维特根斯坦

路德维希·维特根斯坦(1889~1951),出生于奥地利,后入英国籍。哲学家、数理逻辑学家。语言哲学的奠基人,二十世纪最有影响的哲学家之一。维特根斯坦是语言学派(大约相当于分析哲学)的主要代表人物。他的哲学主要研究的是语言,他想揭示当人们交流时,表达自己的时候到底发生了什么。他主张哲学的本质就是语言。语言是人类思想的表达,是整个文明的基础,哲学的本质只能在语言中寻找。他消解了传统形而上学的唯一本质,为哲学找到了新的发展方向。他的主要著作《逻辑哲学论》和《哲学研究》分别代表了贯其一生的哲学道路的两个互为对比的阶段。前者主要是解构,让哲学成为语言学问题,哲学必须直面语言,"凡是能够说的事情,都能够说清楚,而凡是不能说的事情,就应该沉默",哲学无非是把问题讲清楚。后者又把哲学回归哲学,在解构之后是建构,创造一套严格的可以表述哲学的语言是不可能的,因为日常生活的语言是生生不息的,这是哲学的基础和源泉,所以哲学的本质应该在日常生活解决,在"游戏"中理解游戏。

480 赖尔

赖尔(1797~1875),英国地质学家。在赖尔看来,地球有着漫长的历史,而且经历了千变万化。地球的这一历史,又是整个人类和任何人所不曾经历过的过去。但是,人们对地球的过去并非无能为力,而是可以认识的。赖尔得出这一认识是基于"自然法则是始终一致的"这一原理,这是构成他的地质进化论思想的基石。赖尔所提出的地质进化思想以及他所确立的"古今一致"和"将今论古"的方法论原理不仅为地质学的发展作出了重要贡献,而且在整个科学史上也占有重要的地位。赖尔在他的《地质学原理》中强烈的批判了"创世论",他认为地质学的研究每向正确理论前进一步,都要和强有力的先入偏见作斗争。因此,在科学的地质学初建时期,他不仅赞扬赫顿敢于站出来,企图为科学和"创世论"划一条严格的界限,而且在绪论中开宗明义地宣布,《地质学原理》以后的各章,将"说明地质学与'创世论'的区别"。正因为这点,恩格斯站在时代的高度给了赖尔以很高的评价。他说:"只有赖尔才第一次把理性带到了地质学中,因为他以地球的缓慢变化这样一种渐进作用代替了由于造物主的一时兴发所引起的突然革命。"

481 奥斯丁

约翰·奥斯丁(1790~1817),英国法学家,"现代英国法理学之父",法律实证主义创始人之一。奥斯丁的学术思想主要渊源于托马斯·霍布斯和杰里米·边沁。霍布斯关于"强势政府"（权力）和实在法（主权者的命令），以及建立现代社会秩序之必然性的论述，是奥斯丁法理学的基本主题。边沁对功利主义原则的阐述，对法律和道德、注释法学和评论法学的区分，则为奥斯丁寻求法律实证知识以建立现代社会秩序的努力，提供了重要的指引。奥斯丁的贡献主要在于：设定了分析法学的基本规则，而正是这些规则界定了法律实证主义的基本特征；在边沁学术遗产的基础上，努力通过严格的科学程序创设法理学学科体系，使法理学作为科学的一个分支成为可能。

482 斯特劳森

彼特·斯特劳森(1919~)是当代英国哲学家，1977年因对哲学的杰出贡献而被英皇封为爵士。斯特劳森是当代主导分析哲学发展的主要哲学家之一，分析哲学的许多中心论题都源于他的著作。早在1950年，他就批判过符合真理论，提倡"真理多余论"。同年，他在《论指称》一文中批驳了罗素的摹状词理论。1959年出版的《个别物》一书，这是二战以后分析哲学的最大成就之一，它使得分析哲学重新认同形而上学的核心地位。1971年出版的《逻辑与语法中的主项与谓项》是继弗雷格意义理论之后，语言哲学的又一里程碑。斯特劳森坚信，概念固然随着思想的变化而变化，可是人类思维中有一个核心的部分是没有历史的，就是说，这一部分是不变的，它是由一些概念和范畴组成的概念构架。斯特劳森的概念结构似乎是超越时空，超越文化历史的。事实上，这样的概念结构是不存在的。概念结构一般是文化的产物，不同的时代和文化背景，会形成不同的概念结构。

483 奎因

奎因(1908~2000)，美国哲学家，逻辑学家，逻辑实用主义的代表。1908年3月25日生于俄亥俄州。奎因初期深受"维也纳学派"的影响，是一个逻辑实证主义者。后来,他转向实用主义,把逻辑实证主义和实用主义结合起来,形成了逻辑实用主义。在数学哲学方面,他从逻辑主义转向经验主义。奎因哲学以思想深刻和分析敏锐著称,许多著作不是特别容易读懂。但是,理解他的著作的困难不在于语言方面,而主要在于他讨论问题的技术性,而且是很强的技术性。在他讨论和分析问题的过程有很高的语言天赋和极强的驾驭语言的能力,文字书写流畅漂亮,特别是,他始终运用现代逻辑来探讨那些在他看来最重要的哲学问题。他关于"分析命题和综合命题的区别"的质疑,他提出的"翻译的不确定性"的著名假说,他做出的"真即去引号"的解释,他建立的"没有同一就没有实体"、"是乃是变元的值"等著名的本体论承诺等等,所有这些都不是凭空思辨的产物,而是充满了对逻辑方法的运用和对语言的细致分析。奎因是二十世纪最重要的哲学家之一。如果仅从哈佛来体会美国哲学界,可以说不谈奎因的思想几乎是不可能的。他关于本体论承诺的论述,他对分析和综合这一传统区别的批判,他提出的翻译的不确定性的观点等等,几乎成为讨论中的常识。

484 胡塞尔

胡塞尔(1859~1938),德国哲学家、二十世纪现象学学派创始人,也是最有影响的哲学家之一。胡塞尔一生都在纯思想领域做艰辛的探索。胡塞尔是犹太人,晚年遭纳粹迫害。死后他的妻子把他的全部手稿转移至比利时的卢汶大学保存,战后成立"胡塞尔档案馆",对胡塞尔用速记法写下的手稿加以整理编辑,出版《胡塞尔文集》,这项工作至今还没有完成。胡塞尔的思想大致分为四个阶段:第一阶是对数学和逻辑基础的研究,他在 1891 年发表《算术哲学:心理和逻辑研究》,探讨数学、逻辑与心理学的关系,弗雷格对之严加批判,认为胡塞尔的观点受流行的心理主义思潮影响。胡塞尔本人也自觉有不妥之处,遂重新研究逻辑基础问题。第二阶段是创立现象学。以《逻辑研究》为标志,第一卷是对心理主义的批判,第二卷建立了"描述心理学方法",实际上是现象学方法。第三阶段是把现象学发展为先验唯心论。《作为严格的哲学》已包含了方法论向本体论的过渡,《关于纯粹现象学和现象学哲学的观念》、《形式的与先验的逻辑》、《笛卡尔的沉思》等书提出"现象学还愿"和"先验自我"对世界的构造。第四阶段是向生活世界的转变。在他的《欧洲科学的危机与先验现象学》一书中,对自己的唯理智主义倾向做了自我批评,把现象归结为"生活世界",而不是自我的创造物。

485 海德格尔

马丁·海德格尔(1889~1976),德国哲学家,在现象学、存在主义、解构主义、诠释学、后现代主义、政治理论、心理学及神学有举足轻重的影响。海德格尔指出西方哲学自从柏拉图便误解存在的意思,去研究个别存在的问题而不去研究存在本身的问题。对于海德格尔来说,一个对存在更可信的分析是查探已经了解的存在物的基础或者促成存在物如实体展现的背后基础。但是自从哲学家都忽略了这个更基本理论前期的存在,并且以此推导其他理论,错把那些理论在各处应用,终于混淆我们对存在及人类存在的理解。为免这些深层误解,海德格尔相信哲学的探求应该以新方式来进行,重踏哲学历史足迹,一步一步出发。在1950年后的后期文章中,海德格尔更强烈地关注语言问题,认为语言从历史中生长出的丰富的关联,可以避免形而上学的单向度。海德格尔试图不把人思考成世界的中心,而是认为,人处于世界的整体联系中,他把这种整体联系称为"四维体"。人应该在世界中作为将死的过客居住,并且珍惜它,而不是操控地球。

486 维纳

诺伯特·维纳(1894~1964),美国数学家,控制论的创始人。维纳在其五十年的科学生涯中,先后涉足哲学、数学、物理学和工程学,最后转向生物学,在各个领域中都取得了丰硕成果,称得上是恩格斯颂扬过的、本世纪多才多艺和学识渊博的科学巨人。1947年10月,维纳写出划时代的著作《控制论》,1948年出版后,立即风行世界。维纳的深刻思想引起了人们的极大重视。它揭示了机器中的通信和控制机能与人的神经、感觉机能的共同规律;为现代科学技术研究提供了崭新的科学方法;它从多方面突破了传统思想的束缚,有力地促进了现代科学思维方式和当代哲学观念的一系列变革。

487 冯·诺依曼

约翰·冯·诺依曼(1903~1957),美籍匈牙利人,二十世纪最杰出的数学家之一。他在发明电子计算机中所起到关键性作用,被西方人誉为"计算机之父"。至今,所有电子计算机从科学原理上说,均被称为"冯·诺依曼机"。而在经济学方面,他也有突破性成就,被誉为"博弈论之父"。在物理领域,冯·诺依曼在三十年代撰写的《量子力学的数学基础》已经被证明对原子物理学的发展有极其重要的价值。冯·诺依曼在数学的诸多领域都进行了开创性工作,并作出了重大贡献。在第二次世界大战前,他主要从事算子理论、集合论等方面的研究。1923年关于集合论中超限序数的论文,显示了冯·诺依曼处理集合论问题所特有的方式和风格。他把集会论加以公理化,他的公理化体系奠定了公理集合论的基础。他从公理出发,用代数方法导出了集合论中许多重要概念、基本运算、重要定理等。特别在1925年的一篇论文中,冯·诺依曼就指出了任何一种公理化系统中都存在着无法判定的命题。在化学方面也有相当的造诣,曾获苏黎世高等技术学院化学系大学学位。

488 哥德尔

库尔特·哥德尔(1906~1978)生于捷克的布尔诺,卒于美国普林斯顿,著名数学家、逻辑学家和哲学家。哥德尔发展了冯·诺伊曼和伯奈斯等人的工作,其主要贡献在逻辑学和数学基础方面。在二十世纪初,他证明了形式数论(即算术逻辑)系统的"不完全性定理":即使把初等数论形式化之后,在这个形式的演绎系统中也总可以找出一个合理的命题来,在该系统中既无法证明它为真,也无法证明它为假。这一著名结果发表在1931年的论文中。他还致力于连续统假设的研究,在1930年采用一种不同的方法得到了选择公理的相容性证明。三年以后又证明了(广义)连续统假设的相容性定理,并于1940年发表。他的工作对公理集合论有重要影响,而且直接导致了集合和序数上的递归论的产生。此外,哥德尔还从事哲学问题的研究。他热衷于用数理逻辑的方法来分析哲学问题,认为健全的哲学思想和成功的科学研究密切相关。他在1967年致中国数学家王浩的信中,自称为"客观主义",并说他的客观主义观点对于他的逻辑研究来说是根本的。1951年获爱因斯坦勋章。

489 萨特

让·保罗·萨特(1905~1980),法国二十世纪最重要的哲学家之一,法国无神论存在主义的主要代表人物。他也是优秀的文学家、戏剧家、评论家和社会活动家。萨特的存在主义哲学思想大致包含有三个方面:一是"存在先于本质"。在萨特看来,人像一粒种子偶然地飘落到这个世界上,没有任何本质可言,只有存在着,要想确立自己的本质必须通过自己的行动来证明。人不是别的东西,而仅仅是他自己行动的结果。二是"自由选择"。上帝死了,人在这个世界上是自由的,人的行动选择是自由的。这是因为人的选择既没有任何先天模式,没有上帝的指导,也不能凭借别人的判断,人是自己行动的唯一指令者,但是人应该为自己的行为负责。其三是"世界是荒诞的"。人偶然地来到了这个世界上,面对着瞬息万变、没有理性、没有秩序、纯粹偶然的、混乱的、不合理的客观外界,人感到处处受到限制、阻碍。在这茫茫的世界里人无法左右自己的命运,人只有感到恶心、呕吐。1964年他拒领诺贝尔文学奖,理由是"不接受官方的任何荣誉","不愿意被改造成体制中人"。

490 华生

华生(1878~1958),美国心理学家。行为主义心理学的创建人,他的行为主义又被称作"S-R"心理学,即刺激-反应心理学。在华生看来,心理学应该成为"一门纯粹客观的自然科学",而且必须成为一门纯生物学或纯生理学的自然科学。华生行为主义心理学的主要观点是:心理学研究行为而不研究意识,心理学的研究方法应该是客观观察而不是自我内省,心理学的任务在于预测和控制行为。华生认为,行为是可以通过学习和训练加以控制的,只要确定了刺激和反应

(即S-R)之间的关系,就可以通过控制环境而任意地塑造人的心理和行为。华生特别强调环境对人行为的影响,是典型的"环境决定论"。根据这一理论,犯罪心理和行为的形成与发展,是人在不良的环境中不断学习、训练的结果。行为主义强调环境的影响,有其合理的一面,但这一理论过分夸大了环境的作用,而忽视了人的主观能动性,也有它的不足之处。这一理论后来也得到了不断的改良与补充。

491 塔尔斯基

塔尔斯基(1902~1983),波兰数学家,逻辑学家,华沙逻辑学派的主要代表人物。塔尔斯基的研究工作涉及一般代数、测度论、集论、数理逻辑和数学基础以及元数学等领域,其中尤以对逻辑语义学的研究引人注目。塔尔斯基认为逻辑学很早就已成为一门独立的学科。但只是在现代,逻辑学才得到极大的发展和完全的改造,其学科性质类似于数学,而以这一形式出现的逻辑学,就被称为数理逻辑或符号逻辑。塔尔斯基指出:语义学悖论的成因在于自然语言的含糊性。起先,罗素为了要排除语义学悖论,曾有意将类型论扩展为分展语言论。塔尔斯基沿此发展和形成了理论语义学,开展了关于对象语言和元语言的研究方向。

492 乔姆斯基

乔姆斯基(1928~),美国语言学家,转换-生成语法的创始人。乔姆斯基是一位富有探索精神的语言学家。最初,他用结构主义的方法研究希伯来语,后来发现这种方法有很大的局限性,转而探索新的方法,逐步建立起转换-生成语法,1957年出版的《句法结构》就是这一新方法的标志。这种分析方法风靡全世界,冲垮了结构语言学的支配地位,因而被人们称为"乔姆斯基革命"。后来他又不断丰富和发展转换-生成语法的理论和方法,相继发表了《句法理论要略》、《深层结构、表层结构和语义解释》、《支配和约束论集》等重要著作,对世界语言学的发展方向产生了巨大的影响。现在,转换-生成语法仍在继续发展之中。

493 梅洛·庞蒂

梅洛·庞蒂(1908~1961),哲学家,称为"法国最伟大的现象学家","无可争议的一代哲学宗师"。梅洛·庞蒂的思想带有更多的理论学术色彩,表现了现象学的风格。在他出版的《人道主义与恐怖》一书中,涉及马克思主义问题、人学问题等,在苏联问题上保持一种含混姿态:既批判极权主义,又批判西方的自由主义,同时对苏联的许多做法(诸如对布哈林的审判)表示同情。1951年在第一届国际现象学会议上作了题为《论语言现象学》的报告;开始撰写《世界的散文》,目的是为了回应萨特的《什么是文学》。针对萨特严格地区分散文和诗歌,并且要求文学介入社会和政治的立场,梅洛·庞蒂认为伟大的散文也是诗歌,语言并不是透明的工具。这两个作品以及他在索邦大学和法兰西学院的讲座开始了语言学转向,这不仅深化了他自己的哲学,而且对于整个现象学运动的进展,甚至对结构主义运动的出现都具有重大的意义。

494 伽达默尔

伽达默尔(1900~2002),德国当代哲学家、美学家,现代哲学解释学和解释学美学的创始人和主要代表之一。伽达默尔将美学看作哲学解释学的一部分,认为艺术揭示我们的存在,艺术和美是一种基本的存在方式;艺术经验超越自然科学方法,又接近于哲学经验和历史经验,因而成为解释学的出发点,同时,每一件艺术品都应被理解,理解是全部世界的本体论存在;审美经验和艺术经验的理解特征,表明了某种解释学现象。总之,伽达默尔将审美经验抬高到了哲学的高度,美学成为解释学的一个有机部分。伽达默尔详细分析了审美理解的完成过程,总结出审美理解的鲜明历史性的特点,通过"对意义的预期"手段,他解决了解释学循环问题。"解释学循环"主要包括整体与部分的循环、历史的循环和本文的循环,是矛盾对立双方在审美理解中的反映。伽达默尔还强调审美理解的语言性,审美理解的基本模式是对话和问答,审美主体与艺术本文间的对话创造了共同的语言。

495 利科

保罗·利科(1913~2005),法国著名哲学家、当代最重要的解释学家之一。利科1956年在巴黎大学教授哲学课程,创建并领导胡塞尔现象学研究中心,出版《巴黎胡塞尔文库》,并注意吸收分析哲学、语言哲学和基督教神学关于意识、认识、行为、象征以及意义的研究理论成果,进入了他一生中比较重要的对于象征和神话的历史比较研究时期。保罗·利科在他的《关于意志的哲学》中对意愿者和非意愿者的交叉结构的现象学分析,同时对于"可错性"概念进行人类学研究,以便从"人"的先天构成中探索道德上的"恶"和精神上的痛苦的可能来源,再就是对于"恶"的象征体系进行分析,说明"恶"的单纯可能性与错误的现实性的关系。《关于意志的哲学》的完成,使利科发展了关于信号和象征以及"论谈"的完整理论,阐明了语言、行为和思想的综合交错关系,为他的现象学的反思诠释学理论奠定了基本构架。保罗·利科晚年在完成了对记述的同一性的研究的基础上,集中地思考"自身"的问题,试图以"自身"范畴为中心,构建由反思的诠释学、语言哲学和基督教伦理学为主体的新型文化哲学理论体系。这是利科思想发展的最新阶段。研究的结果,集中体现在他的专著《作为他者的自身》一书中。

496 霍克海默

霍克海默(1895~1973)是德国第一位社会哲学教授,法兰克福学派的创始人,于1895年生于斯图加特。霍克海默在担任法兰克福研究所所长期间,吸收了一批经济学家、哲学家、心理学家和历史学家进所,旨在对现代资本主义社会进行多学科的综合研究,并对研究工作进行了重大改革,法兰克福学派自此诞生。希特勒上台执政后,由于研究所成员大多是犹太血统而被纳粹政权以"敌视国家的倾向"的罪名封闭,霍克海默不得不将研究所迁往日内瓦,后又迁往巴黎,取名为"国际社会研究学会"。霍克海默在二十世纪三十年代致力于建立一种社会批判理论,他认为马克思主义就是批判理论,提出要恢复马克思主义的批判性,对现代资本主义从哲学、社会学、经济学、心理学等方面进行多方位的研究批判。他和阿多诺合著的《启蒙辩证法》一书,开创了法兰克福学派对现代资本主义的批判,为社会批判理论提供了标准的模式。他与哈贝马斯的冲突围绕着对"经验与规范"以及"革命"的理解所展开。

497 阿多诺

阿多诺(T1903~1969),德国著名哲学家、美学家,法兰克福学派的主要代表之一。阿多诺深谙现代音乐,他的音乐批判理论是法兰克福学派社会批判理论中最具特色的。阿多诺一生著述甚丰,涉猎广泛。阿多诺的美学思想是以他独特的"否定的辩证法"为哲学基础的。他强烈反对自黑格尔到卢卡奇以强调"总体性"和"同一性"为特征的辩证法,认为"总体"、"整体"、"同一性"都是虚假的,是对个体性、差异性、丰富性的粗暴干预与整合。对抽象、普遍、整体性、同一性的维护,实际上是对侵犯、消灭差异性、个体性的强制性社会结构的虚假辩护。因此他与黑格尔"整体是真实的"命题针锋相对,提出"整体是虚假的"的口号,以摧毁社会强加于个体身上的总体性枷锁,反抗社会对人性的禁锢。

498 哈贝马斯

哈贝马斯(1929~),当代德国哲学家,社会学家。批判学派的法兰克福学派的第二代旗手。哈贝马斯认为知识的产生根源于人类的三种旨趣(利益),相应也有三类知识,否认历史-解释知识、经验-分析知识和技术控制旨趣的统治地位,造成了资本主义社会的危机。为了克服动机危机和信任危机,批判理论必须重视互动过程和沟通过程,只有通过沟通行动才有可能把人类从被统治中解放出来。哈贝马斯的知识旨趣说、技术统治论和沟通行动论等学说,作为综合的社会批判理论,产生了深远的影响。

499 列维·斯特劳斯

列维·斯特劳斯(1908~2009)出生于比利时布鲁塞尔,伟大的人类学家。列维·斯特劳斯等人倡导的结构主义认为存在主义忽视了弗洛伊德提出无意识理论以来作为人类心灵重要组成部分的非理性、无意识。因此,结构主义者们以弗洛伊德的无意识理论为根基、以索绪尔等人的结构语言学为武器,轰轰烈烈地展开了对存在主义以及一切主体意识哲学的挑战,成为欧洲当代反传统思想的先驱。列维·斯特劳斯曾幽默地说:精神分析学、社会主义、地质学是他结构主义思想的三大情妇,是他结构主义思想产生的基础。除了"三大情妇"外,列维·斯特劳斯还有一位"老婆"——以索绪尔为代表的结构语言学。结构语言学提出了"能指"与"所指"的概念,强调"能指"是语词的声音图像,"所指"是与其对应的意义指谓。语言学的研究旨在探索人类语言如何以"能指"与"所指"的二元对立为模式,不断地进行语言创造与再造。列维·斯特劳斯更进一步,将这种结构语言学的方法广泛地运用到人类如何进行文化创造的研究中去。

500 巴尔特

巴尔特(1915~1980),法国社会评论家及文学评论家。早期的著作在阐述语言结构的随意性及对大众文化的一些现象提供类似的分析。巴尔特在他的《神话学》中细致而深刻的分析了大众文化。《论拉辛》在法国文学界造成轰动,使他成为敢与学院派权威相抗衡的人物。他后来有关符号学的作品包括较激进的《S/Z》、研究日本而写成的《符号帝国》,以及其他一些重要的作品使他的理论在1970年代受到广大的注目,并在二十世纪有助于把结构主义建立为一种具领导性的文化学术运动。1976年在法兰西学院担任文学符号学讲座教授,成为这个讲座的第一位学者。

501 福柯

米歇尔·福柯(1926~1984),法国哲学家,被誉为"思想系统的历史学家"。他对文学评论及其理论、哲学(尤其在法语国家中)、批评理论、历史学、科学史(尤其医学史)、批评教育学和知识社会学有很大的影响。米歇尔·福柯被认为是一个后现代主义者和后结构主义者,但也有人认为他的早期作品,尤其是《词与物》还是结构主义的。他本人对这个分类并不欣赏,他认为自己是继承了现代主义的传统。他认为后现代主义这个词本身就非常的含糊。有人就他的结构主义或后结构主义的倾向质疑他的政治活动。在这一点上他的处境与诺姆·乔姆斯基、乔治·莱考夫和简·雅各布相同。

502 德里达

德里达(1930~2004)全名雅克·德里达,当代法国哲学家、符号学家、文艺理论家和美学家,解构主义思潮创始人。1930 年,德里达出生在阿尔及利亚,犹太血统。青年时代的德里达求学于有"思想家的摇篮"之称的巴黎高等师范学校,其后成为西方解构主义的代表人物。他的思想在二十世纪中后期掀起巨大波澜,不仅使他成为欧美知识界最具争议性的人物之一,也成为后现代思潮最重要的理论源泉,其核心概念"解构"所向披靡,广泛渗透到艺术、社会科学、语言学、人类学、政治学甚至建筑等领域。其著作超过四十本,目前不少已经译成中文。德里达的理论上世纪八十年代中期起开始介绍到我国,从文学批评领域逐渐拓展开来,在学术界产生了广泛的影响。而 2001 年 9 月德里达来到中国,在北京、上海、香港进行了系列的访问和学术交流,这无疑将其在中国的影响推至高潮。德里达以其"去中心"观念,反对西方哲学史上自柏拉图以来的"逻各斯中心主义"传统,认为文本(作品)是分延的,永远在撒播。德里达的批判矛头直指结构主义语言学理论。

第七章 不可不知的中外哲学论著

503 《1884年经济学哲学手稿》

马克思经典著作之一。《1884年经济学哲学手稿》是引起马克思人道主义讨论的重要著作,也是理解和把握马克思人道主义思想有别于资产阶级人道主义思想的重要文献之一。在《1844年经济学哲学手稿》中,马克思通过批判性的研究,提出了一系列新的经济学观点、哲学观点和共产主义观点。他用异化劳动的理论批判资本主义,指出工人阶级必须采取现实的共产主义行动,打碎私有制的桎梏,使本阶级和整个社会获得解放。

504 《柏拉图文艺对话录》

《柏拉图文艺对话录》是古希腊著名学者柏拉图所著,是柏拉图的美学和文艺学论著的选集。该集收录了柏拉图的八篇对话体文章,共约二十二万字。第一篇是《伊安篇》,主要论述诗的灵感问题。第二篇是《理想国》,主要论述统治者的文学音乐教育问题。第三篇是《理想国》,主要论述诗人的罪状。第四篇是《裴德若篇》,主要论述修辞术。第五篇是《大希庇阿斯篇》,主要论述美的本质问题。第六篇是《会饮篇》,主要论述爱美和哲学修养问题。第七篇是《斐利布斯篇》,主要论述美感问题。第八篇《法律篇》,主要论述文艺教育问题。在柏拉图的对话里,人物性格鲜明,尤其苏格拉底一角贯穿全场,利用装疯卖傻的招数,步步进逼诘问对手,逼得对方哑口无言,在真理之前俯首称臣,将苏格拉底的辩证法发挥到淋漓尽致,让人拍案叫绝。

505 《爱弥儿》

《爱弥儿》是法国杰出的启蒙思想家卢梭的重要著作。是第一本小说体教育名著。写于1757年,1762年第一次在荷兰的阿姆斯特丹出版,轰动了整个法国和西欧一些资产阶级国家,影响巨大。在此书中,卢梭通过对他所假设的教育对象爱弥儿的教育,来反对封建教育制度,阐述他的资产阶级教育思想。全书共分五卷,卢梭根据儿童的年龄提出了对不同年龄阶段的儿童进行教育的原则、内容和方法。如逐步上升进行的体育教育、感官教育、智育教育、道德教育、爱情教育。这种分阶段进行教育的思想,无疑是一大进步,但这种分期以及把德、智、体教育的截然分开施教的方法是不科学的。

506 《新工具》

《新工具》是英国哲学家培根的代表作之一。《新工具》一书分为两卷,第一卷主要讨论制定归纳法的原理。第二卷主要讨论收集事实的方法。在第一卷中，培根提出了他的"四假相"论。他认为阻碍我们认识自然、认识真理的情形有四种，将它们称为"四假相"。第一是"种族假相"，说得是人类由于自身本性的局限，常受一些习惯性的观念的蒙蔽；第二是"洞穴假相"，指由具体的个人的局限而产生的一些错误观念；第三是"市场假相"，指由于语言的含糊不清或意义不明使人们在交流中产生的一些错误观念。第四是"剧场假相"，指由于盲目崇拜权威和迷信教条而产生的错误。认识自然界不能靠演绎法，而应靠归纳法。演绎法一开始就从极抽象的原理出发，不论它的演绎过程是多么的精巧，都不能帮助人们理解自然，它是一种不结果实的方法。归纳法则教导我们：一开始要从感官和特殊的东西出发，从中引出一些中间的、普遍的原理。归纳法是认识自然的科学的方法。

507 《人类幸福论》

《人类幸福论》是英国空想社会主义者约翰·格雷的代表作，写于1825年。作者在书中提出了他对幸福的看法，认为人在资本主义制度下，无论是对物质的需求还是对精神的需求，都不能得到满足，因而都是不幸的，而这种不幸是劳者不获、获者不劳造成的。因此，他利用李嘉图的劳动价值论和剩余价值学说，尖锐地批判了地租和资本的剥削行径，要求把劳动者所创造的财富全部归还给他们。格雷的这一宝贵思想，曾受到马克思的赞扬。

508 《自然法典》

《自然法典》是十八世纪法国著名的空想社会主义者摩莱里的著作，摩莱里是十八世纪法国空想共产主义重要代表人物，也是法国大百科全书派的先驱者之一。在该书中，他站在唯理论的立场上，论证了原始共产主义是符合"理性"的人类社会的黄金时代，是值得人们在现代和将来加以采纳的理想的社会制度。恩格斯对摩莱里的思想学说给予很高的评价，认为他的理论是十八世纪"直接共产主义的理论"。摩莱里的思想对法国十八世纪末的巴贝夫和巴贝夫主义者产生过深刻的影响。

509 《偶像的黄昏》

《偶像的黄昏》是十九世纪德国哲学家尼采的作品,系"尼采注疏集"之一种。尼采在《偶像的黄昏》中针对的不是充斥着世界的许多偶像,而是人被不公正地和并非为了他们自己的幸福牺牲给他的偶像。其中"格言与箭"针对的是认识论、道德和心理学之基本准则形式中的偶像,针对的是这些基本准则那长久的效用或者甚至宗教上得到认证的庄严,还有让那些偶像成为不可侵犯的原则,亦即被人不假思索地接受的公利。尼采通过叩问与倾听的方式进行审视,批判,必要的话还进行纠正。在书中,尼采自称狄俄尼索斯最后的门徒以及永恒轮回的老师。

510 《精神现象学》

《精神现象学》是黑格尔的重要著作之一。在《精神现象学》中,黑格尔运用辩证的方法和发展的观点来研究分析人的意识、精神发展的历史过程,由最低阶段以至于最高阶段分析其矛盾发展的过程。精神现象学可以被认作"意识发展史"这一特点,精神现象学也可叫做同精神胚胎学和精神古生物学类似的学问,是对个人意识在其发展阶段上的阐述,这些阶段可以看作人的意识在历史上所经历过的诸阶段的缩影。《精神现象学》不仅是黑格尔本人全部著作最有独创性的著作,而且是在整个西方哲学历史上最富于新颖独创的著作之一。

511 《哲学的改造》

《哲学的改造》是美国哲学家杜威的论著。杜威从1903年后开始转向实用主义,在此后的整整半个世纪时期内,正是美国工业化运动蓬蓬勃勃进行的时期。杜威的《哲学的改造》一书,从科学方法论的历史、自然科学的发展,以及科学真理与人生价值之间的矛盾等方面,寻找哲学改造的可能性和必然性,寻找他的哲学发展的生长点,并提出哲学改造的任务。他力图把他的哲学同美国工业化进程中的生活与经济紧密联系起来,使哲学成为实用的哲学,这反映了美国资产阶级追求实际利益的需要。

512 《论自由》

英国著名哲学家和经济学家约翰·密尔著。《论自由》这本书是代表密尔的急进自由主义思想的主要著作,同时它也是体现十九世纪五十年代到六十年代间英国资产阶级的要求的。那时英国的资产阶级在政治上已经取得政权并已巩固了自己的统治;在经济上,资本主义已经发展到成熟阶段,并开始向垄断资本主义过渡。在国内,资产阶级要求进一步扫除封建势力的残余,扩大统治权;在国外,一方面要求保持前几个世纪夺取到手的广大殖民地,另一方面还要求无限制地向外扩张,以便开拓更多的殖民地,攫取并垄断世界的原料和市场。总之,当时英国资产阶级的主要思潮是在自由主义的口号下,要求破除一切障碍,实行自由竞争,自由贸易,以便无所忌惮地追求利润。密尔的"论自由",恰恰就是这种追求利润的狂热的呼声。尤其是,密尔并不是单纯地、消极地提出要求,而是积极地从理论上加以论证,美其名曰争取"自由",这就既可以蛊惑一般人民群众,又为资产阶级的钻营谋利提供了"理论的"根据。

513 《西方哲学史》

《西方哲学史》是英国数学家、哲学家、文学家、社会活动与评论家伯兰特·罗素的一部哲学名著,全面考察了从古希腊罗马时期到二十世纪中叶西方哲学思潮的发展历程。罗素将哲学看作某种介乎神学和科学之间的东西,基于对哲学的这种理解,他认为西方哲学在发展过程中始终受到来自然科学和宗教两方面的影响,并据此把西方哲学发展史划分为古代哲学、天主教哲学和近代哲学三个时期,揭示了在哲学的发展历程中,科学与宗教、社会团结和个人自由是如何错综复杂地交织在一起与哲学交互作用的。罗素《西方哲学史》最突出的特点是它所论述的主题：哲学不是卓越的个人所做的独立的思考，而是社会政治生活的一个组成部分，是"各种社会性格的产物与成因"，"人们生活的环境在决定他们的哲学上起着很大的作用，然而反过来他们的哲学又在决定他们的环境上起着很大的作用"。作者把哲学家既看作果，也视为因，认为他们是他们时代的社会环境和政治制度的结果，也可能是塑造后来时代的政治制度信仰的原因。正因如此，全书在讨论哲学派别和哲学家时，往往并不看其学术地位，而是按照其对西方哲学发展的影响来决定详略取舍。另外，罗素主张在哲学史中要插入一些纯粹社会史性质的篇章，不这样做就很难理解某一时期的哲学思潮，因而书中对一般历史的叙述也比同类著作做得要多。值得一提的是，尽管此书上、下两卷约八十万字，但作者学识渊博，又曾获诺贝尔文学奖，因此书中文字优美流畅，注释旁征博引，读起来并无枯燥晦涩之感。

514 《形而上学》

《形而上学》是古希腊哲学家亚里士多德的重要的哲学著作。它是西方思想传统中的最重要的经典文本，或者说是奠定西方思想传统的重要著作，它展示了人类理性对于事物最普遍的面相和终极的原因的探索。本书最终考察了人类知识的形成，进而提出关于普遍知识的理论，从根本上奠定了西方哲学思想的基本概念和问题。

515 《我的人学》

日本著名社会活动家和宗教活动家池田大作著。《我的人学》一书从祈求和平，以佛法为基调的立场出发，通过对国内外著名历史人物（拿破仑、武田信玄、南丁格尔、鲁迅等）和著名文学作品（《浮士德》、《战争与和平》、《三国演义》、《新·平家物语》等）的精密剖析，探索了现代人应有的生活态度和如何坚强地对待人生等问题；并对宗教、生命、道德、教育、人才、孝道、社会乃至世界等均有论述。内容丰富，立意新颖；加之文字清新流畅，表现准确洗练，在日本拥有广泛的读者。它对了解日本社会、现代人的思想；研究作者的宗教观、生命观、社会观、人才观等均有重要的参考价值。

516 《感觉的分析》

奥地利物理学家、哲学家、生物学家马赫哲学名著之一。《感觉的分析》一书用感觉分析的观点去解释一些人人都知晓并认可的常理，从各个角度去阐明生物学及感觉的分析是全部科学，特别是物理学的基础。强调没有哪一种观点会绝对永久有效，而每个观点只会对一个确定的目的才具有重要性。

517 《中国哲学简史》

《中国哲学简史》是中国大哲学家冯友兰依据其在美国宾夕法尼亚大学讲授中国哲学史时的英文讲稿整理写成，于1948年由美国著名出版公司麦克米兰出版。此书一出，立即成为西方人了解和学习中国哲学的超级入门书。其后又有法文、意大利文、西班牙文、南斯拉夫文、日文等译本出版。五十多年来，该书一直是世界各大学中国哲学的通用教材，在西方影响很大。本书是冯友兰先生哲学与思想融铸的结晶。以一本篇幅有限的哲学史专著，打通古今中外的相关知识，其中充满睿智与哲人洞见。特别是作者对现实问题的关怀，颇具"读书不忘救国，救国不忘读书"的大家风范。

518 《猜想和反驳》

当代西方最著名的科学哲学家和社会哲学家卡尔·波普尔著。波普尔的批判理性主义哲学在各国哲学界、自然科学界和社会科学界受到广泛注意，并引起热烈讨论。《猜想与反驳》是作者的重要论著之一。全书围绕着知识通过猜想与反驳、不断清除错误而增长这一主题展开论述，广泛涉猎知识论、科学论、真理论以及自然科学史和社会科学史等领域，包含着许多值得探讨的见解。

519 《菜根谭》

《菜根谭》是明代洪应明收集编著的一部论述修养、人生、处世、出世的语录世集,它是以处世思想为主的格言式小品文集,采用语录体,糅合了儒家的中庸思想,道家的无为思想和释家的出世思想的人生处世哲学的表白。《菜根谭》文辞优美,对仗工整,含义深邃,耐人寻味。是一部有益于人们陶冶情操、磨炼意志、奋发向上的通俗读物。作者以"菜根"为本书命名,意谓"人的才智和修养只有经过艰苦磨炼才能获得"。正所谓"咬得菜根,百事可做"。

520 《忏悔录》

《忏悔录》是卢梭晚年在颠沛流离的逃亡生活中怀着悲愤的心情断断续续完成的一部自传。在书的一开始,卢梭面对着种种谴责和污蔑、中伤和曲解,自信他比那些迫害和攻击他的大人先生、正人君子们来得高尚纯洁、诚实自然,向自己的时代社会提出了勇敢的挑战:"不管末日审判的号角什么时候吹响。我都敢拿着这本书走到至高无上的审判者面前,果敢地大声说:'请看!这就是我所做过的,这就是我所想过的,我当时就是那样的人,……请你把那无数的众生叫到我跟前来!让他们听听我的忏悔,……然后,让他们每一个人在您的宝座前面,同样真诚地披露自己的心灵,看有谁敢于对您说:我比这个人好'"。《忏悔录》就是这样一个激进的平民思想家与反动统治激烈冲突的结果。它是一个平民知识分子在封建专制压迫面前维护自己不仅是作为一个人、更重要的是作为一个普通人的人权和尊严的作品,是对统治阶级迫害和污蔑的反击。书中洋溢着一种高昂的平民精神。

521 《纯粹理性批判》

《纯粹理性批判》是康德撰写的一部篇幅巨大艰深难懂而又具创造性的哲

学名著。所谓"纯粹理性",是指独立于一切经验的理性;而所谓"批判",则是指对这种纯粹思辨的理性进行一种考察,以便弄清楚人类知识的来源、范围与界限,这样才可以既避免独断论,又避免怀疑论,从而为建立一个科学的形而上学奠定基础。书中围绕着"先天综合判断如何可能"的问题,通过对先天直观形式和先验知性范畴的考察,说明了数学和自然科学是如何可能的,接着通过对理性的纯粹推论的考察提出了自然科学是如何可能的,接着通过对理性的纯粹推论的考察提出了将知性范畴运用于理性推论必然导致的二律背反,由此确立了现象与本体的二元论,以物自体的不可知为信仰留下了地盘。《纯粹理性批判》是西方哲学史上一本划时代的著作。它推翻了旧形而上学的统治,被称作哲学上的"哥白尼革命"。

522 《纯粹现象学通论》

《纯粹现象学通论》,德国著名哲学家、现象学运动的创始人和领导者胡塞尔的重要理论专著之一,是现象学主要代表作,在胡塞尔著作中占有中心地位。作者在本书中将逻辑分析和心理学分析予以创造性的结合,为其现象学哲学奠定了独特的理论基础,并成为涉及现代人文社会科学各领域的西方现象学思潮中的主要理论根据之一。

523 《存在与时间》

德国哲学家海德格尔的《存在与时间》是二十世纪西方哲学最重要的经典之一,也是本世纪最重要的哲学著作之一。该书不仅影响了此后多种重要哲学流派和重要哲学家,而且在文学批评、社会学、神学、心理学、政治学、法学等多种领域产生了广泛而深刻的影响。在这部论著中,海德格尔继承了古希腊的思辨传统,对于日常语言中的"是"或"存在着"的意指提出诘问,并重新提出"存在的意义"的问题。作者力图唤醒对这个问题本身的意义的重新领悟。细致入微的把"存在"问题梳理清楚,而初步目标就是对"时间"进项阐释,表明任何一种存在之理解都必须以时间为其视野。

524 《单向度的人》

《单向度的人》是法兰克福学派左翼主要代表赫伯特·马尔库塞最负盛名的著作,全书除导言外包括"单向度社会"、"单向度的思想"和"进行替代性选择的机会"三部分。作者通过对政治、生活、思想、文化、语言等领域的分析、批判,指出发达工业社会是如何成功地压制了人们内心中的否定性、批判性、超越性的向度,使这个社会成为单向度的社会,而生活于其中的人成了单向度的人,这种人丧失了自由和创造力,不再想象或追求与现实生活不同的另一种生活。本书对现代资本主义社会作了较为深刻的揭露和探索,但暴露出其社会批判理论的乌托邦性质。本书对研究法兰克福学派和马尔库塞理论的发展,有重要的理论价值。

525 《道德经》

《道德经》又称《老子》,传说是春秋时期的李耳所撰写,中国古代著名经典之一,与《庄子》如双峰并峙,是先秦道家学派的代表性著作,道家哲学思想的重要来源。《道德经》是中国历史上首部完整的哲学著作,内容包罗了宇宙观、人生论、认识论、方法论以及为人处世、治国兴邦等方方面面。《道德经》是一部思想深奥、内涵丰富的哲学著作,贯穿历史数千年,流传至今,对中国传统文化的形成和发展产生了重大的影响。

526 《道德情操论》

《道德情操论》是英国哲学家斯密的著作之一。在书中,斯密用同情的基本原理来阐释正义、仁慈、克己等一切道德情操产生的根源,说明道德评价的性质、原则以及各种美德的特征,并对各种道德哲学学说进行了介绍和评价,进而揭示出人类社会赖以维系、和谐发展的基础,以及人的行为应遵循的一般道德准则。《道德情操论》给西方世界带来的影响深远,对促进人类福利这一更大的社会目的起到了基本作用;而它对处于国家在发展变革中的每个人更深层次地了解人性和人的情感,最终促进社会的和谐发展,无疑具有十分重要的意义。

527 《德意志意识形态》

《德意志意识形态》是马克思与恩格斯合著的一部理论专著。在该书中,马、恩对费尔巴哈、鲍威尔和施蒂纳为代表的各式各样唯心史观的思想进行了深刻的分析和批判,并在此基础上,阐述了唯物史观的基本内容。这部巨著标志着唯物史观的创立。作为唯物史观创立标志的这部巨著,其第一卷"对费尔巴哈、鲍威尔和施蒂纳所代表的现代德国哲学的批判"第一章"费尔巴哈·唯物主义观点和唯心主义观点的对立"中,在论述第一个问题,即"一般意识形态,德意志意识形态"时,对唯物史观作了在马克思主义哲学史上真正是"第一次"的经典表述。该书第一次系统阐述了历史唯物主义的基本原理,如社会存在决定社会意识、生产方式在社会生活中起决定作用、生产关系必须适合生产力的发展等,标志着马克思主义哲学的成熟。

528 《第一哲学沉思集》

《第一哲学沉思集》是欧洲近代哲学之父笛卡尔的经典作品。在书中,作者探讨了上帝存在与否,感官是否可靠,怎样寻求真理避免错误等问题。本书前边的沉思文字严谨精练,后边的讨论文字生动有趣。全书内容包括六个沉思和笛卡尔对哲学家、神学家的六组反驳意见的答辩。笛卡尔的这部著作中,丝毫没有当时经院哲学的那种烦琐、晦涩,其思想和其语言都是清晰明白的,这与他作为一个数学家的身份是相当的。笛卡尔认为,全部哲学犹如一棵树,其中形而上学是根,物理学是干,其他科学都是由树干生长出来的分枝。他在这本书里就是审察形而上学之根,借此为人类的知识和信仰寻求一个坚实的基础。

529 《对笛卡尔〈沉思〉的诘难》

《对笛卡尔〈沉思〉的诘难》是十七世纪法国著名哲学家伽森狄的一本非常重要的哲学著作,也是研究西方哲学史上唯物主义和唯心主义复杂斗争的重要文献之一。在这本书里,伽森狄虽然对他自己的哲学思想没有做系统的阐述,但是通过他对笛卡尔形而上学的逐条反驳,可以明显地看到他自己的唯物主义和无神论观点。笛卡尔的形而上学最充分地表现了他同神学和经院哲学的妥协,因此伽森狄从唯物主义的观点上批判了笛卡尔的形而上学,实际上不难看到这种批判的矛头是针对神学和经院哲学的。

530 《多元的宇宙》

《多元的宇宙》是美国"实用主义"早期重要代表人物威廉·詹姆士对英国哲学家们发表的一番苦心孤诣的演说,阐释了实用主义对于知识和宇宙论的看法,是研究美国实用主义哲学的必读书目。本书全面论述了美国哲学大师威廉·詹姆士的哲学思想,内容包括:哲学思维的类型、黑格尔和他的方法、关于费希纳、意识的复合、柏格森和他对理智主义的批判、经验的连续性,并附录了:事物及其诸关系、活动的经验、论处于变化中的现实之观念。

531 《尔雅》

《尔雅》是儒家的经典之一,是中国最早的一部解释词义的书,是中国古代的词典。它的作者历来说法不一:有的认为是孔子门人所作,有的认为是周公所作,经后人增益而成。后人大都认为是秦汉时人所作,经过代代相传,各有增益,在西汉时被整理加工而成。《尔雅》被认为是中国训诂学的开山之作,在训诂学、音韵学、词源学、方言学、古文字学方面都有着重要影响。

532 《法哲学原理》

《法哲学原理》是黑格尔的经典哲学著作之一。在书中,黑格尔从哲学的角度解析法,用辩证的思维探悉法、道德与伦理之间的奥秘,从而迈向自由的意志。书中系统地反映了黑格尔的法律观、道德观、伦理观和国家观,也是人们研究黑格尔晚年政治思想的重要依据之一。

533 《反杜林论》

《反杜林论》是恩格斯的经典著作,全书分五个部分,即序言、引论、哲学、政治经济学、科学社会主义。序言主要有三版,是说明《反杜林论》一书出版的历史背景。引论部分设有两章,其中心思想是阐述社会主义怎样从空想变成科学的。这部著作的内容十分丰富,系统地论述了马克思主义的三个组成部分(哲学、政治经济学、科学社会主义)及其内在联系,是一部马克思主义的百科全书。是一部伟大的马克思主义著作,是马克思主义发展史上的一座丰碑。

534 《浮士德》

《浮士德》,歌德著,据说歌德创作该书用了长达六十年的时间。《浮士德》是一部长达一万二千一百一十一行的诗剧,第一部二十五场,不分幕;第二部分五幕,二十七场。全剧没有首尾连贯的情节,而是以浮士德思想的发展变化为线索。《浮士德》的第一部完成于1808年法军入侵的时候,第二部则完成于1831年8月31日,是时他已八十三岁高龄。这部不朽的诗剧,以德国民间传说为题材,以文艺复兴以来的德国和欧洲社会为背景,写一个新兴资产阶级先进知识分子不满现实,竭力探索人生意义和社会理想的生活道路。是一部现实主义和浪漫主义结合得十分完美的诗剧。

535 《猜想与反驳》

《猜想与反驳》是著名科学哲学家卡尔·波普尔的著作。书中提出了判断理论(命题)是否科学的标准是"可证伪性"。波普尔在书中这样阐释:"爱因斯坦的引力理论显然满足可证伪性的标准。即使我们当时的测量仪器不容许我们十分有把握地对检验的结果下断语,但是驳倒这种理论的可能性显然是存在的。占星术经受不住这种检验。占星术士对他们所相信的确实证据极端重视和极端迷信,以致他们对任何不利的证据都完全无动于衷。还有,他们把自己的解释和预言都讲得相当含糊,以致任何有可能驳倒他们理论的事情(假如理论和预言说得更明确一点的话),他们都能解释得通。为了逃避证伪,他们破坏了自己理论的可检验性。把预言讲得非常含糊,使预言简直不会失败,这是典型的占卜者伎俩;使预言变得无从反驳。"在近年来中国内地兴起的关于伪科学讨论中,《猜想与反驳》再次成为热点。何祚庥院士认为:英国哲学家玻普(就是卡尔·波普尔)有一个关于伪科学的定义——凡是不具有可证伪性的"科学理论",即是伪科学。人们在认识客观真理过程中,会不可避免地出现不少错误,有错改错,这不是什么不光彩的事情。但是一些人如果把错误的东西说成是正确的科学的,向社会公众推荐的话,就是宣传伪科学。聂文涛则认为:如果被证伪则是错误的理论;区分理论是否符合科学理论表达方式应该是另一条原则,那就是理论的表述者必须清楚其表述内容的全部含义。

536 《功利主义》

《功利主义》出版于1861年,英国哲学家约翰·斯图亚特·穆勒著。穆勒一方面继承了边沁的功利原则,认为功利原则或者最大幸福原任何行为的目的。但是另一方面,穆勒不完全赞民边沁快乐只有量的区别的主张。边沁的功利主义重视当事人的功利,而穆勒则更重视的是总体功利。幸福,意味着预期中的快乐,意味着痛苦的远离。不幸福,则代表了痛苦,代表了快乐的缺失。

537 《关于费尔巴哈的提纲》

《关于费尔巴哈的提纲》旧译《费尔巴哈论纲》,是马克思于1845年春在布鲁塞尔写成的批判费尔巴哈的十一条提纲,原题为《关于费尔巴哈》,论述的中心是实践问题。马克思在批判费尔巴哈和一切旧唯物主义的基础上概述了自己的新的世界观。基于科学的实践观点,马克思在《提纲》中深刻地揭示了社会生活的实践本质,科学地说明了人的社会性本质,正确地阐述了社会实践是历史发展的动力。也正是在科学实践观的基础上,马克思正确地解决了历史观的基本问题,进而阐明了实践在认识论中的基础地位和决定性意义。它被恩格斯称为"包含着新世界观的天才萌芽的第一个文件","历史唯物主义的起源"。《提纲》和《德意志意识形态》一起被公认为是马克思主义哲学,特别是唯物史观创立的基本标志。

538 《管子》

《管子》是中国春秋时期齐国政治家、思想家管仲及管仲学派的著述总集,大约成书于战国时代。《管子》在唯物主义的方向上朴素地解决了物质和精神的关系,认为有意识的人是由精气生成的。他说"凡人之生也,天出其精,地出其形,合此以为人,和乃生,不和不生","气道乃生,生乃思,思乃知,知乃止矣"。这是把物质摆在第一位。《管子》的精气论在中国唯物主义宇宙观发展史上有重要意义,对中国唯物主义的发展产生过深远影响。后来的唯物主义哲学家如王充、柳宗元等,都受过它的影响。

539 《韩非子》

《韩非子》是战国末期韩国法家集大成者韩非的著作。《韩非子》中记载了大量脍炙人口的寓言故事,最著名的有"自相矛盾"、"守株待兔"、"滥竽充数"、"老马识途"等等。这些生动的寓言故事，蕴含着深隽的哲理，凭着它们思想性和艺术性的完美结合，给人们以智慧的启迪，具有较高的文学价值。韩非的文章说理精密，文锋犀利，议论透辟，推证事理，切中要害。书中重点宣扬了韩非法、术、势相结合的法治理论，达到了先秦法家理论的最高峰，为秦统一六国提供了理论武器，同时，也为以后的封建专制制度提供了理论根据。

540 《淮南子》

《淮南子》又名《淮南鸿烈》、《刘安子》，是我国西汉时期创作的一部论文集，由西汉皇族淮南王刘安主持撰写，故而得名。《淮南子》以道家思想为主，糅合了儒法阴阳等家，一般列《淮南子》为杂家。实际上，该书是以道家思想为指导，吸收诸子百家学说，融会贯通而成，是战国至汉初黄老之学理论体系的代表作。《淮南子》在阐明哲理时，旁涉奇物异类、鬼神灵怪，保存了一部分神话材料，像"女娲补天"、"后羿射日"、"共工怒触不周山"等古代神话，主要靠本书得以流传。该书对后世研究秦汉时期文化起到了不可替代的作用。

541 《回忆苏格拉底》

《回忆苏格拉底》是一本学术纪实文学，古希腊著名思想家色诺芬著。色诺芬是苏格拉底的弟子，在该书中，他回忆了苏格拉底一生的言行，着重追述了苏格拉底对政治、宗教和道德等问题的看法。苏格拉底是伯罗奔尼撒战争时期的希腊贵族奴隶主思想家，他精力充沛、慷慨大方、幽默异常。毕生从事口头宣传，语言生动，逻辑严密，富有哲理。与人谈论时，常从别人的谬误或矛盾着手，把别人思想引到他要阐述的问题方面来。但他没有留下著作。因此本书的问世为深入研究苏格拉底提供了可贵的资料。

542 《基督教的本质》

《基督教的本质》是费尔巴哈的宗教哲学著作，1841年在莱比锡首次出版。

费尔巴哈在这部著作中,从人本学唯物主义的立场出发,阐明了宗教神学的秘密,认为它实质上是人本学;分析批判了基督教及神学,批驳了黑格尔思辨哲学关于基督教的错误观点。费尔巴哈在该书中指出,人是现实的感性存在,是自然的一部分。理性、意志和情感(爱)是人的本质,或人的本性。人的本质不仅是宗教的基础,也是宗教的对象。人对上帝的意识就是人对自己的意识,人对上帝的认识就是人对自己的认识;上帝的本质就是人的本质,神学就是人本学。费尔巴哈在该书中认为,上帝的全知全能和无所不在等等特性,只是人的本质的虚幻反映。宗教是人类的精神之梦,是人的本质的异化。他认为克服这一矛盾的途径就在于诉诸经验的法庭,把宗教颠倒了的东西重新颠倒过来。费尔巴哈认为不是上帝创造了人,恰恰相反是人照着自己的想象创造了上帝。的确,真神创造人,人创造的都是假神。

543 《结构主义》

《结构主义》是瑞士著名心理学家、哲学家皮亚杰的著作。皮亚杰在《结构主义》一书里的工作,是要检验现在各个研究领域里出现的一些结构主义,找出结构主义的一般特点。从这一些出发,再涉及有关结构主义研究的其他方面。皮亚杰依据结构的这三种共同要素去检验不同领域里现存的种种结指出结构主义的共同特点有二:第一是认为一个研究领域里要找出能够不同外面寻求解释说明的规律,能够建立起自己说明自己的结构来;第二是实际找出来的结构要能够形式化,作为公式而作演绎的应用。于是他指出结构有三个要素:整体性、具有转换规律或法则、自身调整性,所以结构就是由具有整体性的若干转换规律组成的一个有自身调整性质的图式体系。构主义,最后在结论里得出一般结构主义的共同性质。在书中皮亚杰进一步考察了逻辑、物理学、社会学、心理学中的结构问题。

544 《卡布斯教诲录》

《卡布斯教诲录》,麦阿里·吉卡乌斯著,约成书于1082年,是伊斯兰教哲理性的劝喻训世的散文名著。全书以睿智深邃的思想、精练的语言、明晰的哲理、严谨的逻辑,论述了中世纪波斯的宗教信仰、伦理道德、社会生活、风俗习惯、科学文化、国家管理、经济与军事、哲学思想等问题。该书议论中夹有许多有趣的故事和格言诗句,引人入胜,寓意深刻。该书撰成后,广泛传播于波斯和伊斯兰世界,最早被诗人萨纳伊、历史学家纳绥尔·霍斯鲁、诗人贾米在著作中引用,被誉为"伊斯兰哲理和道德箴言集"、"伊斯兰文明的百科全书"。

545 《理想国》

《理想国》又译作《国家篇》、《共和国》等,是柏拉图的传世经典哲学著作之一,一般认为属于柏拉图中期的作品。这部"哲学大全"不仅是柏拉图对自己前此哲学思想的概括和总结,而且是当时各门学科的综合,它探讨了哲学、政治、伦理道德、教育、文艺等等各方面的问题,以理念论为基础,建立了一个系统的理想国家方案。《理想国》是西方政治思想传统的最具代表性的作品,通过苏格拉底与他人的对话,给后人展现了一个完美优越的城邦。在柏拉图的理想国中,把国家分为三个阶层:受过严格哲学教育的统治阶层、保卫国家的武士阶层、平民阶层。他鄙视个人幸福,无限地强调城邦整体、强调他一己以为的"正义"。在柏拉图眼中,第三阶层的人民是低下的,可以欺骗的。柏拉图赋予了统治者无上的权力,甚至统治者"为了国家利益可以用撒谎来对付敌人或者公民"。

546 《列子》

《列子》又称《冲虚经》,相传为战国前期思想家列子所著,但从思想内容和语言使用上看,可能是后人根据古代资料编著的。《列子》一书是中国古代思想史上的重要著作之一,其思想与道家十分接近,后来被道教奉为经典。书中记载了许多民间故事、寓言和神话传说,因而在中国古代文学史上也有一定地位。

547 《路标》

《路标》是海德格尔晚年自编的论文集,汇集了海德格尔自1919年至1961年间所做的重要文章十四篇,特别可以呈现海德格尔在近半个世纪的思路历程。在《路标》一书中,读者可以全面地了解到海德格尔本人的存在思想之进程和他对西方"存在历史"的独特的清理、批判。《关于人道主义的书信》一篇,最明确地表现出后期海德格尔对于其前期思想的自我批判和反思,以及与现代生存主义(存在主义)哲学思潮的自觉划界,亦被视为海德格尔思想"转向"的完成的标志。本书书名亦已明示,它包含海德格尔在"存在"问题之追问的道路上的各个标记——"路标"。

548 《路德维希·费尔巴哈和德国古典哲学的终结》

《路德维希·费尔巴哈和德国古典哲学的终结》由恩格斯写的一篇序言、四章正文和一个附录构成(附录为马克思的《关于费尔巴哈的提纲》)。为了捍卫马克思主义哲学真理,说明马克思主义哲学与德国古典哲学的关系,批判唯心主义、折中主义和唯心史观,划清马克思主义哲学与黑格尔主义和费尔巴哈唯心史观的界限,系统地总结和阐述马克思主义哲学的本质精神,消除资产阶级改良主义、假社会主义对工人运动的影响,恩格斯写作了这部著作。这部著作在马克思主义哲学史上具有重要地位和意义,它基本上实现了恩格斯原来的预想和宗旨,在各国工人阶级政党中引起了巨大的反响,对于工人阶级及其政党坚持马克思主义的科学世界观具有重要意义,并且为后来的马克思主义者反对修正主义的斗争提供了锐利思想武器

549 《伦理学》

《伦理学》是荷兰十七世纪哲学家斯宾诺莎的主要哲学著作,原名是《用几

何学方法作论证的伦理学》,本书在西方哲学史上有较大的影响。《伦理学》一书形式上最大的特点是采用了几何学的论证形式写哲学著作,全书都是由一些定义、公理、命题构成。对斯宾诺莎这种方法论上的新的尝试,后来的哲学家有褒有贬,评价不一。全书由五个部分组成,分别讨论了上帝、自然、心灵的起源、情感以及人类的奴役和自由问题。

550 《逻辑学》

《逻辑学》是黑格尔的重要哲学专著,也称《大逻辑》。逻辑学是黑格尔哲学的灵魂和核心,是其哲学观点及其思维方式和体系框架的基本规定。概念论又是逻辑学的灵魂和核心,是逻辑学的旨趣和根本观点的明白确立,亦是逻辑学的思维方式和整个黑格尔哲学的体系框架的具体规定。黑格尔把概念认作存在的本质,把存在看作概念的外化,把真与善统一的世界看作概念扬弃其外化的结果,从概念自身的辩证运动引出解释世界的主客关系模式和主体性原则。概念的外化及外化的扬弃,亦即概念的主观性和客观性的差别与矛盾的展开和通过否定返回到概念的统一,构成了黑格尔哲学解释世界的基本思路及其理论的实质内容。

551 《矛盾论》

《矛盾论》是毛泽东哲学代表著作。它是作者继《实践论》之后,为了克服存在于中国共产党内的严重的教条主义思想而写的。原是1937年7到8月在延安抗日军事政治大学所讲的《辩证法唯物论》的第三章第一节。后作者作了部分补充、删节和修改,于1952年暂收入《毛泽东选集》第二卷,再版时移入第一卷。该书运用唯物辩证法总结了中国共产党领导中国革命斗争的实践经验,从两种宇宙观、矛盾的普遍性、矛盾的特殊性、主要矛盾和矛盾的主要方面、矛盾诸方面的同一性和斗争性、对抗在矛盾中的地位等方面,深刻地阐述了对立统一规律,发挥了对立统一规律是辩证法的实质和核心的思想。

552 《欧洲科学的危机与超越论的现象学》

《欧洲科学的危机与超越论的现象学》是德国著名哲学家、现象学创始人胡塞尔生前出版的最后一部带有总结性的著作,是艰涩难懂的现象学中最为易懂的一部专著。胡塞尔在书中阐述了欧洲科学危机的现实表现及其历史根源;同时批判了实证主义的科学观,批判了存在主义和非理性主义的哲学思想,力图建立一种全新的、绝对真的严科学——现象学、为解决其他科学的危机提供坚实的基础。

553 《判断力批判》

《判断力批判》是德国哲学家、美学家康德的代表作,是康德著名的"三大批判"(另二部为《纯粹理性批判》、《实践理性批判》)中最后一部。在前两部《批判》中,康德分别探讨了理性认识和道德意志的先天法则,认为世界分为现象界与物自体两个领域。前者受自然必然律支配,属理解力的认识范围;后者属道德意志范围,行使的是自由的道德律令。在《判断力批判》中,康德寻求两个分割的世界的沟通,认为自由的道德律令要在感性的现实世界实现出来,其中介是反思判断力。既带知性性质,又带理性性质,从特殊去寻求普遍的反思判断力按照"自然合目的性"来沟通认识与道德两大领域,实现自然界的必然王国与道德界的自由王国的和谐,康德在认识论和伦理学之间建构一反思判断,最终完成了其先验论哲学体系。

554 《权力意志》

《权力意志》是德国近代诗人、哲学家尼采的哲学论著,书中集中表达了尼采的"权力意志"学说和"超人"理论,是尼采的主要代表作之一。受"生存竞争"学说的影响,尼采把叔本华的"生命意志"发展为"权力意志",提出了"超人"哲学，从而赋予了唯意志论以社会达尔文主义的色彩。他的学说对后世的生命哲学、历史哲学、实用主义、存在主义等产生了巨大的影响。尼采哲学的宗旨是"重估一切价值"，其"意志"是压倒一切的。他的光辉与黑暗都是系于这个"意志"。尼采认为，"权力意志"是支配世界和人类行为的唯一的绝对动因，人生就是"权力意志"造就最强的人，这样方能粉碎社会一切骗人的、病态的、仇视生活的东西。要了解尼采的哲学精髓，《权力意志》不可不读。

555 《人论》

德国哲学家恩斯特·卡西尔在他的《人论》一书中力图论证的一个基本思想是：人只有在创造文化的活动中才成为真正意义上的人；也只有在文化活动中，人才能获得真正的"自由"。《人论》上篇着力于人的特点的研究，指出人具有创造"理想世界"的能力，人的本质就是人的无限的创造活动，并独树一帜地把人定义为"符号的动物"。下篇从这一定义出发，对各种文化现象，诸如神话、宗教、语言、艺术、历史、科学等，进行全面的探索。书中探幽析微，旁征博引，充分体现了一位哲学大师的睿智与精深。

556 《人性论》

休谟的《人性论》写于1732~1736年，全书三卷，1739年后分卷出版。作者试图把实验推理的方法推广应用于精神哲学，剖析人性中的理智和情感，建立一个新的科学体系。

第一卷阐述认识论，提出了他的不可知论和唯心主义学说。第二卷以感觉性观点说明伦理学和美学问题，认为快乐的感觉是善和美的共同基础。第三卷论述快乐论、功利论的伦理学原理以及人性论、契约论的政治学原理。他提出支配人的生活的是意志、情感（或激情）而非理性，道德和政治的基础是"自利心"，以及同"自利心"相辅相成的"同情感"。出版后，由于公众反应冷淡，休谟对全书作了改写、修订。

557 《诗学》

《诗学》,原名为《论诗》,古希腊著名美学家亚里士多德著。现存的《诗学》可以分为五大部分。第一部分为序论,包括第一到五章。主要分析了各种艺术所摹仿的对象、摹仿所采用的媒介和方式,以及各种艺术由此而形成的差别,进而指出了诗的起源,还追溯了悲剧与喜剧的历史发展。第二部分包括第六到二十二章,这部分讨论了悲剧,它的定义、构成要素和写作风格等。第二部分包括第二十三到二十四章,讨论的是史诗。第四部分是第二十五章,讨论批评家对诗人的指责,并提出反驳这些指责的原则和方法。第五部分是第二十六章,比较了史诗与悲剧的高低。《诗学》是西方美学史上第一部最为系统的美学和艺术理论著作,它对西方后世文艺理论和文学创作的发展产生过巨大影响,其中的有些观点曾被近代新古典主义奉为金科玉律。

558 《时间与自由意志》

《时间与自由意志》是法国哲学家柏格森的重要著作,在书中柏格森首先讨论意识状态的强度。他指出数量上的差异只适用于有大小的东西,就是说,在最后的分析里,只适用于空间;他又指出强度自身完全是质量性的。在讨论个别意识状态之后,他研究它们所构成的众多体。

柏格森发现众多体可分为两种。一种是数量性的,或无连续性的,它意味着人们对于空间有了直觉;一种是意识所构成的,而它完全是质量性的。这个在开展着的众多体就是绵延,绵延是先后无别的陆续出现,是一堆因素的互相渗透,而这些因素是那样地各式各样,以致过去的状态无法重新出现。他指出纯一性的、可被测量的时间是人为的一个概念,这概念的构成乃是由于空间这个观念侵犯到纯绵延的领域里。

559 《实践理性批判》

康德的《实践理性批判》出版于1788年,是康德思想的核心部分。《判断力批判》是《纯粹理性批判》和《实践理性批判》的中间环节。康德扮演的是基督教真理的维护者,是他首次确定了精神的永存和上帝的存在。书中讨论了生活中的至善问题,康德认为人在绝对服从道德律令的情况下,不应该只是去寻找快乐,而应该去寻找上帝赐予我们的幸福。《实践理性批判》是康德的前一部著作《纯粹理性批判》的归宿和目的。所谓"实践理性",是指实践主体的意志,对于实践理性的"批判",就是要考察那规定道德行为的"意志"的本质以及它们遵循的原则。全书包括"纯粹实践理性的原理论"和"纯粹实践理性的方法论"两大部分。该书的重要理论意义在于,它把人的主体性问题突出出来,强调了人格的尊严与崇高,表现了强烈的人本主义精神。

560 《实践论》

《实践论》是毛泽东关于马克思主义认识论的代表著作。1931年至1934年之间,由于中国共产党内的教条主义和经验主义的错误思想,使中国革命在遭受了极大的损失。1937年7月,毛泽东为着用马克思主义的认识论观点揭露党内的教条主义和经验主义,特别是教条主义的主观主义错误,完成了著名的《实践论》的写作。该著以实践观点为基础,以认识和实践的辩证统一为中心,系统地论述了能动的革命的反映论。它具体地论述了实践及其在认识过程中的地位和作用,强调人类的生产活动是最基本的实践活动,它决定其他一切活动;社会实践有阶级斗争、政治生活、科学和艺术活动等多种形式,其中阶级斗争给人的认识发展以深刻的影响;实践是认识的来源和推动认识发展的动力;只有人们的社会实践,才是人们认识外界的真理性的标准;实践还是认识的目的,无产阶级认识世界的目的是为了改造世界;阶级性和实践性是马克思主义哲学的两个最显著的特点。

561 《思想录》

《思想录》是十七世纪法国数理科学家、思想家帕斯卡尔重要的理论著作。它是由作者的一些未完成的手稿整理编排而成，在他身后出版的。在西方思想史上，《思想录》一书产生了比较大的影响，《思想录》一书集中地反映了帕斯卡尔的神学和哲学思想。帕斯卡尔是一个宗教色彩十分浓厚的思想家，尤其是深受冉森派思想的影响。他认为人是完全地处于罪孽之中，要靠上帝的恩赐才能得到拯救。他站在冉森派的立场上，与耶稣会进行了针锋相对的、卓有成效的争论。浓厚的宗教色彩使他与当时处于主流地位的理性主义思想潮流有很大的不同，但他并未否定或贬低人类的理性。实际上，从另一方面来看，他也继承了理性主义的传统，对人性、人生、社会、哲学和宗教等问题进行了理性的探讨。或许可以这样说，帕斯卡尔在本书中是把宗教信仰和理性问题分开，从不同的方面论述与此相关的问题。

562 《四书五经》

《四书五经》是"四书"和"五经"的合称，是中国儒家经典的书籍。"四书"包括《大学》、《中庸》、《论语》和《孟子》，为儒家传道、授业的基本教材。"五经"是儒家作为研究基础的古代五本经典书籍的合称，它们是《诗经》、《尚书》、《仪礼》、《周易》和《春秋》。《四书五经》翔实地记载了中华民族思想文化发展史上最活跃时期的政治、军事、外交、文化等各方面的史实资料及影响中国文化几千年的孔孟重要哲学思想。历代科兴选仕，试卷命题无他，必出自"四书五经"足见其对为官从政之道、为人处世之道的重要程度。时至今日，"四书五经"所载内容及哲学思想仍对我们现代人具有积极的意义和极强的参考价值。"四书五经"在社会规范、人际交流，社会文化等产生不可估量的影响，其影响播于海内外，福荫子孙万代。"四书五经"延续中华文化的千古名篇，人类文明的共同遗产。

563 《天象论·宇宙论》

《天象论·宇宙论》是古希腊哲学家、科学家亚里士多德的重要著作。书中记述了他观察气象、地质、天文的经过，以及他对这些现象的描述和分析。他的观察、描述、分析未免粗浅，但却是可贵的，自然科学史研究者特别值得仔细研究这两部著作。在亚里士多德的著作中，《天象论·宇宙论》的读者较少，凭近代科学理论为之衡量，亚氏的议论有些地方不免于左支右绌，捉襟见肘之处，但正像恩格斯所说："在希腊哲学的多种多样的形式中，可以找到现代多种科学观点的胚胎和新芽。"古希腊先贤所留下的这些篇章，包括其原始的术语和各种观点，常常诱发出许多新兴的科学门类，也为人们提供了广泛的研究课题。

564 《唯物主义和经验批判主义》

《唯物主义和经验批判主义》是列宁批判经验批判主义哲学思潮、阐述辩证唯物主义认识论的重要著作。1908年2到10月在日内瓦和伦敦写成，1909年5月由莫斯科"环节"出版社出版。这部著作在国际上得到了广泛的传播，先后被译为二十多种文字。它对中国思想界也有很大的影响，1930年，笛秋和朱铁笙第一次将它译成中文，由上海明日书店出版发行。前三章把经验批判主义哲学和辩证唯物主义作了比较，说明用新的谬论、术语和诡计掩饰起来的经验批判主义在全部认识论问题上的实质是唯心主义和不可知论。第四章确定了经验批判主义在现代其他哲学学派中的地位，指出它是从康德开始走向休谟和巴克莱，愈来愈明显地走向唯心主义，并和最反动的内在论学派密切结合起来。第五章考察了马赫主义与新物理学的联系，戳穿了所谓马赫主义是"自然科学的最新哲学"的谎言，分析了"物理学危机"的唯心主义实质。第六章指出，俄国马赫主义者妄图把马赫主义和历史唯物主义结合起来完全是徒劳的，应当充分看到在经验批判主义认识论的烦琐哲学后面，存在着哲学上的党派斗争，经验批判主义与唯物主义以及自然科学是根本对立的。本书完成了用马克思主义批判并战胜马赫主义的任务。

565 《物性论》

《物性论》是古罗马哲学家卢克莱修的一部哲学长诗,是现存唯一系统阐述古希腊罗马的原子唯物论的著作。全书依据德谟克利特开创的原子唯物论,以大量事例阐明了伊壁鸠鲁的学说,批判了灵魂不死和灵魂轮回说及神创论,将朴素唯物主义的观点贯彻于自然、社会和思维领域,在与唯心主义学说的斗争中丰富了唯物主义和辩证法思想。《物性论》一书对研究原子唯物主义有重要的参考价值,并对以后唯物主义的发展产生了深远的影响。

566 《物种起源》

《物种起源》是达尔文论述生物进化的重要著作,自 1859 年在英国伦敦出版以来,受到众多市民的热烈欢迎,被争相购买。这本书的第一版 1250 册在出版之日就全部售罄。它以全新的进化思想推翻了神创论和物种不变论,把生物学建立在科学的基础上,提出震惊世界的论断:生命只有一个祖先,生物是从简单到复杂,从低级到高级逐渐发展而来的。它发表传播后,生物普遍进化的思想以及"物竞天择,适者生存"的进化论已为学术界、思想界公认为十九世纪自然科学的三大发现之一。二十世纪四十年代初,英国人霍尔丹和美籍苏联生物学家杜布赞斯在达尔文思想的影响下,创立了"现代进化论"。可以说,这本书在人类思想发展史上是最伟大、最辉煌的划时代的里程碑,对人类历史有着极大的影响。

567 《小逻辑》

《小逻辑》是黑格尔的哲学著,全称为《小逻辑(贺麟全集)》,是《哲学全书纲要》的第一部分,通称《小逻辑》,以区别于《大逻辑》(即逻辑学)。全书除导言外,共为存在论、本质论和概念论三篇,反映了黑格尔哲学体系的基本框架。黑格尔的《小逻辑》是构成他的《哲学全书》的一个主要环节,它的好处在于把握住全系统的轮廓和重点,材料分配均匀,文字简奥紧凑,而意蕴深厚。初看似颇难解,及细加咀嚼,愈觉意味无穷,启发人深思。他的学生在他逝世后编订全集时,再附加以学生笔记作为附释,于是使得这书又有了明白晓畅,亲切感人的特点。

568 《野性的思维》

《野性的思维》一书由法国著名的社会人类学家克洛德·列维·斯特劳斯著作并出版于1962年,出版后不久就在法国学术界引起了广泛的注意。作者在本书最后一章中对两年前萨特在《辩证理性批判》一书中讨论的有关辩证理性和历史发展的观点加以驳难,因而从某一方面说本书也可视作结构主义思想对存在主义思想进行全面挑战的标志。本书通过各种翔实的素材对"原始人"的思维结构、社会结构、神话结构等进行考察,集中体现了列维·斯特劳斯结构主义文化人类学的中心论题、基本方法、理论内涵和哲学价值。本书系统深入地研究了未开化人类的"具体性"与"整体性"思维的特点,认为未开化人的具体思维与开化人的抽象思维没有高下之分,而是互相平行发展,各司其职,人类的艺术活动与科学活动即与这两种思维方式相符。

569 《原始思维》

《原始思维》,法国资产阶级社会学家路先·列维·布留尔著。"原始思维"一语是某个时期以来十分常用的术语。原始思维的趋向是根本不同的,它的过程是以截然不同的方式进行着。凡是在我们寻找第二性原因的地方,凡是在我们力图找到稳固的前行因素(前件)的地方,原始思维却专门注意神秘原因,它无处不感到神秘原因的作用。它可以毫不踌躇地认为:同一实体可以在同一时间存在于两个或几个地方。原始思维服从于互渗律,在上述场合下,它对矛盾采取了完全不关心的态度,这是我们的理性所不能容忍的。这就是为什么在与我们的思维比较之下可以把它叫做原逻辑的思维。只有对原始思维的分析,才阐明了这种结构的本质特征。本书以原始思维为研究对象,圆满地回答了是否存在着足够稳固的、与我们的思维有相当明确区分的"原始思维"。全书结构严谨,内容全面,是一本关于原始与思维的经典著作。

570 《哲学的贫困》

《哲学的贫困》是马克思主义经典文献中发表最早的文本,1847年,马克思撰写并发表《哲学的贫困》,以批判普鲁东(1809-1865)于1847年发表的《经济矛盾的体系,或贫困的哲学》。这部重要的著作是马克思主义经典文献中发表最早的文本,以马克思的看法,马克思主义的新世界观与马克思主义经济科学的"决定性的东西",都是通过这一文本第一次公开问世的。

571 《哲学和自然之镜》

《哲学和自然之镜》,美国新实用主义哲学家理查德·罗蒂著,作者在书中集中提出了一种综合性的和批判性的哲学立场,以丰富的材料评述了欧美许多大哲学家的思想观点,尖锐地批判了传统的唯理主义,唯科学主义和唯哲学主义,并展望一种无主导性哲学的"后哲学文化"。这本书不仅从哲学和文化的若干方面对哲学思想潮及其后果进行全面检讨,也对西方两千年来传统哲学的基本问题进行系统反思。本书眼界开阔,观点鲜明,持论颇为激进,出版后获得美国学界乃至全世界学术界广泛关注。

572 《真理与方法》

德国现代哲学家、语言学家、美学家伽达默尔著,1960年出版,全名为《真理与方法——哲学解释学的基本特征》。本书主要探讨了理解现象的本体论问题、存在范围、个体性及语言在理解活动中的作用,集中表达了伽达默尔的现代解释学美学的观点。《真理与方法》是伽达默尔解释学美学的代表作,也是解释学哲学的经典著作。书中传达的思想,直接启迪了接受美学流派。

573 《正义论》

《正义论》是美国哈佛大学教授约翰·罗尔斯的著作,自问世后,在西方国家引起了广泛重视,被视为第二次世界大战后西方政治哲学、法学和道德哲学中最重要的著作之一。该书出版之后,受到热烈讨论,被列为不少大学课程的必读书籍之一。由它引发的各类争鸣或研讨文章,更是汗牛充栋,目不暇接。美国著名的政治学者罗伯特·达尔表示:罗尔斯的著作在英语国家立即被承认是对政治哲学的一个根本性的贡献。《正义论》一书之所以能起到如石击水的效应,关键在于它打破了西方政治哲学万马齐喑的冷清局面。西方政治哲学的衰落已是众所周知,专攻政治理论的学者爱·麦·伯恩斯说:在政治学说的阳光下没有多少新东西。这充分表明了西方传统思辨方法构筑的理论体系的困境。罗尔斯的《正义论》一书则以其独特性和思辨性令人耳目一新。

574 《知性改进论》

《知性改进论》是斯宾诺莎关于方法论和认识论的一本没有完成的著作。虽说没有完成,却仍然是一篇可以告一段落的、内容丰富的独立的论文,并且可以当作他的中心著作《伦理学》的导言来看。在本篇他自己所加的小注中,有几处常常提到"我将于我的哲学中加以说明"。这里所说的"我的哲学"即指他当时胸有成竹、计划要写的《伦理学》一书而言。《知性改进论》作为方法论来看,是斯宾诺莎在这一段期间认真学习和研究培根的《新工具》和笛卡尔的著作,特别是他的《方法谈》所提示的方法问题的继承、发展与批判。

575 《庄子》

《庄子》为中国先秦时期庄周所著,共三十三篇,分"内篇"、"外篇"、"杂篇"三个部分,一般认为"内篇"的七篇文字肯定是庄子所写的,"外篇"十五篇一般认为是庄子的弟子们所写,或者说是庄子与他的弟子一起合作写成的,它反映的是庄子真实的思想;"杂篇"十一篇的情形就要复杂些,应当是庄子学派或者后来的学者所写,有一些篇幅就认为肯定不是庄子学派所有的思想,如《盗跖》、《说剑》等。内篇最集中表现庄子哲学的是《齐物论》、《逍遥游》、《大宗师》等。庄子的想象力极为丰富,语言运用自如,灵活多变,能把一些微妙难言的哲理说得引人入胜。郭沫若曾评价说:"以思想家而兼文章家的人,在中国古代哲人中,实在是绝无仅有。"因而他的作品被人称之为"文学的哲学。哲学的文学。"

576 《资本论》

《资本论》是马克思的著作,是以唯物史观的基本思想为指导,通过深刻分析资本主义生产方式,揭示了资本主义社会发展的规律,同时也使唯物史观得到了科学的验证和进一步的丰富和发展。《资本论》运用唯物史观的观点和方法,将社会关系归结为生产关系,将生产关系归结于生产力的高度,从而证明了社会形态的发展是一个不以人的意志为转移的自然历史过程。

577 《自然辩证法》

《自然辩证法》是恩格斯的主要著作之一,写于1873至1886年之间。包括十篇论文、一百六十九段札记和片断、两个计划草案,共一百八十一个部分。该书第一次系统地阐述了辩证唯物主义自然观,并通过对当时自然科学成果的哲学概括,丰富和发展了马克思主义哲学的基本原理。第一次将唯物辩证法的主要规律概括为三条,即质量互变规律,对立统一规律、否定之否定规律,同时还明确提出了辩证逻辑的一些论点等等。《自然辩证法》开拓了马克思主义哲学研究的一个新领域,为马克思主义的自然观、自然科学观、科学方法论和科学社会学的研究奠定了理论基础,后代学者将如上几方面的研究视为马克思主义哲学的"自然辩证法"分支学科。

578 《自然宗教对话录》

《自然宗教对话录》是英国哲学家休谟的一本重要哲学著作,代表他晚年较成熟的哲学思想。这本书的主题是驳斥当时流行的宗教假设,也就是宇宙设计论,设计论是当时宗教理论的中心支柱。休谟接受了柏克莱的观点,认为一切知识都以经验为来源,而经验是没有客观内容的。因此,在心灵面前,除了知觉以外,就再也没有任何事物了。休谟得出这样结论:世界上存在的只有心理的知觉、感觉,此外是否有真实的存在,那是不可能知道的。休谟的不可知观点是彻头彻尾的,他不仅怀疑客观实体在物质上的存在,同时也怀疑它在精神上的存在。

579 《宗教的起源与发展》

《宗教的起源与发展》一书是缪勒开创宗教学的重要代表著作之一。缪勒认为,宗教产生和发展是沿着三条基本线索展开的,这就是从自然对象中形成物质宗教,从人类自身中形成人类宗教,然后在心理宗教中合流。宗教是领悟无限的主观才能,而无限观念是一个过程。比较的研究方法是宗教学研究中最有价值的方法。

580 《作为意志和表象的世界》

《作为意志和表象的世界》是叔本华最为著名的作品,书中全面阐述了叔本华唯意志主义的哲学观。本书不光是叔本华哲学思想的完美展示,也是他对人类的看法的完整记录。他的哲学主旨是宇宙唯一的真正的本体是意志,那些可见的、可触摸的现象只是真实存在的意志的表象。他的体系不可避免地走向悲观主义。

第七章 不可不知的中外哲学论著

581 《规训与惩罚》

《规训与惩罚》是法国著名思想家米歇尔·福柯的代表作之一，于1975年问世。福柯称这部著作为"我的第一部著作"，这可以从"成熟之作"和"领衔之作"这双重意义来理解，但由此也可以看出福柯本人对这部著作的重视。福柯的大多数研究致力于考察具体的历史，由此开掘出众多富有冲击力的思想主题，从而激烈地批判现代理性话语；同时，福柯的行文风格具有鲜明的文学色彩，讲究修辞，饱含激情，这也是他在欧美世界产生巨大影响的一个重要原因。

582 《疯癫与文明》

法国哲学家米歇尔·福柯的《疯癫与文明》是对知识的清洗和质疑。它把"自然"的一个片断交还给历史，改造了疯癫，即把我们当作医学现象的东西变成了一种文明现象。实际上，福柯从未界定疯癫，疯癫并不是认识对象，其历史需要重新揭示。可以说，它不过是这种认识本身。疯癫不是一种疾病，而是一种随时间而变的异己感。福柯从未把疯癫当作一种功能现实，在他看来，它纯粹是理性与非理性，观看者与被观看者相结合所产生的效应。疯癫不是一种自然对象，而是一种文明产物。没有把这种现象说成疯癫并加以迫害的各种文化的历史，就不会有疯癫的历史。

583 《哈维尔文集》

瓦茨拉夫·哈维尔(1936~)，捷克的剧作家与异议人士，于1993年到2002年间担任捷克共和国的总统。哈维尔出生于1936年10月5日，不到两年半，希特勒的铁骑就占领了他的祖国。他十二岁的时候，也就是一九四八年，发生了二月革命。因此，哈维尔一生迄今为止六十二年的时间绝大部分都是在右的和左的极权主义之下度过的。虽然他几乎没有过过比较正常的生活，但是由于良知，由于他相信"潜藏于人民心底的人道的与民主的传统",他还是能够对极权社会作出深刻的反思与批判,为争取真实的生活而奋斗。《哈维尔文集》中收录了哈维尔的主要著作和论述,全面地体现了他"从作家到'持不同政见者',从'思想罪犯'到国家总统,从积极的政治家到沉思的学者"整个思想历程。

584 《全部知识学的基础》

《全部知识学的基础》是哲学家费希特的主要代表作。费希特是德国古典哲学的主要代表之一,在康德和黑格尔之间起承上启下作用。本书集中地反映了他的哲学体系和哲学思想。全书共分三大部分:全部知识学之诸原理、理论知识学的基础和实践知识学的基础。由知识学的三种不同逻辑原理组成三个命题而进行推论,阐明自我与非我是互相规定。并且表明,不论我们精神里的哪一种事实,都必定与它相对应;自我设定自己是规定非我的。

第八章 受益一生的哲理故事

585 桌子还剩几个角

某一天,父亲考自己的儿子:"一个桌子四个角,砍去一个,还剩几个角?"

"三个。"儿子几乎未加思索,就脱口而出。当然,这样的答案是父亲意料之中的事。父亲呵呵笑了笑问:"真的吗?应该是五个吧。"

儿子想了想,坚持说:"四减一就是等于三,就是三个。"

父亲笑了笑,拿出一张正方形的纸,用剪刀剪去一个角,对儿子说:"比方说这就是一张桌子,现在去掉了一个角,你看看还剩几个角?"

儿子恍然大悟,马上明白过来父亲是跟他在玩一个智力游戏,于是就笑了起来:"是啊,这样是五个,可是我为什么要这样来剪呢?"说着,他也拿出一张纸,用剪刀沿着相对两角的对角线剪了下去,然后扬起手中的三角形,得意地问道:"这样,不就是三个角了吗?"

父亲哑口无言,一时间有些为难,但是随即作出一副胸有成竹的样子,对儿子说:"不错,想想看,还有没有其他可能性?"

儿子歪头在纸片上比划着,然后说:"也可能剩下四个角。"只见他拿起剪刀,沿着"桌面"一边除了两个端点以外的任何部分向另外两个端点的其中一个剪下,依然得到了一个四个角的"桌面"。

很多时候,我们习惯按照惯例思维模式去答复问题和寻找答案,习惯往往成为束缚我们的力量,其实思考和实践才是我们发明答案的唯一方法。只有多方位思考,勇于实践,我们才能够发明更多的可能性,也才能够跳出习惯性思维的窠臼。

586 扁鹊见蔡桓公

春秋时期有一位名医,人们都叫他扁鹊。他医术高明,经常出入宫廷为君王治病。有一天,扁鹊巡诊去见蔡桓公。礼毕,他侍立于桓公身旁细心观察其面容,然后说道:"我发现君王的皮肤有病。您应及时治疗,以防病情加重。"桓公不以为然地说:"我一点病也没有,用不着什么治疗。"扁鹊走后,桓公不高兴地说:"医生总爱在没有病的人身上显能,以便把别人健康的身体说成是被医治好的。我不信这一套。"

十天以后,扁鹊第二次去见桓公。他察看了桓公的脸色之后说:"您的病到肌肉里面去了。如果不治疗,病情还会加重。"桓公不信这话。扁鹊走了以后,他对"病情正在加重"的说法深感不快。

又过了十天,扁鹊第三次去见桓公。他看了看桓公,说道:"您的病已经发展到肠胃里面去了。如果不赶紧医治,病情将会恶化。"桓公仍不相信。他对"病情变坏"的说法更加反感。

照旧又隔了十天,扁鹊第四次去见桓公。两人刚一见面,扁鹊扭头就走。这一下倒把桓公搞糊涂了。他心想:"怎么这次扁鹊不说我有病呢?"桓公派人去找扁鹊问原因。扁鹊说:"一开始桓公皮肤患病,用汤药清洗、火热灸敷容易治愈;稍后他的病到了肌肉里面,用针刺术可以攻克;后来桓公的病患至肠胃,服草药汤剂还有疗效。可是目前他的病已入骨髓,人间医术就无能为力了。得这种病的人能否保住性命,生杀大权在阎王爷手中。我若再说自己精通医道,手到病除,必将遭来祸害。"

五天过后,桓公浑身疼痛难忍。他看到情况不妙,主动要求找扁鹊来治病。派去找扁鹊的人回来后说:"扁鹊已逃往秦国去了。"桓公这时已经后悔晚矣,最终挣扎着在痛苦中死去。

这个故事告诉人们,对于自身的疾病以及社会上的一切坏事,都不能讳疾忌医,而应防微杜渐,正视问题,及早采取措施,予以妥善的解决。否则,等到病入膏肓,酿成大祸之后,将会无药可救。

587 大师与凡人

有个信徒问慧海禅师:"您是有名的禅师,可有什么与众不同的地方?"

慧海禅师答:"有。"

信徒问:"是什么呢?"

慧海禅师答:"我感觉饿的时候就吃饭,感觉疲倦的时候就睡觉。"

"这算什么与众不同的地方,每个人都是这样的,有什么区别呢?"

慧海禅师答:"当然是不一样的!"

"为什么不一样呢?"信徒又问。

慧海禅师说:"他们吃饭的时候总是想着别的事情,不专心吃饭;他们睡觉时也总是做梦,睡不安稳。而我吃饭就是吃饭,什么也不想;我睡觉的时候从来不做梦,所以睡得安稳。这就是我与众不同的地方。"

慧海禅师继续说道:"世人很难做到一心一用,他们在利害中穿梭,囿于浮华的宠辱,产生了'种种思量'和'千般妄想'。他们在生命的表层停留不前,这是他们生命中最大的障碍,他们因此而迷失了自己,丧失了'平常心'。要知道,只有将心灵融入世界,用心去感受生命,才能找到生命的真谛。"

588 玻璃瓶中的机遇

别涅迪克博士是法国一家化学研究所的高级研究员。

一次,在实验室里,他准备将一种溶液倒入烧瓶,可一不小心烧瓶"咣当"落在了地上。糟糕!还得费时间打扫玻璃碎片,别涅迪克博士有些懊恼。然而,烧瓶并没有破碎,于是他弯下腰捡起烧瓶仔细观察,这只烧瓶和其他烧瓶一样普通,以前也曾有烧瓶掉在地上,但无一例外全都破成了碎片,为什么这只烧瓶仅有几道裂痕而没有破碎呢?别涅迪克博士一时找不到答案,于是他就把这只烧瓶贴上标签,注明问题,保存起来。

不久后的一天,在别涅迪克博士走进实验室前,他看到一张报纸上报道说市区有两辆客车相撞,车上的多数乘客被挡风玻璃的碎片划伤,其中一辆车的司机被一块碎玻璃刺穿面部而进入口腔。别涅迪克博士一下子想到了那只裂而不碎的烧瓶。他走进实验室拿过那只烧瓶,只见那只烧瓶的瓶壁有一层薄薄的透明的膜。别涅迪克博士用刀片小心地取下一点进行化验,结果表明,这只烧瓶曾盛过一种叫硝酸纤维素的化学溶液,那层薄薄的膜就是这种溶液蒸发后残留下来,遇空气后产生了反应,从而牢牢粘贴在瓶壁上起到保护作用。因为无色透明,所以一点儿也不影响视觉。"如果这种溶液,用于汽车玻璃的生产中,以后再发生类似的交通事故,乘客的生命安全系数不是更有保障吗?"

别涅迪克博士因为这个小小的发现而荣登二十世纪法国科学界突出贡献奖的榜首。

哲理:每一种成功都始于一双善于发现的眼睛,更始于执著探索的心灵。常常我们慨叹没有机遇,但许多时候,机遇来临时并不是敲着锣打着鼓,而是悄悄从你身边溜过。有心还是无意,是决定能否抓住机遇的关键。

589 别把梯子毁掉

一只经历坎坷的老猫,在猫际社会中悟出了一系列如何成为猫上猫的哲理警训。经过它的策划与教诲,很多猫都出类拔萃地有了建树。

第八章 受益一生的哲理故事

一只黑猫找到老猫,它想超过所有被点拨过的猫。老猫想了想说:"要想超过它们,除非你变成身披凤羽的猫王,只有这样你才能一统猫界,独自为尊。"黑猫大悦,忙问:"如何才能身披凤羽而成猫王?"老猫告诉它,只要向南山的凤凰仙子送上厚礼,凤凰仙子自然会赐它一身五彩缤纷的凤羽。

黑猫害怕老猫再把这个成为猫上猫的方法传授给别的猫,它两拳就将老猫打死。老猫临死时说:"你会后悔的,只知道成功的方向是远远不够的。"

黑猫准备了999只老鼠,送到了南山。只食五谷从不杀生的凤凰仙子大怒:"我只收亲手耕耘而获的五谷!"她当即赐给黑猫一身象征奸诈险恶的鹰的羽毛,只给它留了一只猫头。

此时黑猫十分后悔,它后悔没有留着老猫为自己成为猫王做更详细的指导。凤凰仙子看出了黑猫的心思,她说:"毁掉助你攀升的梯子,注定了你要从攀升中跌落。打死老猫的那一刻,你就已经自毁了前程。"

哲理:这个故事告诉我们忘恩负义,险恶奸诈,自毁前程。

590 垂钓与人生

一个年轻人去拜访一位大师,向他请教为人处世之道,大师给他讲了三个故事。

第一个故事:有一拙一巧两个青年,同时到水塘钓鱼。时间一分一秒地过去,两个人均毫无收获。这时,拙者仍然坚守在原地,保持着原有的姿势,使用着同样的方法,而巧者则不停地变换着钓鱼的地点,不断试验新的方法,甚至更换了钓具。如此这番,一天下来,拙者收获颇丰,巧者一无所获。

年轻人听罢,若有所悟地点点头:"我明白了,为人处世不应该朝三暮四、蜻蜓点水,否则终将一事无成。"

大师只是笑笑,讲了第二个故事还是这两个人,巧者在经过数次尝试后,终于找到了一个最佳位置,选择了最佳的钓具和最佳的方法,不断钓到大鱼。拙者不为所动,以不变应万变,却再也没有钓到鱼。

"这?"年轻人有些迟疑,"我想,也许人还应该不断地总结经验,不断地尝试并寻找最合理的生存方式,而不应该刻板教条,更不应该执迷不悟。"

大师没有表态,接着讲了第三个故事:两个钓鱼的人虽然都竭尽了全力,但无论拙者多有耐心,也无论巧者如何尝试,最终两个人都没有再钓到鱼。

"为什么?"年轻人疑惑起来,"那做人还有准则吗?""因为这个地方可能根本就没有鱼,"大师笑了起来,"其实为人也是如此。生活中没有千篇一律的处世原则,没有人能够教会你怎样生活,生活要靠你自己去摸索去体味。"

591 人生只在呼吸之间

有一天,释迦牟尼静坐默思,探索生命的奥义。他心有所悟。便问身边的弟子:"人生几何?"一弟子出口便答:"几十年吧。"释迦牟尼摇了摇头。另一弟子思考片刻,轻声答道:"真正称得上人生的只有几年吧。"释迦牟尼又摇了摇头。二位弟子疑惑了,便问:"依您之见呢?"释迦牟尼沉沉答道:"人生只在呼吸之间。"

佛祖的彻悟,在常人之上。人之一生,犹如一呼一吸,生和死,只是瞬间的转化。了悟这点,方能做到努力把握每一刻、每一秒。生命本身就是一个不断新陈代谢的过程。人在每呼吸一瞬间,既是他自己,又不是他自己。"人生只在呼吸之间。"时时更新自我,不眷恋旧我。不追悔往昔。"往者不可谏。来者犹可追。"吐故纳新,让生命之树常青。

592 一道终身受用的测试题

某公司招聘员工,给前来应征者出的是这样一道测试题:

你开着一辆车,在一个暴风雨的夜晚,你经过一个公车站,有三个人正在焦急的等到公车,一个是濒死的老人,他需要马上去医院,一个是医生,他曾救过你的命,你做梦都想报答他,还有一个女人/男人,她/他是你做梦都想娶/嫁的人,也许错过就没有了。但你的车只能再坐下一个人,你会如何选择?

我不知道这是不是一个对你性格的测试,因为每一个回答都有他自己的原因:老人快要死了,你首先应该先救他;你也想让那个医生上车,因为他救过你,这是个好机会报答他；还有就是你的梦中情人，错过了这个机会，你可能永远不能遇到一个让你这么心动的人了。

结果在两百个应征者中，只有一个人被雇佣了，他并没有解释他的理由，他只是说了以下的话："给医生车钥匙，让他带着老人去医院，而我则留下来陪我的梦中情人一起等公车！"

每个我认识的人都认为以上的回答是最好的，但没有一个人（包括我在内）一开始就这样想到。是否是因为我们从未想过要放弃我们手中已经拥有的优势（车钥匙）？有时，如果我们能放弃一些我们的固执、狭隘、和一些优势的话，我们可能会得到更多。

593 没有不受伤的船

在有着悠久造船历史的西班牙港口城市巴塞罗那，有一家著名的造船厂，已经有一千多年的历史。这个造船厂从建厂之初就立了一个规矩，所有从造船厂出去的船舶都要造一个小模型留在厂里，并把这只船出厂后的命运刻在模型上。厂里有房间专门用来陈列船舶模型。因为历史悠久，所造船舶的数量不断增加，所以陈列室也逐步扩大，从最初的一间小房子变成了现在造船厂里最宏伟的建筑，里面陈列着将近十万只船舶的模型。

所有走进这个陈列馆的人都会被那些船舶模型所震慑，不是因为船舶模型造型的精致和千姿百态，不是因为感叹造船厂悠久的历史和对于西班牙航海业的卓越贡献，而是每一个船舶模型上面雕刻的文字！

有一只名字叫西班牙公主号的船舶模型上雕刻的文字是这样的：本船共计航海五十年，其中十一次遭遇冰川，有六次遭海盗抢掠，有九次与另外的船舶相撞，有二十一次发生故障抛锚搁浅。

每一个模型上都是这样的文字，详细记录着该船经历的风风雨雨。在陈列馆最里面的一面墙上，是对上千年来造船厂的所有出厂的船舶的概述：造船厂出厂的近十万只船舶当中，有六千只在大海中沉没，有九千只因为受伤严重不能再进行修复航行，有六万只船舶都遭遇过二十次以上的大灾难，没有一只船从下海那一天开始没有过受伤的经历……

现在，这个造船厂的船模陈列馆，早已经突破了原来的意义，它已经成为西班牙最负盛名的旅游景点，成为西班牙人教育后代获取精神力量的象征。

这正是西班牙人吸取智慧的地方：所有船舶，不论用途是什么，只要到大海里航行，就会受伤，就会遭遇灾难。

如果因为遭遇了磨难而怨天尤人，如果因为遭遇了挫折而自暴自弃，如果因为面临逆境而放弃了追求，如果因为受了伤害就一蹶不振，那你就大错特错了。人生也是这样的，只要你有追求，只要你去做事，就不会一帆风顺。

我们的人生，就像大海里的船舶，只有不停止地航行，就会遭遇风险，没有风平浪静的海洋，没有不受伤的船。

594 山谷的起点

一位烦恼的妇人来找我，说她正为孩子的功课烦恼。我说："孩子的功课应该由孩子自己烦恼才对呀？"她说："林先生，你不知道，我的孩子考试考第四十名，可是他们班上只有四十个学生。"我开玩笑地说："如果我是你，我一定会很高兴。""为什么呢？""因为你想想看，从今天开始，你的孩子不会再退步了，他绝对不会落到第四十一名呀！"我说。妇人听了展颜而笑。我继续说："这就好像爬山一样，你的孩子现在是山谷底部的人，唯一的路就是往上走，只要你停止烦恼，鼓励他，陪他一起走，他一定会走出来。"过了不久，妇人打电话给我，向我道谢，她的孩子果然成绩不断往上升。

哲理：最容易被人忽略的是，山谷的最低点正是山的起点，许多走进山谷的人所以走不出来，正是他们停住双脚，蹲在山谷烦恼哭泣的缘故。

595 石头的价值

有一个生长在孤儿院的男孩儿，常常悲观地问院长："像我这样没人要的孩子，活着究竟有什么意义？"

院长总是笑呵呵地不回答他。

有一天，院长交给男孩儿一块石头说："明天早上，你拿这块石头到市场上去卖，但不是'真卖'。记住！不论别人出多少价钱，绝对不能卖。"

第二天，男孩儿蹲在市场角落，意外地来了很多人想买那块石头，而且价钱愈出愈高。回到孤儿院，男孩子兴奋地向院长报告情况。院长笑笑，要他转天再去黄金市场上去叫卖。在黄金市场竟然有人要出比前一天高出十倍的价钱买那块石头。最后，院长叫男孩儿把石头拿到宝石市场上去叫展示。

结果，石头的价钱又比黄金市场的价钱高十倍。更由于男孩儿怎么都不肯卖这块石头，竟被传扬成为"稀世珍宝"。

男孩儿兴冲冲地回到孤儿院，将这一切禀报给了院长。

院长望着男孩儿，意味深长地说道："生命的价值就像这块石头一样，在不同的环境下就会有不同的意义。一块不起眼儿的石头，由于你的珍惜，惜售而提升了它的价值，被说成稀世珍宝。你不就像这石头一样？只要自我看重，自我珍惜，生命就会有意义，有价值啊！"

这个男孩子明白了生存下去的意义。在他的不断努力下，终于走上了人生的幸福之路。自己把自己不当回事，别人更瞧不起你，生命的价值首先取决于你自己的态度。珍惜独一无二的你自己，珍惜这短暂的几十年光阴，然后再去不断充实、发掘自己，世界才会认同你的价值。

596 语言是叛逆的

当记者时，笔是我的随身工具，一日不可缺少。

一回，托一位同事为我买圆珠笔，再三再四地叮嘱他："不要黑色的，记住，我不喜欢黑色，暗暗沉沉，肃肃杀杀。千万不要忘记呀，十二支，全不要黑色。"

次日，同事把那一打笔交给我。天哪，我差点昏过去：十二支，全是黑色的。责他、怪他，他振振有词地反驳："你一再强调黑的，黑的，忙了一天，昏昏沉沉地走进商场时，脑子里只有印象最深的两个词：十二枝，黑色。于是就一心一意地只找黑的买。"

言之成理，我哑口无言。

当时，我如果言简意赅地说："请为我买十二支笔，全要蓝色。"相信同事就不会买错了。

从此以后,无论说话、撰文,我总是直入核心,直切要害,不去兜无谓的圈子。

哲理:没有赘肉的语言,精确、精致、精神,决不会误事。

597 忠诚的价值

二十世纪八十年代初,拥有一万五千多名员工的日本十大纺织公司之一的钟纺纺织公司的董事长伊藤先生,是从小职员被武藤董事长一手提拔起来的。

钟纺公司曾经有许多企业,其中有一家分公司曾做得非常不理想,年年亏损。武藤董事长便打算让其停止生产,同时把员工们也一并遣散。

得知这个消息,员工们开始无心工作了,连对董事长的态度也变得十分无礼。这时候,只有伊藤一个人始终在沉寂的办公室里日夜不停地工作,处理公司的收尾工作,甚至事情比以前做得更有劲头,更负责任。伊藤这种忠诚无私的为人与气节使武藤先生大为感动,油然对这位年轻人重视起来。

于是,武藤先生请他到钟纺公司当他的秘书,并且对他十分器重。由于他的表现非常突出,三年后就让他当上常务董事。

几年后,武藤就将日本有名的这家大公司交给伊藤一个人来管理了。

在自传中,年轻有为的伊藤董事长深情地回忆道:"自己服务的公司濒临倒闭之时,就是你留下来发挥潜力的最好机会。如果没有关闭那个亏损单位的机会,也许,我一辈子都是个小职员呢!"

人生感悟:每个人最值得别人留恋的,就是对别人的忠诚。你也许什么都没有,但你可以拥有忠诚,这将是你能为这个世界做的最大贡献。忠诚不仅仅是一种美德,更是一种做人境界。忠诚,让人铭记一份真情,让世界处处充满爱。

598 成功的法则

一个农场主在巡视谷仓时不慎将一只名贵的金表遗失在谷仓里,他遍寻不获,便在农场门口贴了一张告示,要人们帮忙,悬赏一百美元。

人们面对重赏的诱惑，无不卖力地四处翻找，无奈谷仓内谷粒成山，还有成捆成捆的稻草，要想在其中找寻一块金表如同大海捞针。

人们忙到太阳下山仍没有找到金表，他们不是抱怨金表太小，就是抱怨谷仓太大、稻草太多，他们一个个放弃了一百美元的诱惑。只有一个穿破衣的小孩在众人离开之后仍不死心，努力寻找，他已整整一天没吃饭，希望在天黑之前找到金表，解决一家人的吃饭困难。

天越来越黑，小孩在谷仓内坚持寻找，突然他发现一切静下来后有一个奇特的声音"滴答、滴答"不停地响着。小孩顿时停止寻找。谷仓内更加安静，滴答声响十分清晰。小孩循声找到了金表，最终得到了一百美元。

成功的法则其实很简单，成功者之所以稀有，是因大多数人认为这些法则太简单了，没有坚持，不屑于去做。这个法则叫执著。成功如同谷仓内的金表，早已存在于我们周围，散布于人生的每个角落。只要执著地去寻找，专注而冷静地思考，我们就会听到那清晰的滴答声。

599 铁钉、战马与王朝

1425年战争期间，国王的马夫牵着国王的战马去钉马掌。由于人太多的原因，等到国王的战马钉马掌的时候少了一个马钉。眼看战争在逼近，马夫等不及了，他认为少了一个钉子对国王冲锋没有大碍，便牵着马走了。

战争开始了，两方打得不分胜负，终于，到最后的冲锋时刻了。这最后一搏决定胜负，胜者皆可为王，负者将成为"囚犯"。

国王骑着战马往前冲，可是，没钉牢的马掌掉了下来，国王摔下马，被活抓了。

千里之堤，溃于蚁穴；一个庞大的王朝，足以被一个铁钉摧毁。因为少了一个马钉，让马失蹄，从而失去了一场至关重要的战争，导致王国的毁灭。

其实人生中发生很多故事就犹如马钉和王国的关系。很多错误改了就可以了，但是有的错误不能原谅，也许那个无足轻重的错误，将来成为人生最难克服的障碍。

在人生的道路上，我们要注意每一个细小的环节，养成良好的习惯。任何事情环环相扣，如果一环疏忽了，就会造成全局的失败！

600 真理是怀疑的影子

这是一件真实而又引人深思的小事。

一位法国教育心理学专家，分别给法国的小学生和上海的小学生先后出了下面这道完全一样的测试题：一艘船上有八十六头牛，三十四只羊，问：这艘船的船长年纪有多大？

法国小学生的回答情况是，超过百分之九十的同学提出了异议，认为这道测试题根本没办法回答，甚至嘲笑老师的"糊涂"。显而易见，这些学生的回答是对的。上海小学生的回答情况恰恰相反：有百分之八十的同学认真地做出了答案，八十六减去三十四等于五十二岁。只有百分之十的同学认为此题非常荒谬，无法解答。做出正确回答的同学竟然只有百分之十。

这位法国教育心理学专家很惊讶，两国的小学生为什么会出现这么大的差别呢？他通过对上海这百分之八十小学生的调查后发现，他们之所以做出错误的答案，是因为他们坚信不疑地认为："老师平时教育我们，只有对问题做出回答，才可能得分；不做的话，就连一分也得不到。老师出的题总是对的，总是有标准答案的，不可能没办法做，也不可能没有答案。"

法国教育心理学专家在总结这两次实验的时候，引用了三句话：第一句话是笛卡尔说的"怀疑就是方法"；第二句话是法拉第说的"在学术上不盲从大师，他应当重事不重人，真理应当是他的首要目标"；第三句话是爱因斯坦说的"科学发现的过程是一个由好奇、疑虑开始的飞跃"。

然后，他颇有感触地讲道："应当教育孩子敬重老师，但更要教育孩子敬重真理"。

怀疑并不是缺点，总是没完没了的怀疑才是缺点。只有敢于怀疑，才能减少盲从。有怀疑的地方才有真理，真理是怀疑的影子。"